岩谷 暢子

国連総会の葛藤と創造
――国連の組織，財政，交渉――

信山社

はじめに

『2018 年度の国連 PKO 予算は約 7300 億円近く採択へ，前年度からは微減[1]』

産経新聞が 2018 年 7 月 2 日朝刊の国際面中段で掲載した記事である。この記事は，PKO の 2018 年度予算は 2018 年 7 月から 2019 年 6 月に関するもので，厳しい交渉の末，暫定合意に達した，この予算案は近く国連総会で採択される見通しであると述べている。

決して長くはない記事であるが，注意深く読む人であれば，次のような疑問を持つだろう。

国連旗

「この予算は 7 月からのものであると書いてあるのに，この報道の日付は 7 月 2 日で，そしてまだ国連総会では採択されていないようだ。採択されるまでの間の PKO の予算はどうなるのだろうか？」あるいは，こう思う人もいるかもしれない。「暫定合意とはどういうことだ？国連総会で採択されなかったらどうなるのか？」

これらは，決して重箱の隅をつつく疑問ではない。むしろ，多国間機関である国連における意思決定のあり方に密接に関係する問といえる。

また，2018 年の末には，次のような趣旨の報道が多くみられた。『国連分担金　日本 3 位に転落』。本文ではこのことにより『日本は国連での発言力の低下が懸念され』ると述べている。これを読むと，国連分担金というものは，支払い競争のようなもので，それにより地位が「上昇」したり「転落」したりするものであり，国連というところは，その地位と発言力が直結しているというように思われるが，実際にそうなのか？

これらの記事を読んだ人が想像する「国連」とは，何だろうか。38 階建ての建物や事務総長，あるいはファースト・アベニューに並ぶ各国旗なのではないだろうか。

---

[1] 『産経新聞』（ウェブ版では 2018 年 7 月 1 日 21:12）最終アクセス日 2019 年 6 月 30 日。
https://www.sankei.com/smp/world/news/180701/wor1807010023-s1.html

はじめに

　38階建ての建物は，事務局棟（Secretariat Building）である。ここには，事務総長室や各部局の事務所が配置されている。しかし，冒頭の記事にあるような「交渉」が行われているのは，ここではない。事務局棟の北側にある国連本部で最大の会議場である総会議場（General Assembly Hall），及び総会議場と事務局棟の間に位置する会議棟（Conference Building）が，「交渉」の現場である。安全保障理事会の議場も，経済社会理事会の議場も，また上記のような予算の交渉や分担率の交渉も，この会議棟が擁する多くの中小の会議場で行われている。そして，この「交渉」の主役は，193か国の国連加盟国である。

　もう少し詳しく説明しよう。冒頭の記事は，PKOの予算に関する交渉についてのものである。PKOに関する決定は，そのほとんどが安全保障理事会で行われるが，それだけでPKOが活動できるようになるわけではない。その活動のための財源を国連加盟国から徴収しようとする場合には，全国連加盟国で構成される国連総会が，その予算（Budget）と財政手当（Financing）の方法を承認しなければならない。国連総会には，いくつかの個別の主要委員会が設置されており，それらにいくつかの専権事項があるのだが，予算や分担率など財政に関わる事項は，国連総会第5委員会の専権事項である。それぞれの委員会の担当事項に沿って，国連総会は一連の議題を個別の委員会に割り振っている。個別の委員会での意思決定が行われてはじめて，その議題に関する採択行為が国連総会本会議に上程される。冒頭の記事は，第5委員会におけるPKO予算に関する合意が暫定的に形成され，国連総会本会議に上程する手続きに入ったということを報じたものである。

　ちなみに，総会第5委員会は，その終盤に極めて厳しい交渉プロセスを伴うことで，NYの各国代表団の間では有名である。週末や深夜にも交渉が続くことはもちろん，会期終盤には数日間昼夜を通して交渉を行うことも少なくない。

　さて，国連予算と分担率の話を冒頭にあげたことからもお分かりのとおり，本書は，国連の財政や行政（「行財政」）を扱う委員会である国連総会第5委員会に関するものである。それと同時に，財政分野に限らない多国間組織での交渉におけるひとつの視点を共有しようとするものでもある。

　「国連の行財政」と聞いて，何か数字ばかりをいじっている難しい分野であ

iv

ろうというイメージを持たれることが多い。「国連の行財政問題は専門的な事項であるから専門家が必要だ」「財政専門家でない者は行財政問題の分野に踏み込むべきではない」という認識を，私は第5委員会に関連するポスト（国連代表部及び総合外交政策局）在任中に繰り返し聞いた。このような認識は，決して正しくないし，私はこのような言葉を聞く度に，残念だと思うと同時に「もったいない」とも感じていた。

「行財政」と言うとき，それが意味するのは「何に金をつけるか（Budgeting）」と「どのように金を支弁するか（Financing）」，「そのための機構をどのように組み立てるか（Programme）」，「そのようなしくみをどう管理・維持していくか（Administration, Management）」という，いかなる組織にとって基本かつ不可欠の骨格である。日本の，及び世界のどのような組織でもそうであるように，国連においても，何かを動かすには，カネ（財政），機構，ヒト（人的資源）が必要である。カネ，機構，ヒトに関わる事項をどのように決めるかを知っていることにより，「何に金をつけるか」の「何」にあたる部分（サブスタンス，事務総長への実質的な指示事項）を作り出している協議体での交渉で，より効果のある形で成果を引き出すことが可能となる。つまり，国連という多国間の場で行われる「行財政」問題は，しくみとルール[2]の使い方についての確実な知識を要する交渉であると同時に，極めて政治的な交渉である。同時に，行財政的な部分に関する交渉に先立って「何」にあたる部分（サブスタンス，事務総長への実質的な指示事項）を作り出している協議体（例えば，国連総会第2委員会や，経済社会理事会，及び安全保障理事会）で意味ある交渉を実現するためにも，この「しくみとルール」および政治性の両方の観点が不可欠であると，私は考えている。

さて，冒頭に引用したひとつめの新聞記事に関連する疑問への答えは「第5章　国連平和維持活動（PKO）の財政」の中で触れていくが，このとき報道が必ずしも触れていないことがあった。この時の交渉は，PKO予算の規模のみが焦点となって交渉が長引いたわけではなかった。別の議題が，本来PKO予

---

(2)　本書において，「ルール」は個別の決め事，たとえば「総会手続き規則153」などを，「しくみ」は複数のルールにより構成されるプロセスの全体，たとえば「通常予算策定プロセス」などを指すために用いることとする。

v

はじめに

算を審議するためのこの会期に挿入され，こちらの議題の交渉が行き詰まったために，本来の議題であったPKO予算の交渉にも影響したのであった。別の議題とは，国連事務局の組織改編である。この組織改編の概略については第3章で触れることにするが，組織改編というものは，通常ヒトの配置場所と配置数，指揮命令系統，その経費と責任体制の変更を伴うという意味で，予算，財政，マネジメントの問題であり，従って国連の行財政問題委員会である第5委員会での審議を経ずには実施できない。つまり，国連の骨格（カネ，機構，ヒト）についての最終決定権限は，国連総会第5委員会にあるといえる。そうだとすれば，第5委員会での交渉がどのようなものかを知ることは，およそ組織改編と無縁ではない分野を担当する全ての交渉官にとっても，有益なのではないだろうか。

　私が本書で共有しようとしているのは，交渉官だけが知るインナー・ストーリーの披露ではなく，より広く応用可能な視点づくりの方法である。国連行財政の交渉は，基本文書の精読，場面によって異なるアクターの関心の複層的な把握と，それらを踏まえた解決策の模索，またそれらを総合した俯瞰的視点など，多国間外交における基本的な技術の一部を必須とする。しかし，俯瞰的視点と，ものごとの動かし方，というのは何も第5委員会にだけ必要とされるものではない。国連の行財政を担当する交渉官だけでなく，むしろ，国連において，「何」にあたる部分を作り出している協議体（例えば，国連総会第2委員会や，経済社会理事会，及び安全保障理事会）での交渉を扱うできるだけ多くの交渉官にこそ望まれる視点と技術である。

　他方で，「行財政問題は専門的な事項」といわれる背景には，文書が一見して読みにくいことや，引用すべき，あるいは論拠とすべきしくみや先行事例が多いことなどがあると考えられる。ただし，実際にいくらかの勉強をし，しくみを理解した後には，財政関係の文書は他の国連文書に比して，非常に読みやすいことがわかる。それは，このような極めて政治的な交渉を，可能な限り広い合意を得て行うために，明確性と系統性を備えたしくみを我々の諸先輩方が形成してきたことの結果である。従って，このような一見した読みにくさが財政問題についての一種のハードルになっているのであれば，ハードルを少しでも低くするための若干の手引きを提供し，俯瞰的視点を備えた理解の助けとなりたいと考え，在任中に個別に書きためたものをまとめることとした次第であ

る。まとめるにあたり，次のような視点やキーワードを念頭に内容を補強した。

・「国連」とは誰のことか。
　→国連は何でできているのか。誰が国連のしくみをつくっているのか。
・マクロ的視点とミクロの理解。
・2つのソウゾウリョク：想像力と創造力。

　本書が扱う範囲は，行財政のうち，予算・財政，つまり，カネと機構を中心とした。さらにそのうち，在任中関係者から説明を求められることが多かった事項を優先した。また，ヒトの部分（人的資源に関連する分野）については，私が担当していた分野ではなかったことから，本書で扱う事項に関連する限りにおいてのみ言及したが，しくみの形成過程とその系統，文書の読み方は，予算・機構のものと類似しているので，本書の基本的な説明をふまえれば，読み解いていくことが可能である。

　国連の行財政に焦点をあてた研究には，田所昌幸氏の「国連財政　予算から見た国連の実像」（有斐閣 1996 年）がある。本書は，田所氏の著作のような研究というよりも，実務家への手引書に類するものとすることを意識して書いたものであるので，扱う範囲については参照される頻度を重視しており，必ずしも包括的に先行研究と新たな事象の検証を行っているわけではない。また，現状の分析は，基本的に交渉者の視点を助けるために行ったものであり，それを踏まえた国連予算制度の在り方についての施策提言などを行う性格のものとはなっていないことをご寛恕願いたい。

　本書では人事制度に関する部分などいくつかの部分について思い切って割愛しており，必ずしも国連行財政というものを包括的・体系的に扱っていないという批判を頂くかもしれないが，あくまでも，いくつかのハードルを低くするための技術的な手引きとして読んで頂ければ幸いである。

　2019 年 8 月

岩谷 暢子

目　　次

はじめに (*iii*)

第1章　「国連」を見る視点 ——————————— 3

第1節　「国連」とは誰のことか·· 3
第1項　国連は何でできているか：憲章が規定する「国連」とその意思決定·· 3
こぼれ話 国連総会議場 ·· 12
第2項　国連は何でできているか：「この機構の経費」の現在の範囲··· 13
第3項　「国連」という用語の外縁··· 14
こぼれ話 国連とは誰のことか：特別報告者の位置づけ ·············· 17

第2節　財政・機構・人的資源管理：国連の活動を動かすための骨と血··· 17
第1項　第5委員会と事務局 ·· 18
第2項　加　盟　国 ··· 20
第3項　行財政問題諮問委員会（ACABQ）：第5委員会の決定に不可欠の諮問委員会 ··· 23
第4項　計画調整委員会：機構（プログラム）···························· 26
第5項　事務総長とは如何なる存在か ·· 28

第3節　国連決議と文書の読み方，総会第5委員会における意思決定：第5委員会の決議を参考に ··· 31
第1項　国連文書の記号 ··· 31
第2項　国連総会第5委員会の決議 ··· 34
こぼれ話 ビューローとは ··· 40
第3項　国連総会第5委員会の意思決定······································ 41

目　次

　　第4項　国連文書及び本書で使われる基本的な用語⋯⋯⋯⋯⋯⋯ *43*

第2章　国連事務局と国連予算の現状 ─── *47*

第1節　国連事務局の構成 ⋯⋯⋯⋯⋯⋯⋯⋯⋯⋯⋯⋯⋯⋯⋯⋯⋯ *47*

　こぼれ話 会議サービスの役割の変遷⋯⋯⋯⋯⋯⋯⋯⋯⋯⋯ *57*

第2節　国連の財源と予算 ⋯⋯⋯⋯⋯⋯⋯⋯⋯⋯⋯⋯⋯⋯⋯⋯ *58*

　　第1項　分担金で支弁される予算⋯⋯⋯⋯⋯⋯⋯⋯⋯⋯⋯⋯ *58*

　　第2項　予算外財源（任意拠出金)⋯⋯⋯⋯⋯⋯⋯⋯⋯⋯⋯⋯ *58*

第3節　国連計画予算の要素と構成 ⋯⋯⋯⋯⋯⋯⋯⋯⋯⋯⋯ *62*

　こぼれ話 国連の切手 ⋯⋯⋯⋯⋯⋯⋯⋯⋯⋯⋯⋯⋯⋯⋯⋯ *68*

第4節　PKO予算（除く UNMOGIP, UNTSO)⋯⋯⋯⋯⋯⋯ *69*

第5節　裁判所予算 ⋯⋯⋯⋯⋯⋯⋯⋯⋯⋯⋯⋯⋯⋯⋯⋯⋯⋯⋯ *72*

第6節　分　担　率 ⋯⋯⋯⋯⋯⋯⋯⋯⋯⋯⋯⋯⋯⋯⋯⋯⋯⋯⋯ *75*

第7節　その他予算 ⋯⋯⋯⋯⋯⋯⋯⋯⋯⋯⋯⋯⋯⋯⋯⋯⋯⋯⋯ *78*

第8節　ま　と　め ⋯⋯⋯⋯⋯⋯⋯⋯⋯⋯⋯⋯⋯⋯⋯⋯⋯⋯⋯ *78*

　【補稿：平和と安全に関する活動の財政】⋯⋯⋯⋯⋯⋯⋯⋯ *79*

　こぼれ話 国連における禁煙 ⋯⋯⋯⋯⋯⋯⋯⋯⋯⋯⋯⋯⋯ *81*

第3章　各事務総長の時代の国連改革の経緯 ─── *87*

第1節　ハマショルド事務総長（1953-1961)⋯⋯⋯⋯⋯⋯⋯⋯ *89*

第2節　ウ・タント事務総長の時代（1961.11-1971)⋯⋯⋯⋯⋯ *91*

第3節　ワルトハイム事務総長（1972-1981)⋯⋯⋯⋯⋯⋯⋯⋯ *93*

第4節　デクエヤル事務総長の時代（1982-1991)⋯⋯⋯⋯⋯⋯ *94*

　　第1項　「国連の財政効率化見直しのためのハイレベル政府間専

ix

目　次

門家」報告書············ 95
第2項　「平和維持活動の行財政的側面」に関する事務総長報告書·· 96

第5節　ガリ事務総長の時代（1992-1996）············ 99
第1項　事務局組織の再編············ 99
第2項　PKO の行財政的なしくみの整備············ 100

第6節　アナン事務総長の時代（1997-2006）············ 102
第1項　第1次事務局改革············ 102
第2項　PKO の行財政的なしくみの整備············ 105
第3項　第2次事務局改革············ 109
第4項　第3次事務局改革············ 112

第7節　バン事務総長（2007年－2016年）············ 115
第1項　フィールド支援局の設置············ 116
第2項　事務局のマネジメント分野の改革············ 117
第3項　PKO に関連する問題············ 118

第8節　グテレス事務総長（2017年〜）············ 119
第1項　予算策定プロセスの改革············ 120
第2項　国連事務局4局の改組············ 121

第9節　責任ある意思決定のために············ 122
こぼれ話　支出制限（Spending cap）············ 124

第4章　国連事務局の財政（国連通常予算）──── 125

第1節　現在の「しくみ」············ 127
第1項　総論（共通）：現在の国連予算策定の共通ルール
　　　　［憲章，総会手続き規則，財政規程・規則，PPBME，諸決議］··· 127
第2項　計画予算の概形（2カ年計画予算（〜2019年））············ 132
こぼれ話　よいコーディネーターとは············ 142
第3項　予算決定から分担率の徴収まで············ 143
第4項　2か年予算執行中に生じる変動への対応············ 144

目　次

　　第5項　執行状況報告書…………………………………………………… *154*

　　第6項　決算と会計検査……………………………………………………… *155*

　　第7項　国連の監査とマネジメント……………………………………… *155*

第2節　現在のしくみができるまで…………………………………… *159*

　　第1項　国連最初の予算とその規模：費目別予算，1900万ドル…… *159*

　　第2項　計画予算の採用…………………………………………………… *160*

　　第3項　事務総長の予算執行における柔軟性の模索：総会権限の

　　　　　　縮小の試みと，総会による対案……………………………… *163*

第3節　これから（マネジメント改革，単年予算と予算策定サイクル）… *163*

　　第1項　単　年　予　算………………………………………………………… *163*

　　第2項　残された提案と課題……………………………………………… *166*

第5章　国連平和維持活動（PKO）の財政 —————— *169*

第1節　現在の「しくみ」………………………………………………… *169*

　　第1項　PKO予算の策定・審議のしくみ…………………………… *170*

　　第2項　執行状況報告書…………………………………………………… *175*

　　第3項　会　計　検　査………………………………………………………… *176*

　　第4項　新たなPKOの予算の設置…………………………………… *176*

　　こぼれ話 国連で使用される言語(1)………………………………… *182*

第2節　現在のしくみができるまで…………………………………… *183*

　　第1項　PKOの経費の分担金による支弁……………………………… *183*

　　第2項　予算期間の統一（1か年予算化と審議時期の統一）……… *184*

　　第3項　独立予算・独立勘定……………………………………………… *185*

　　第4項　PKOミッションの支援機能…………………………………… *188*

第3節　これから………………………………………………………… *191*

　　こぼれ話 国連で使用される言語(2)………………………………… *192*

おわりに……………………………………………………………………… *195*

xi

目　　次

巻末資料1－1　「国連の刷新」事務総長報告書の改革案と総会の対応（*201*）

巻末資料1－2　「国連の強化」事務総長報告書の改革案と総会の対応（*209*）

巻末資料1－3　成果文書・国連への投資報告書と総会の対応（*215*）

巻末資料2　ブラヒミ報告書の勧告事項と総会の対応（*224*）

基本的な規程等／参考文献（*231*）

国連総会の葛藤と創造
——国連の組織，財政，交渉——

第1章 「国連」を見る視点

第1節 「国連」とは誰のことか

「はじめに」で提起した視点の第1点め,「『国連』とは誰のことか」について, 整理を試みたい。

報道や, 報道を受けた会話などで「国連は,」という言葉が使われるとき, 我々は, その意味するかたちを正確に共有しているであろうか。厳密な説明を求められると困るが何となく権威が感じられる「国連」という言葉を, その内容を十分検証せずに使ってはいないだろうか。その結果, 正確には国連を代表している訳ではないものがあたかもそうであるような伝えられ方をしたり, またそのような表現により受け手側の外形の認識をずれさせたりしていることはないだろうか。

総会議場と事務局棟

国連は世界政府ではなく, 国連事務総長は大統領ではない。「国連は国際機関である」という文章は正しいが, 我々はその実態をどのように把握できているだろうか。国連憲章をはじめとする政府間合意文書から, 「国連」が意味する内容, 何でできていて, その外形はどこまでなのかについて確認したい。

第1項 国連は何でできているか：憲章が規定する「国連」とその意思決定

国連憲章は, 以下の通り規定している。(本書での国連憲章の訳文は, 「国際機構条約・資料集 第2版」[(1)]に基づく。なお, 下線は筆者による。)

---

(1) 香西茂, 安藤仁介編集代表 (2002)『国際機構条約・資料集』第2版 東信堂。

3

第1章 「国連」を見る視点

Chapter II Membership

Article 3

The original members of the United Nations shall be the <u>states</u> which, having participated in the United Nations Conference on International Organization at San Francisco, or having previously signed the Declaration by United Nations of 1 January 1942, sign the present Charter and ratify it in accordance with Article 110.

　第3条

　国際連合の原加盟国とは，サンフランシスコにおける国際機構に関する連合国会議に参加した国又はさきに 1942 年 1 月 1 日の連合国宣言に署名した国で，この憲章に署名し，且つ第 110 条に従ってこれを批准するものをいう。

Article 4

1 Membership in the United Nations is open to all other peace-loving states which accept the obligation contained in the present Charter and, in the judgment of the Organization, are able and willing to carry out these obligations.
2 The admission of any such state to membership in the United Nations will be effected by a decision of the General Assembly upon the recommendation of the Security Council.

　第4条

　　1. 国際連合における加盟国の地位は，この憲章に掲げる義務を受諾し，且つ，この機構によってこの義務を履行する能力及び意思があると認められる他のすべての平和愛好国に開放されている。
　　2. 前記の国が国際連合加盟国となることの承認は，安全保障理事会の勧告に基づいて，総会の決定によって行われる。

　ここではまず，国連は，国（states）を構成要素としていることが規定されている。国連の加盟国は，「メンバー（Members）」あるいは「加盟国（Member States）」と呼ばれる。

　続く規定を見ていこう。
　国連憲章第 3 章第 7 条では以下の通り国連の主要機関として，総会，安全保障理事会，経済社会理事会，信託統治理事会，国際司法裁判所，および事務局

4

第 1 節　「国連」とは誰のことか

を規定している。

CHAPTER III: ORGANS

Article 7

1 There are established as principal organs of the United Nations: a General Assembly, a Security Council, an Economic and Social Council, a Trusteeship Council, an International Court of Justice and a Secretariat.

2 Such subsidiary organs as may be found necessary may be established in accordance with the present Charter.

　第 7 条　機関

　1　国際連合の主要機関として，総会，安全保障理事会，経済社会理事会，信託統治理事会，国際司法裁判所及び事務局を設ける。

　2　必要と認められる補助機関は，この憲章に従って設けることができる。

　これら 6 つの主要機関を並列に示した図を目にしたことがあるだろう（たとえば図 1 参照）。しかし，これらの機関がどのような機能を担っているかに着目して見た場合，これらの性質は並列ではない。つまり，これらのうち総会，安全保障理事会，経済社会理事会，信託統治理事会（現在は活動を行っていない[2]）の 4 つは，意思決定機関である。ただし，「総会」「安全保障理事会」という独立・自律的な人格が存在するわけではなく，これらの機関は加盟国の代表で構成されている。議長・副議長や書記も加盟国代表である。つまり，これら 4 つの機関は，「加盟国」を異なる意思決定の枠組みに応じて呼び変えたにすぎないのである（図 2 参照）。

　このうち，最も開かれた意思決定機関である総会は，全ての加盟国により構成され[3]，2018 年現在 193 か国を数える加盟国は，その大小にかかわらず 1 票

---

[2]　安保理決議 956（1994）は，最後の信託統治領であるパラオに関する信託統治協定の終了を決定。これ以降，信託統治理事会は活動していない。

[3]　総会の構成については，国連憲章第 4 章第 9 条が以下のとおり規定している。

CHAPTER IV: THE GENERAL ASSEMBLY

COMPOSITION

Article 9

1　The General Assembly shall consist of all the Members of the United Nations.

図１　一般的に使用される国連の機構図の例

図２　主要機関の構成

総会	安全保障理事会	経済社会理事会	信託統治理事会
構成：全ての国連加盟国（2019年1月現在193か国）	構成：15の国連加盟国（5の常任理事国と10の非常任理事国）	構成：54の国連加盟国	構成：（1）信託統治地域の施政を行う加盟国、（2）第23条に名を掲げる加盟国で信託統治地域の施政を行っていないもの、（3）総会によって3年の任期で選挙されるその他の加盟国（2019年1月現在活動していない）

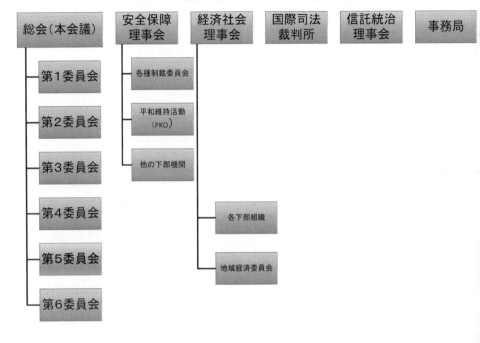

第1節 「国連」とは誰のことか

を有する[4]。経済社会理事会では，加盟国間の投票で選出された54か国（任期は3年）が理事国として意思決定を行う[5]。安全保障理事会は，5か国の常任理事国と10か国の非常任理事国により構成される[6]が，常任理事国が国連憲章によって固定されていること及びメンバー国の数という点からは，最も閉ざされた性格を有する構成であるといえる。

---

(4) 国連憲章第18条
VOTING
Article 18
1 Each member of the General Assembly shall have one vote.

(5) 経済社会理事会の構成については，国連憲章第10章第61条が以下の通り規定している。
CHAPTER X: THE ECONOMIC AND SOCIAL COUNCIL
COMPOSITION
Article 61
1 The Economic and Social Council shall consist of <u>fifty-four Members</u> of the United Nations elected by the General Assembly.
2 Subject to the provisions of paragraph 3, eighteen members of the Economic and Social Council shall be elected each year for a term of three years. A retiring member shall be eligible for immediate re-election.

(6) 安全保障理事会の構成については，国連憲章第5章第23章が以下の通り規定している。
CHAPTER V: THE SECURITY COUNCIL
COMPOSITION
Article 23
1 The Security Council shall consist of <u>fifteen Members of</u> the United Nations. The Republic of China, France, the Union of Soviet Socialist Republics, the United Kingdom of Great Britain and Northern Ireland, and the United States of America shall be permanent members of the Security Council. The General Assembly shall elect ten other Members of the United Nations to be non-permanent members of the Security Council, due regard being specially paid, in the first instance to the contribution of Members of the United Nations to the maintenance of international peace and security and to the other purposes of the Organization, and also to equitable geographical distribution.
2 The non-permanent members of the Security Council shall be elected for a term of two years. In the first election of the non-permanent members after the increase of the membership of the Security Council from eleven to fifteen, two of the four additional members shall be chosen for a term of one year. A retiring member shall not be eligible for immediate re-election.

第1章 「国連」を見る視点

　これに対し，事務局（及び事務総長）は，意思決定機関ではなく，意思決定機関を事務的・実質的に支え，意思決定機関の指示を執行する機関である。憲章第98条は以下の通り規定している。

Article 98

The Secretary-General shall act in all meetings of the General Assembly, of the Security Council, of the Economic and Social Council, and of the Trusteeship Council, and shall perform such other functions as are entrusted to him by these organs The Secretary-General shall make an annual report to the General Assembly on the work of the Organization.

　第98条

　事務総長は，総会，安全保障理事会，経済社会理事会及び信託統治理事会のすべての会議において事務総長の資格で行動し，且つ，これらの機関から委託される他の任務を遂行する。事務総長は，この機構の事業について総会に年次報告を行う。

　事務総長の権限の範囲は，あらかじめ憲章や決議によって加盟国から授権されたものであり，それを超えて具体的な措置をとることが適切と判断する場合には，意思決定機関の承認を求める必要がある。

　以上のことから，次のようにいえるだろう。

　国連憲章における the United Nations を指すものとしての「国連」とは，加盟国からなる政府間協議体である。つまり，「国連（the United Nations）」とは，加盟国のことである。

　加盟国間の協議を事務的・実質的に支え，政府間協議体から指示された事項を執行するのが事務総長の役割であり，国連事務局はその手足である。

　加盟国から事務総長への「指示」は，加盟国間の合意として文書の形で示される必要がある。国連においては加盟国間の合意を示す文書は，決議（Resolution）及び決定（Decision）であるが，これはあらゆる範疇の合意事項を記したものである。すなわち，加盟国間の努力目標を掲げたり，特定の加盟国に対して具体的な行為を求めたり，あるいは国際社会全体に対し課題を提起したりする事項も含まれる。この中で，加盟国が事務総長に対し，具体的な事

第1節 「国連」とは誰のことか

項に関する措置や業務を実施するよう指示するものがある。例えば，特定の課題についての政府間会合を加盟国が合意した日程で開催したり，そのための準備文書を作成することを指示するものもある。また，特定の2か国の国境周辺の状況を定期的に加盟国に報告するよう指示するものもある。事務総長に対するこのような指示を示した決議や決定上の根拠のことを，関連規程において「legislative mandate」という用語で表している(7)。mandated task/activities とは，legislative mandate(s) に従って，実際に実施する業務や活動を表す。つまり，国連事務局の各部局の業務とは，このような指示事項（mandate(s)）を実施することであり，**事務総長と国連事務局の業務や活動の根拠は，このような加盟国による指示事項の総体であり，国連事務局という組織の機構は，加盟国による指示事項を実施するために整えた体制である**。第3章のなかで触れているが，何度も国連事務局の組織改革を行ってきているのは，加盟国による指示事項が存在しなくなれば，そのための体制は不要となるし，加盟国による指示事項が増加すれば，体制の補強が必要となるという，極めて自然な理由による。加盟国による指示事項の総量は常に変動しており，従って，国連事務局のいかなる部局も，何ら恒久的な存続を保証されていないのである。

　上述した，「加盟国」を異なる意思決定の枠組みに応じて呼び変えた4つの機関（図2参照）は，いずれも事務局及び事務総長に対する指示事項（mandate(s)）を発出する意思決定機関たりうる。そのような指示事項を事務総長及び事務局が実施するための経費や人的リソース（職員）や，指示事項を策定する意思決定機関が協議を行うための経費や人的リソース（職員）は，計画案及び計画予算案という形で事務総長によりまとめられ，その内容，規模，支弁方法について承認する決定を行うことが加盟国に求められるのだが，国連憲章第17条1及び2は，これらの問題についての決定権限を総会にのみ与えている。経費負担に関する限り，安全保障理事会も経済社会理事会も意思決定機関としては登場しない。

---

(7) Regulations and Rules Governing Programme Plannning, the Programme Aspects of the Budget, the Monitoring of Implementation and the Methods of Evaluation （PPBME：「計画策定，予算のプログラム面，履行のモニタリング及び評価の方法に関する規程及び規則）」Annex Glossary of terms。最新の版は，ST/SGB/2018/3。主要な定義については本章の末尾参照。

9

第 1 章 「国連」を見る視点

Article 17

1 <u>The General Assembly shall</u> consider and approve the budget of the Organization.

2　The expenses of the Organization shall be borne by the Members as apportioned <u>by the General Assembly</u>.

3 <u>The General Assembly shall</u> consider and approve any financial and budgetary arrangements with specialized agencies referred to in Article 57 and shall examine the administrative budgets of such specialized agencies with a view to making recommendations to the agencies concerned.

　第 17 条

　　1．<u>総会は，</u>この機構の予算を審議し，承認する。

　　2．この機構の経費は，<u>総会によって</u>割り当てられるところに従って，加盟国が負担する。

　　3．<u>総会は，</u>第 57 条に掲げる専門機関との財政上及び予算上の取極を審議し，承認し，またこれらの専門機関の行政的予算を検査し関連する専門機関に勧告を行う。

　（いずれも下線は筆者による。）

　総会の主要委員会の中で，憲章第 17 条が規定する役割は，第 5 委員会（行財政に関する委員会）に与えられている[8]。また，行財政事項が第 5 委員会の専

（8）　現在の総会主要委員会（Main Committees）は第 1 委員会から第 6 委員会までの 6 つの委員会で構成される。これに関する規定は総会手続規則 98 におかれており，最後に改定されたのは第 47 回総会である（決議 47/233 "Revitalization of the work the General Assembly",）。
主要委員会
規則 98
総会の主要委員会は以下のとおり。
（a）　軍縮及び国際安全保障に関する委員会（第 1 委員会）
（b）　政治及び非植民地化に関する特別委員会（第 4 委員会）（パレスチナに関する特別委員会を吸収）
（c）　経済・金融に関する委員会（第 2 委員会）
（d）　社会，人道，文化に関する委員会（第 3 委員会）
（e）　行財政に関する委員会（第 5 委員会）
（f）　法務に関する委員会（第 6 委員会）
Main Committees
Rule 98

第1節 「国連」とは誰のことか

権事項であることは，総会決議45/248セクションVIで明示的に確認されて[9]以降，繰り返し確認されている。

　従って，次のことがいえる。

　国連の政府間協議体である総会，安全保障理事会，経済社会理事会（，及び信託統治理事会）のいずれも，事務局及び事務総長の業務・活動への指示事項に関する意思決定を行う権限を有する。他方，そのための経費やその支弁方法についての決定権限は総会第5委員会のみが有する[10]。

　つまり，加盟国が行う決定のうち，経費とその支弁方法に関するものについては第5委員会という協議体に審議を付託することが求められるということである。これは，加盟国の意思の連続性を断ち切ることを意味するものでは全くない。事務総長への指示事項に関する意思決定を行う協議体での交渉における加盟国Aと，総会第5委員会での交渉における加盟国Aは，同一の主体であり，その意思は連続したものであることが当然に期待される。しかしながら，各加盟国の代表団の規模が大きくなり，業務の細分化・縦割りが進むほど，この点が意識されなくなり，意思決定に分断が生じてくる危険があることに注意が必要である。一貫性を欠く意思決定は，その国の信頼性に影響を及ぼすからである。

　The Main Committees of the General Assembly are the following:
　(a) Disarmament and International Security Committee (First Committee);
　(b) Special Political and Decolonization Committee (Fourth Committee);
　(c) Economic and Financial Committee (Second Committee);
　(d) Social, Humanitarian and Cultural Committee (Third Committee);
　(e) Administrative and Budgetary Committee (Fifth Committee) ;
　(f) Legal Committee (Sixth Committee).
(9)　総会決議45/248 VI Procedures for Administrative and Budgetary Matters "1 *Reaffirms* that the Fifth Committee is the appropriate Main Committee of the General Assembly entrusted with responsibilities for administrative and budgetary matters;"
(10)　国際連盟の経験を踏まえて，予算の審議・承認に関する権限を総会にのみ置くこととした経緯については，[田所昌幸，1996] pp.22-27。

第1章 「国連」を見る視点

> こぼれ話
>
> **国連総会議場**
>
> 　国連NY本部の総会議場（General Assembly Hall）は，加盟国の席を半円形に配置し，後方にオブザーバー席，傍聴席を配置した，この本部で最大の会議場である。9月の国連総会一般討論演説で各国首脳が発言を行う場所であり，国連の会議というと，この総会議場を連想する人は多いのではないか。国連で交渉する仕事とは，毎日この総会議場で討議をするということなのか？と。
>
> 　実際には，第5委員会をはじめ，各委員会の交渉はほとんどが，総会議場ではない，もっと小さい議場で行われる。公式会合（同時通訳が入り，議事録が公式文書として残される）で一般討議が行われた後，交渉は実質的に非公式協議（基本的に通訳が入らず，関係者以外の参加不可，審議内容は非公開）で行われる。第5委員会に関して言えば，総会議場に赴くのは，全ての議題についての決議案が公式会合で採択され，総会本会議に上程される時，すなわち会期の最後の1日のみである。そこで各国代表は，決議案に対する立場など記録に残す必要がある事項を読み上げる。国連総会議場は，典型的に公開外交の場であり，交渉の場ではない。
>
> 　この総会議場を，一年の最後に使うのは，第5委員会関係者だ。理由は明確。第5委員会には，他の委員会が同じ会期に新たに創出した指示事項の執行に関する経費問題も持ち込まれるから，他の全ての委員会の審議終了を待たざるを得ない。結果的に，第5委員会の審議に関する総会本会議への報告と採択は，どの委員会よりも遅くならざるを得ない。
>
>
>
> 総会議場のクリスマスツリー
>
> 　ただし，一年の最後に総会議場を使う委員会ならではの楽しみもある。全ての審議が終了した後，総会議場前方に設置されたモニターパネルに，クリスマスツリーが映し出されるのだ。一年間，昼夜を通して苦労をともにしてきた交渉相手達を称えあい，労わりあう時間である。

第1節　「国連」とは誰のことか

第2項　国連は何でできているか：「この機構の経費」の現在の範囲

現在，総会が「この機構の経費」として認めているものは，国連事務局の各部局のほとんどの経費を賄う，通称「国連計画予算（UN Programme budget）」，国連平和維持活動（PKO）として設置された活動に関する経費を賄う通称「国連 PKO 予算（UN Peacekeeping budgets）」，及び通称「国際刑事裁判所残余メカニズム予算（Budget of International Residual Mechanism）」の3カテゴリーである。

「国連計画予算」がカバーするのは，国連事務局の内部部局等の人件費や事務経費，設備の維持管理等にかかる経費に加え，国連難民高等弁務官事務所（UNHCR）や国連環境計画（UNEP）などいくつかの基金・計画の予算の一部，地域経済委員会事務局の一部の経費である。事務総長通達（最新のものはST/SGB/2015/3）が国連事務局の構成を示しており，これらが，計画予算がその全部あるいは一部を手当てしている範囲である。逆に，国連事務局の一部とみな

図3　この機構の経費

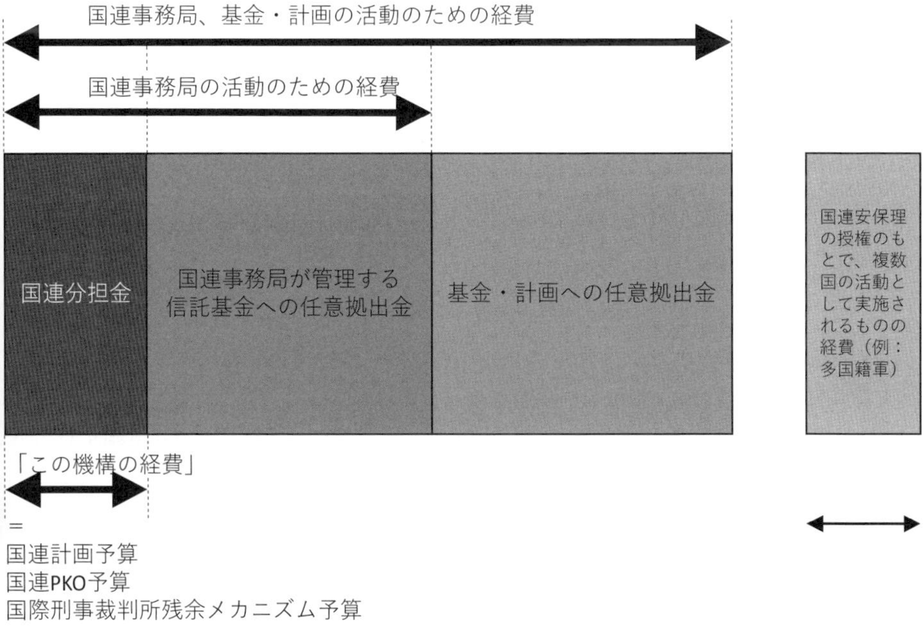

国連事務局、基金・計画の活動のための経費

国連事務局の活動のための経費

| 国連分担金 | 国連事務局が管理する信託基金への任意拠出金 | 基金・計画への任意拠出金 | 国連安保理の授権のもとで、複数国の活動として実施されるものの経費（例：多国籍軍） |

「この機構の経費」
＝
国連計画予算
国連PKO予算
国際刑事裁判所残余メカニズム予算

13

第1章 「国連」を見る視点

されない組織に対しては，計画予算による手当てはされない。

このうち，国連難民高等弁務官事務所（UNHCR）および国連パレスチナ難民救済機関（UNRWA）を除いた部局・機関の計画予算支弁分が，「望ましい職員数の幅（desirable range）」の対象範囲となる。つまり，これが人事管理上の国連事務局の範囲であり，「国連事務局」の最も狭い解釈である。

国連 PKO ミッションは，機構的には安保理の下部機関と位置付けられているが，予算的には，安保理の運営経費を賄う国連計画予算とは別の予算（PKO 予算）と支払方法（PKO 分担率）で賄われている。

そして，旧ユーゴ国際刑事裁判所（ICTY）及びルワンダ国際刑事裁判所（ICTR）の残余機能を担う組織として設置された国際刑事裁判所残余メカニズム（IRM）の活動経費が，2019 年現在分担金によって賄われている。

これらが，国連の全加盟国に財政負担を求める形で運営されている，いわゆる「『国連』の『予算』」である。（「国連計画予算」及び「PKO 予算」については，それぞれ別の章で説明する。）

国連の全加盟国に財政負担を求めない形で運営されている業務や活動もある。具体的には，一部の加盟国の財政支援（国連事務局が運営する信託基金などへの任意拠出金＝予算外財源）を受けて実施する業務や活動である。実際のところ，国連事務局の財源のうち，予算外財源は，予算財源（加盟国の分担金）を上回っている。（図 3 及び第 2 章第 2 節第 2 項参照）

第 3 項 「国連」という用語の外縁
国連特権免除条約の対象機関

国連計画予算の一部ではないが，「国連」という名称を冠している機関もある。国連開発計画（UNDP）や国連児童基金（UNICEF）など「基金・計画」といわれる機関は，独自の予算とその承認プロセスを有しており，国連計画予算の対象ではない。しかし，専門機関よりもやや国連事務局に近い機関として性格づけるいくつかの特色を有している。個別の総会決議に基づき総会への報告を行なっていること，長の任命権限を国連事務総長が有していることなどである。また，専門機関特権免除条約（Convention on the Privilege and Immunities of the Specialized Agencies）ではなく，（国連特権免除条約 Convention on the

14

第 1 節　「国連」とは誰のことか

Privileges and Immunities of the United Nations) の対象でなっていることも特色の 1 つである[11]。これらの機関は集合的な意味で「国連」と呼びうる最大の外縁といえよう。

共通制度を採用する機関

さらに，職員の勤務条件体系に着目すると，「国連」の名称を冠したものも含めいくつかの「専門機関」といわれるものがあげられる。国連教育科学文化機関（UNESCO），国際労働機関（ILO）などである。これらは，「共通制度（Common System）」[12]を採用する機関である。

国連システム

これらに，世界銀行グループ（国際復興開発銀行（IBRD），国際開発協会（IDA），国際金融公社（IFC），多国間投資保障機関（MIGA），国際投資紛争解決センター（ICSID）），国際通貨基金（IMF），世界貿易機関（WTO），および国際原子力機関（IAEA）等の「関係機関（Related Organizations）」を加えたものが「国連システム」と総称されている。

まとめ

以上のように，「国連」ということばを冠する名称を持つ機関や主体であっても，その構成や意思決定などは大きく異なり，実体としては NY のイーストリバー沿いの国連 NY 本部とはつながりが極めて薄いものや，国連総会などの政府間協議体にも事務局にも属さない立場の主体などが多くある。また，国連総会などの政府間協議体での審議に関わる描写であっても，事務総長のイニシアティブを指しているのか加盟国の意思を指しているのか必ずしも明確に示さずに「国連」という用語を曖昧に使用している例は，研究にも散見されるが，

---

(11)　これらの機関の性質について横田洋三「国際機構の自律的補助機関の法的地位」横田洋三『国際機構の法構造』2000 年。

(12)　国連事務局，基金・計画及び一部の専門機関は，その職員の勤務条件につき共通制度（Common system）を採用しており，国際人事委員会（ICSC）が統合的に必要な改訂等につき審議し，総会第 5 委員会に勧告を提出している。第 5 委員会は，憲章第 17 条 3 の規定（専門機関との財政上及び予算上の取極めを審議し，承認する）により，共通制度に関する ICSC 勧告を議論する。

15

第1章 「国連」を見る視点

図4 「国連」の外縁

事項によってはこれらが全く逆の立場を示す場合もあることに注意が必要である。正確な整理をせずに「国連」という用語を用いることは、その外縁を混乱させうる。たとえば、UNDPには国連計画予算は及んでおらず、この2つの機関の間にキャッシュの流動性はないし、UNESCOの予算は国連事務局のいわゆる「国連予算」とは、別個のものである。

国連に対する過度な期待と、それへの反動ともとらえ得る感情的な強い批判は、「国連」が意味する外形の理解が、受け止める者によってずれていることに起因する部分もあるのではないだろうか。

国連とは誰のことか。国連は何でできているのか。交渉者や政策決定に関わる者が、この言葉について常に検証的姿勢を持つべきことは当然であるが、報道や教育において「国連」を扱う者においても、自分が発する「国連」という用語の性格な意味を理解し、伝わるようにすることが重要だと考える。

16

第2節　財政・機構・人的資源管理：国連の活動を動かすための骨と血

> **こぼれ話**
>
> 　国連とは誰のことか：特別報告者の位置づけ
> 　国連の政府間協議体で加盟国を代表するのは，各国の代表（delegates）である。国連事務局を代表するのは，国連事務総長である。国連の政府間協議体における政策決定は，事務総長と加盟国との間で，事務総長報告書，決議，決定，声明などの手段を通じて行われる。また，事務総長は，自らの代わりに任務を行うために「特別代表」を指名する。PKO ミッションの長などは，事務総長特別代表を任せられている。
> 　それでは，よく耳にする「特別報告者」や「独立専門家」「専門家パネル」といった主体は，何を代表しているのか？各々の主体の設置根拠となる決議は異なるから一概には言えないが，多くの場合これらの主体の任務として規定されているのは，政府間協議体に対して提言を行うことである。つまり，事務総長ではない第3の立場から，提言を行い報告することが求められている。ただし，その提言をどう扱うかは政府間協議体次第であるから，政府間協議体が何のアクションもとっていない時点では，「特別報告者」や「独立専門家」の発言や報告は，提言にすぎない。
> 　「特別報告者」らは，国連事務局も，国連加盟国も代表しているわけではない。あえて言えば，彼らが代表しているのは彼ら自身である。第3の立場こそが彼らの存在意義なのである。これに限らず，「国連」という名称を冠するものの実体が何であるか見極めることは，加盟国と事務総長との基本的な関係を理解していれば難しいことではないだろう。

第2節　財政・機構・人的資源管理：
国連の活動を動かすための骨と血

　国連憲章第 17 条 1 は，「総会が，この機構の予算を審議し承認する」と規定している。これを，第 1 節で行った整理を踏まえて言い換えると，このようになる。

　「全ての国連加盟国により構成される国連総会は，国連総会自ら，安全保障理事会，経済社会理事会，ないし信託統治理事会が決定した事務総長への指示事項のうち，『この機構の経費』として全加盟国が負担することが適切であると国連総会が判断したものの実施に必要な人的リソースの配置計画及びそれら

第1章 「国連」を見る視点

を含む全体経費についての事務総長案を審議し，必要な修正を加えたうえで承認する。」

　人的リソースの配置とは，すなわち機構である。従って，第5委員会は，機構に関する審議を行うとともに機構に関わるしくみとルール（実施計画，人事制度，人的資源管理）を整備し，経費に関する審議を行うとともに経費に関わるしくみとルール（財政規則・規程，会計検査）を整備し，またそれらの効率的使用を確保するために，監査，マネジメントのあり方について審議する任務を負っている。日本の組織に例えて言えば，予算要求，定員要求，機構要求，公務員法，給与法，会計検査などに相当する事項を扱っている。これら「行財政的事項」は第5委員会の専権事項である[13]。安全保障理事会であろうと，機構や定員の変更を要する事項や，国連加盟国に対して経費負担を生じさせる事項については，総会第5委員会の決定なしでは実施に移すことができない[14]。

第1項　第5委員会と事務局

　このように考えると，我々が教科書等でしばしば目にする，6主要機関を並列に並べた国連の機構図とは異なる図が見えてくる。安全保障理事会は，事務局の内局である政務局（DPA）／政務・平和構築局（DPPA）が事務局支援を提供する協議体であり，従ってその事務局機能にかかる経費は国連計画予算の中のDPA予算の一部である。安全保障理事会が設置する各委員会も，安全保障理事会と同様に政務局の事務局機能により支援されており，専門家により構成されるパネルの場合の専門家にかかる経費も政務局予算の一部である。安全保障理事会が設立するPKOについては，その本部機能の一部がPKO局の予算に属し，PKOミッションの活動経費は基本的には個別のPKOミッション予算により手当されている。経済社会理事会及びその傘下にある一連の機能委員会およびその他の委員会は，経済社会局（DESA）が事務局支援を提供する協議体であり，従ってその事務局機能にかかる経費はDESA予算の一部である。

---

(13)　総会決議 45/248 VI 1。

(14)　安保理決議の実施において国連加盟国に経費負担を生じさせない場合には，安全保障理事会の決定の実施のためのリソースについての総会の承認は不要である。たとえば，国連PKOではなく，多国籍軍の展開を承認・授権する場合には，必要なリソースは基本的に多国籍軍に参加する各国が手当てするため，総会が承認すべき「この機構の経費」ではない。

第2節　財政・機構・人的資源管理：国連の活動を動かすための骨と血

経済社会理事会の下部機関である地域経済委員会（アフリカ経済委員会（ECA），欧州経済委員会（ECE），ラテンアメリカおよびカリブ経済委員会（ECLAC），アジア太平洋経済社会委員会（ESCAP）および西アジア経済社会委員会（ESCWA）は，国連計画予算の中で DESA 予算とは別途のセクションとして扱われている。また，これらの主要な協議体は，それぞれの設立決議に従い，国連公用語の全6か国語あるいはそれ以下の作業言語に翻訳された報告書および会合の当時通訳を提供し，国連本部内の会議場の使用にかかるあらゆる支援を提供するが，これらは総会会議サービス局のもとで体系化されている。国際司法裁判所も，国連計画予算の一部なのである。（信託統治理事会は現在機能していない。）

事務局は，このように国連計画予算の各要素を構成する内局の集まりであると同時に，各構成要素から要望された予算をとりまとめ，全体像を事務総長案として加盟国に提示する主体でもある（この役割は，管理局（2019年1月より戦

図5　国連の主要機関
（機構・予算の意思決定プロセスにおける総会第5委員会の機能に着目した版）

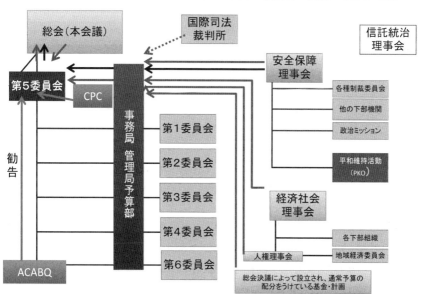

第1章 「国連」を見る視点

略・政策，コンプライアンス局に改称）予算部が担ってきている）。これを図に表すと，見慣れたものとはかなり異なるものが出来上がる（図5参照）。計画調整委員会，国連行財政諮問委員会を経由して，機構，予算にかかる全ての流れが総会第5委員会に集まっていることがわかるだろう。

第2項　加　盟　国

現在の国連加盟国は193か国である。その中には，人口が1億を超える国もあれば，数十万人レベルの小国もある。安全保障理事会において，「加盟国」とは，5か国の常任理事国と10か国の非常任理事国を指し，その関係は固定されている。非常任理事国が一致団結しても，常任理事国の判断を覆す力を持つことはない。常任理事国には，非常任理事国にない力，すなわち拒否権が国連憲章で与えられているからである。これに対し，総会においては，国連憲章上では全ての加盟国の力は違いがない。大小にかかわらず，全ての加盟国は1票を有する（国連憲章第18条1）。加盟国間の意見が異なる場合には，単純多数決あるいは加重多数決により決定される（国連憲章第18条2）。

総会第5委員会が，「この機構の経費」とするもの及びその規模について審議するという任務を負っているということは，これに先立ってそのような経費の根拠を設置した国連政府間協議体における交渉の構造が，場所を第5委員会に移して再生産される可能性が高いということである。先行交渉の経緯によって，総会第5委員会での交渉における多数・少数の構造は異なってくる。ある国にとっての「同様の立場を有する国・グループ」とは，決して固定できるものではなく，常に流動的である。そのため，第5委員会の交渉では，個々の「加盟国」という存在を極めて多面的に認識することが極めて重要となる。

第5委員会において「加盟国」を相手にするにあたり，私が特に認識すべきと感じた要素には以下のようなものがある。なお，挙げた順序は，その要素の強弱を示すものではなく，また網羅的でもない。

・分担率及びそのカテゴリー：国連予算の何％を負担しているか。割引を受けているか。PKO分担率ではどのカテゴリーか。
・安保理常任理事国（P5）：安保理の意思決定における位置づけに加え，PKO分担率では割り増しを受けている。

第2節　財政・機構・人的資源管理：国連の活動を動かすための骨と血

・部隊派遣国（Troop Contributing Countries（TCC））／警察要員派遣国（Police Contributing Countries（PCC））：国連 PKO に部隊や警察を何名派遣しているか。

・高位ポスト職員出身国：国連事務局や PKO ミッションで事務次長補（ASG）以上のポストを占める者の出身国かどうか。

・代表性過大（Over-represented）国／代表性過小（Under-represented）国／「望ましい職員数」の範囲内の国：分担率その他の要素から算出される「国連事務局における望ましい職員数」に照らして，国連事務局における自国出身者の職員数がどこに位置づけられるか。

・ホスト国：国連の機関を国内に置いているか。国連 PKO の展開国であるか。

・グループ：政治的な文脈でのグルーピング。「77か国グループ及び中国（Group of 77 and China）」「非同盟諸国（NAM：Non-Allied Movement）」などが例。上記の諸要素の下の立場は当然にグループが大きくなればなるほど混在するため，事項によってはより小さいグルーピング（アフリカグループ，ASEAN など）を採用する場合もある。

・個人のプレゼンス：交渉者として，または調整者として，あるいはそのいずれでもないが，交渉の過程で有益な知恵を提示できるリソースパーソンとして，力がある者が所属する国が，交渉において重要視されることは第5委員会ではよくある。

　たとえば，日本について考えてみる。日本は，分担率については 2019 年現在 8.564％ を支払う第3位の主要財政貢献国である。少数の司令部要員は PKO に派遣されているが部隊は 2018 年時点では派遣していない。事務局の日本人職員数は，アンダーレプ（過小代表国）である。そうすると，主要財政貢献国として予算規模の抑制にあたっては，他の主要財政貢献国と共に交渉することは自然であるが，事務局職員数が過少な国への対応策を審議しようとする際には，他の主要財政貢献国のうち代表過大となっている国とは協働することは難しい。

　米国は，分担率第1位でシーリング（上限）適用国であり，P5 であり，また国連 NY 本部を擁するホスト国である。事務局職員数は代表過大（オーバーレプ）となっている。部隊の国外派遣は，国連 PKO の枠組みの外で行ってい

第1章 「国連」を見る視点

る。中国は，分担率第3位（PKO分担率では第2位）で，P5であり，TCCである。中国は，グループとしては「77か国グループ及び中国」グループに属しており，多くの事項についてはその枠組みで交渉を行うが，一部の政治的事項に関しては，グループの他の国と立場が大きく異なるため，グループを離れて単独で交渉する。P5は，利害が一致する場合には，同様な結果を導く態度をとることが多い。

　パキスタンは，主要TCCの1つであり，またPKOミッションにおいて幹部ポストを複数確保している。基本的には「77か国グループ及び中国」グループに属しているが，事項によっては単独で交渉する。ケニア，エチオピア，エジプト，インド，バングラデシュなども主要TCCであり，PKO予算交渉においては，これらの国がTCCとしての立場を強く主張する。

　このような多面性をふまえた交渉のかたちは，決して国連の設立当初から整備されてきたわけではなかっただろう。1960年代から70年代を中心として新国家として独立し国連に加盟した国は，国連加盟国の半分近くを構成するに至ったが，「この機構の経費」についての手続き面での整備は途上でありながら，新たな指示事項が急増していった。さらに，「北対南」や「西対東」といった対立の構造が，何を「この機構の経費」とし，どのように負担するかについての立場の隔たりを広げていき，指示事項を含む決議が投票に付されることが増えていった。投票による採択は，国連憲章で規定された適正な手続きである。また，「この機構の経費」を全加盟国が負担することも，国連憲章は規定している。しかしながら，大きく隔たった対立の構造のもとで，少なからぬ国が，反対票を投じた決議を実施するための財政負担を拒み，この結果国連は，何度も加盟国の分担金不払いによる財政危機に直面した[15]。総会の意思決定方法として多数決による採択がいくら国連憲章に照らして適切であっても，そのように投票に付された予算関連決議では，全加盟国による財政負担を促すことに限界があるのである。さらに，憲章に基づいて不払い国の投票権を停止すれば，そのような国の脱退を招かざるを得ない。このような葛藤の時期を経て，

---

(15)　代表的な事例は，第一次国連緊急隊（UNEF I）やコンゴ国連軍（ONUC）の経費のフランス及びソ連による支払い拒否であり，1962年に国際司法裁判所が勧告の意見を出した後も，両国はこれらの活動のための分担金支払いを拒否し続けた。

第2節　財政・機構・人的資源管理：国連の活動を動かすための骨と血

加盟国らは，国連の適切な運営，特に予算関連事項には新国家を含む加盟国間での最低限の合意，「可能な限り広い合意（broadest possible agreement)[16]」が必要であるということを認識せざるをえなかった。

　現在に至るまで，第5委員会では，多様な立場を有する国々を包括して可能な限り広い合意を形成する方法を模索し創造してきた。段階毎に明確化されたしくみやルールの蓄積は，そのような模索と創造の結晶である。「可能な限り広い合意」は，決して少数の大国が多数の小国から譲歩を引き出すためだけのものではない。多数の小国からなるグループが，投票や審議延期の可能性をちらつかせながら，大国の譲歩を引き出すためのツールでもあるし，グループに属さない国が，自国の立場を主張するためのツールでもある。しかし，強調しておかなければならないのは，可能な限り投票を回避して合意を形成する第5委員会の交渉のあり方は，各国の極めて意識的な努力によって構築されてきたものであるという点である。その意味では，総会第5委員会は，国連における多国間交渉の中でも最も「国際社会も今や必然社会となった」[17]ということを体現してきた場であるといえるのではないだろうか。本書の第3章は，このような葛藤とそれを乗り越えるための創造の経緯を，加盟国と事務総長との間の力学にも触れつつ，記すことを試みたものである。そして，第4章及び第5章では，我々の先輩が蓄積してきたしくみやルールについて，できるだけ実務に役立つ形で紹介したい。

　そして，「必然社会」を体現する総会第5委員会において，加盟国多面的に分析し，それぞれ異なる関心事項を引き出しながらより多くの国の支持を得るために交渉する経験は，今後多国間外交を担当していく者にとって，得難い貴重な視点や技術を提供するだろうということを，個別の章に入る前に述べておきたい。

第3項　行財政問題諮問委員会（ACABQ）：第5委員会の決定に不可欠の諮問委員会

第5委員会は，その審議を助けるために，第5委員会での審議に先立って専

---

(16)　A/RES/41/213 II OP7.

(17)　芹田健太郎（1996）『普遍的国際社会の成立と国際法』有斐閣 p.208。

第1章 「国連」を見る視点

門的技術的な観点から事務総長提案の検討を行う機関から勧告を受け取っている。これが，国連行財政問題諮問委員会（Advisory Committee on Administrative and Budgetary Questions：ACABQ）である。

　総会手続規則は，総会決議14(I)(13 February 1946)によって設置された総会の常設委員会である ACABQ について以下の通り規定する。

Appointment
Rule 155: The General Assembly shall appoint an Advisory Committee on Administrative and Budgetary Questions consisting of sixteen members, including at least three financial experts of recognized standing.

　総会手続規則155　任命
　総会は，少なくとも3名の財政専門家を含む16名からなる行財政問題諮問委員会を任命する。

Composition
Rule 156
The members of the Advisory Committee on Administrative and Budgetary Questions, no two of whom shall be nationals of the same State, shall be

図6　予算策定における3つの委員会の役割

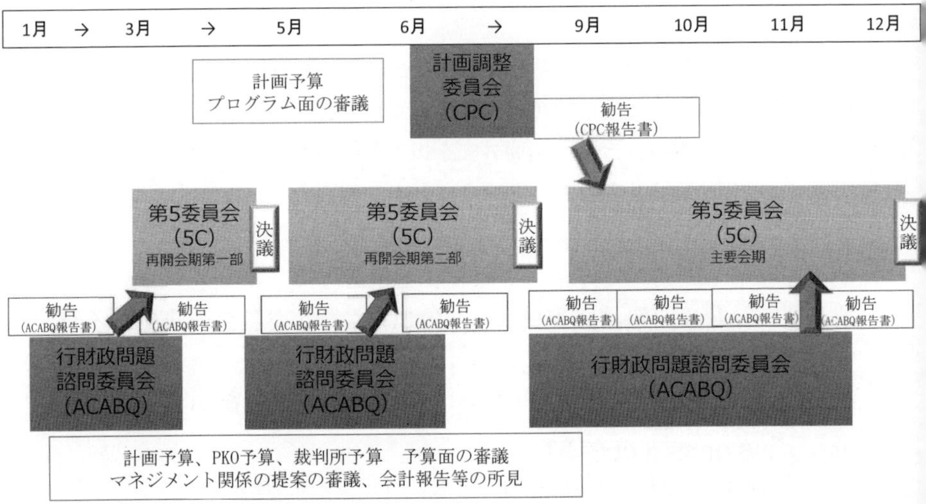

selected on the basis of broad geographical representation, personal qualifications and experience and shall serve for a period of three years corresponding to three calendar years. Members shall retire by rotation and shall be eligible for reappointment. The three experts shall not retire simultaneously. (以下略).

　総会手続規則 156　構成

　行財政問題諮問委員会の委員は，広い地理的代表性，個人の資質と経験を基本として選出されるものとし，全ての委員が異なる国籍を有することとする。任期は 1 月 1 日からの歴年で 3 年とし，輪番で交代するが，再選可能とする。3 名の財政専門家の任期は同時に退任してはならない。

Functions
Rule 157

The Advisory Committee on Administrative and Budgetary Questions shall be responsible for expert examination of the programme budget of the United Nations and shall assist the Administrative and Budgetary Committee (Fifth Committee). At the beginning of each regular session at which the proposed programme budget for the following biennium is to be considered, it shall submit to the General Assembly a detailed report on the proposed programme budget for that biennium. It shall also submit, at such times as may be specified in the applicable provisions of the Financial Regulations and Rules of the United Nations, a report on the accounts of the United Nations and all United Nations entities for which the Secretary-General has administrative responsibility. It shall examine on behalf of the General Assembly the administrative budgets of specialized agencies and proposals for financial and budgetary arrangements with such agencies. It shall perform such other duties as may be assigned to it under the Financial Regulations of the United Nations.

　総会手続規則 157　機能

　行財政問題諮問委員会は，国連の計画予算について専門的な審議を行うことを任務とし，行政予算委員会（第 5 委員会）を支援する。翌年からの 2 か年の予算案を審議する通常会期の冒頭に，委員会は，2 か年計画予算案に関する詳細報告を総会に提出するものとする。

　また，委員会は，財政規程・規則の関連の条項での指定に従い，事務総長が行政上の責任を有する国連と全ての国連機関の勘定についての報告を総会に提

第1章 「国連」を見る視点

出する。

委員会は，総会に代わり，専門機関の行政的予算および専門機関との財政上および予算上の取極に基づく提案を審議する。委員会は，財政規程が指定する他の任務を実施する。

この規定に従い，ACABQ は，第5委員会に提出されるすべての予算案について審議を行い勧告を提出するほか，基金・計画の予算事項についても勧告を行う。

総会第5委員会は，事務総長提案と，それに対する ACABQ 勧告の双方の検討を踏まえて決定を行うが，決議案の交渉においては，ACABQ 勧告が実質的なベースラインとなる。多くの場合，ACABQ 勧告の内容が最終的にはそのまま第5委員会に受け入れられ，決定内容となっており，ACABQ は，総会での意思決定に実質的な影響力を有しているといえる[18]。日本からは1970年代より継続して委員が選出されている。

第4項　計画調整委員会：機構（プログラム）

国連の機構は指示事項の総体であると述べた。機構は予算の骨格であり，国連ではこれを計画（プログラム）と呼ぶ。計画調整委員会（Committee on Programme and Coordination：CPC）は，予算の骨格案として事務総長が提出する計画案（機構要求）が，加盟国からの指示事項（立法的根拠：legislative mandate）と整合しているかを監督する政府間協議体である。CPC は，事務総長が提出する計画案を審議し，審議結果に勧告を付して第5委員会に提出する。

CPC は，経社理決議 920（XXIV）にて設置された「調整に関する特別委員

---

(18)　ACABQ は，独立の専門家から成る委員会と規定されてはいるが，委員が第5委員会の出身である場合を中心として，その審議において各委員の発想や論理構成は，出身国の立場からある程度影響を受けることは自然である。ACABQ に委員を提出することは，主要な財政貢献国にとっては非常に重要である。日本は，1970年代以降継続して委員を輩出しているが，主要財政貢献国だからといって固定枠があるわけではない。2018年現在の委員出身国構成は，トルコ（議長），パラグアイ（副議長），米，ロシア，エリトリア，中国，日本，チャド，ウクライナ，スイス，仏，インド，メキシコ，イエメン，アンゴラとなっている。

ACABQ の所掌事項は非常に多く，その会期は総会第5委員会の会期の総計より長い。第71回総会会期中の会合は約42週間であった。

26

会」を前身として，経社理決議 2008（LX）（14 May 1976）で設置された，国連の計画策定，調整，評価を任務とする経社理及び総会の下部機関である。経社理決議 2008（LX）の付属文書は，以下の通り CPC の役割につき規定している。

A　機能
1　計画調整委員会は，計画策定及び調整に関する経済社会理事会と総会の主要な補助機関として機能する。
2　計画調整委員会は，とりわけ
（a）中期計画に定義された国連のプログラムを審議する。その際，委員会は，
（ⅰ）非予算年に中期計画の審議を行い，予算年に計画予算の審議を行う。
（ⅱ）中期計画に定義された国連のプログラム間の優先順位を勧告する。
（ⅲ）決議という立法根拠をプログラムに変換する際に，立法者の意図を適切に解釈した形でプログラムを設計するよう事務局にガイダンスを与える。
（ⅳ）評価の方法と如何にプログラムの設計に役立てるかを検討・策定する。
（ⅴ）重複を回避する必要につき留意しつつ，関連する意思決定機関の立法意思を実現するよう，国連のプログラム実施についての事務局案について勧告を行う。
（b）国連システムの調整機能の執行において経済社会理事会を支援する。

　ここで言及されている「中期計画」（Medium Term Plan）は，2003 年の総会決議 58/269 で「戦略枠組み（Strategic Framework）」に改編されたが，基本的な任務は大きく変わっていない。

　設置当初 21 か国であったメンバーシップは，総会決議 42/450 で，34 か国に拡大された。地域グループによる配分は，アフリカグループ 9 か国（4 か国増），アジア太平洋グループ 7 か国（3 か国増），ラテンアメリカ・カリブグループ 7 か国（3 か国増），西欧その他グループ 7 か国（2 か国増），東欧 4 か国（1 か国増）。メンバーは，3 年の任期で毎年一部ずつ改選する。日本は 2018 年から 2020 年の任期についてメンバーである。会期は基本的に毎年 6 月に 4 週間開催される。

第1章 「国連」を見る視点

　CPC が行うのは，事務総長が提案した「計画案」の内容，規模と，提案の根拠である政府間決定との整合性の検証である。政府間決定の文言が，正確に計画として翻訳されているか，拡大解釈されていないか，それらは「この機構の経費」に該当するものか，という観点から，CPC は事務総長案の審議を行い，必要な修正を加えていく。機構要求の査定といえば，わかりやすいだろうか。そのため，CPC への各国代表は，広く国連の諸分野に精通した者であることが求められている。

　以上からわかるように，財政・機構・人的資源管理といった国連の活動を動かすための骨と血を投入する作業は，基本的に全て総会第5委員会で，あるいは第5委員会につながる形で行われている。他の委員会でいくら立派な決議を作成しようとも，その決議の中での指示事項を事務総長に実施せしめるための骨と血を与えることができなければ，その決議は絵に描いた餅である。事務総長が新たな活動や組織についての提案を提起する場合も，加盟国主導で新たな指示事項を決議しようとする場合も，骨と血を与えるところまでの考慮が練られていなければ，第5委員会において根拠不十分としてこれらの要求が否決されたり審議すらされなかったりする。第5委員会を制する者が国連を制するといっても過言ではない。責任ある提案者として行動しようとするならば，まずは骨と血をいかに確保するかという検討を確実に行うことが不可欠である。

第5項　事務総長とは如何なる存在か

　冒頭で，事務総長は大統領ではないと述べた。では，事務総長は，国連の意思決定においてどのような存在なのか。概括すると，事務総長は2つの主要な役割を担う存在である。

　ひとつは，加盟国間の協議を事務的・実質的に支え，指示された事項を実施する，執行機関の代表者としての存在である。
　国連憲章第は，以下のように規定している。

Article 97
The Secretariat shall comprise a Secretary-General and such staff as the Organization may require. The Secretary-General shall be appointed by the

第 2 節　財政・機構・人的資源管理：国連の活動を動かすための骨と血

General Assembly upon the recommendation of the Security Council. He shall <u>be the chief administrative officer</u> of the Organization.

第 97 条

　事務局は，１人の事務総長及びこの機構が必要とする職員からなる。事務総長は，安全保障理事会の勧告にもとづき総会が任命する。事務総長は，この機構の行政職員の長である。

Article 98

The Secretary-General shall act in that capacity in all meetings of the General Assembly, of the Security Council, of the Economic and Social Council, and of the Trusteeship Council, and shall perform such other functions as are entrusted to him by these organs. The Secretary-General shall make an annual report to the General Assembly on the work of the Organization.

第 98 条

　事務総長は，総会，安全保障理事会，経済社会理事会及び信託統治理事会のすべての会議において事務総長の資格で行動し，且つ，これらの機関から委託される他の任務を遂行する。事務総長は，この機構の事業について総会に年次報告を行う。

　この chief administrative officer について，一般的には「行政職員の長」と訳されている（本書での国連憲章の訳として引用した「国際機構条約・資料集」でも然り）。国連における議論の経緯を踏まえると，私はむしろ大文字の Chief Administrative Officer，つまり CAO＝「最高総務責任者」，総務に関する業務執行を統括する役員に近いものを指していると考える。法人（Corporation）において，CAO は，会社の経理や総務などの管理部門全体を取りまとめ，各総会や取締役会の手続きを議事録に記録，保管が義務付けられている文書・書類の維持管理など，幅広い業務を行う。これらは憲章第 98 条が規定する事務総長の役割にかなり類似している。CAO は内部監査を実施する場合もあり，この点も，事務総長がおかれている立場に共通する。法人のしくみをそのまま政府間機関にあてはめることはできないが，事務総長は，「行政職員の長」よりももう少し幅広い管理権限を期待されている立場であるといえよう。

　もう１つは，加盟国に対して提案を行う者としての存在である。

29

第 1 章　「国連」を見る視点

　事務総長は，安全保障理事会に発案を行うことができる。国連憲章は，事務総長について次の規定もおいている。

Article 99

The Secretary-General may bring to the attention of the Security Council any matter which in his opinion may threaten the maintenance of international peace and security.

　第 99 条

　事務総長は，国際の平和及び安全の維持を脅威とすると認める事項について，安全保障理事会の注意を促すことができる。

　この「注意を促す（bring to the attention）」という行為は具体的には，安保理議長への書簡であったり，安保理での発言であったり，その他何らかの書面であったりするが，基本的には事務総長が行うことは，加盟国から構成される意思決定機関への提案である。

　これを受けて安保理が行う意思決定の権限及び方法は，憲章第 5 章から 7 章が規定するとおりである。

　また，総会第 5 委員会との関連においては，財政規程・規則が事務総長の予算案提出権限を以下のとおり規定している。

　A．計画予算
　　　権限と責任
　規程 2.1　各予算の計画予算案は，事務総長が準備する。

　これを受けて，「この機構の予算を審議し，承認する。」のは，総会である（憲章第 17 条 1）。

　事務総長は，加盟国との関係では基本的に発案者，提案者であり，事務総長案を実施に移すためには，加盟国で構成される意思決定機関の承認を求める立場である。このやりとりは，基本的に「事務総長報告書」による提案と「決議」による承認という形をとって行われる。加盟国は「決議」の中で，何に同意するか，何を承認するか，何を承認しないか，また今後検討を行うためにどのような追加情報を事務総長報告書として要求するのかを意思表示する。この

30

事務総長と加盟国との関係性は，第5委員会の作業方法や決議を見ていくと，より明らかになるだろう。「事務総長報告書」は，当該事項の実施を強く求める一部の加盟国の主導で要請されることもあるし，また関係部局の幹部の意向を反映したものともなりうる。また「事務総長提案」が必ず何らかの形で加盟国により承認されるとは限らない。第3章でも触れるように，繰り返し事務総長が提案しても，加盟国によるアクションに至らないものもある。他の委員会でもこのことは基本的に変わらないが，この関係性を明確に意識していないと，無根拠に事務総長提案が修正の余地のない権威ある文書であるかのように扱ってしまいがちである。それは，加盟国としての本来の意思表示の妨げとなる。また研究においても事務総長報告書が国連の最終意思であるかのように引用したりすることは，政府間機関としての国連の意思決定とその結果の正確な理解のさまたげになり得るため，注意が必要である。

第3節　国連決議と文書の読み方，総会第5委員会における意思決定：第5委員会の決議を参考に

実質的な内容に入る前に，本書が引用している文書や決議を読む際の参考となる諸点について，基本的な事項も含め，説明しておきたい。

第1項　国連文書の記号

国連の公式文書には，公用語6か国語の全てに共通の番号がふられている。この番号には形式的な規則性があり，番号をみればある程度の発出時期や協議体が推測できるようになっている。

第5委員会の非公式協議の様子

・総会の文書

　A（総会 General Assembly を示す）／通し番号（1976年より前に発出された文書）
　A（総会 General Assembly を示す）／○○（会期）／通し番号
　総会の会期は，9月の第3週火曜日から1年間である。1976年以降に発出された文書については，会期の部分に，どの会期の審議のために提出された文書

第1章 「国連」を見る視点

であるかが示される（発出された時期ではない）。通し番号は基本的に事務局での作業順にふられるが，以下のように，一部固定の番号を与えられているものがある。

　　　A/…/1

　　　A/…/5　国連会計検査委員会報告書（/5のあとに，関係機関毎のVol.数が付される）

　　　A/…/6　戦略的枠組事務総長案（偶数年）又は計画予算事務総長案（奇数年）

　　　A/…/7　計画予算事務総長案に対するACABQ報告書

　　　A/…/50

　　　A/…/100

・総会の決議案，決議

　総会の主要委員会（第1委員会～第6委員会）で採択される決議案には，次のような番号がふられる・

　　　A／C.○（委員会の番号）／○○（会期）／L.○○（通し番号）

　LはLimited distribution（限定配布）の略である。特に，採択前の決議案を配布する際に用いられる。

　主要委員会で採択された決議案が総会本会議に上程され，決議されると，会期の前に「RES」が入った体裁となり，末尾に決議された順に番号がふられる。RESは決議（Resolution）の略である。ただし，同じ議題の下の同じ事項について複数回決議がされた場合には，先に決議されたものの末尾にAが付され，後に決議されたものにBが付される。

　　　A／RES／○○（会期）／通し番号

・議事録

　総会本会議に関しては，議事録（ほぼ発言通りのもの）が6か国語で作成される。その際の番号は，以下の通り。

　　　A／○○（会期）／PV.○○

　主要委員会の公式会合については，要約した形で議事録（サマリー・レコード）が作成される。その場合には，末尾の数字の前の記号が「SR.」となる。

　　　A／○○（会期）／SR.○○

・補稿，追加報告書

第3節　国連決議と文書の読み方，総会第5委員会における意思決定：第5委員会の決議を参考に

　　　…／ Add. ○

　報告書に補稿や追加文書が付されるときに，発出順に1からはじまる番号が付される。

・訂正

　　　…／ Corr. ○

　報告書や文書の一部を訂正する場合に，発出順に1からはじまる番号が付される。ただし，文書全体を訂正することもあり，そのような場合には，もとの文書番号にアスタリスク（＊）を付して発出される。

・**安保理の文書**

　　　S（安保理 Security Council を示す）／○○（年）／通し番号

　安保理の文書番号も，1976年以降同様に，単純な通し番号から，審議対象年を加えた上での通し番号に変更された。

　安保理の決議は，基本的に通し番号のままであるが，末尾に採択年が括弧付きで示されるのが通例である（例　S/RES/2350（2017））。

　安保理議長声明は，S/ と数字の間に「/PRST（Statements by the President of the Security Council の略）／ が入った形で示される。

・経社理の文書，その下部機関の文書

　記号の規則性は安保理とほぼ同じであり，冒頭のアルファベットが E となる。

　　　E（Economic and Social Council を示す）／○○（年）／通し番号

・**事務局内の文書**

　総会の決議等により，国連において用いる基本的な規則等の導入や改正を回章する場合，事務局職員に関わる規則などを回覧する場合に，事務局内用の文書が作成される。

　　　事務総長通達：ST/SGB（Secretary-General Bulletin を示す）／○○（年）
　　　　　　　　　／通し番号

　　　行政通達：ST/AI（Administrative instruction を示す）／○○（年）／通し
　　　　　　　番号

　　　回章：ST/IC（Information circular を示す）／○○（年）／通し番号

　以上の番号をふられたものが，国連の公式文書である。文書番号をふられていない出版物や配布物などは国連の公式文書に属さない。また，交渉の中で配布される事務局のメモや加盟国の決議案文なども公式文書ではない。公式文書

33

第1章 「国連」を見る視点

は，それぞれの協議体が指定した国連公用語に翻訳される（総会に関する文書は基本的に6か国語，経社理下部機関の一部では2か国語から3か国語を指定している）。

・国連公式文書の探し方

総会及び安保理の決議は，基本的にすべて国連のHPで会期ごとに整理され，一覧となっている。また，報告書や事務総長通達などは，ODS（Official Document System）で文書番号から検索できるようになっている。上記の公式文書記号のルールを知っていれば，文書番号がわからなくとも，会期や発出時期，委員会などを特定して検索することが可能である。

ここ数年の決議文書の電子版からは，引用している文書のリンクが盛り込まれているものもあり，より簡単に文書の検索ができるようになっている。

第2項　国連総会第5委員会の決議

第5委員会の決議はある程度定型化されている。この定型の意味が分からないと，決議がどのような効果を有しているのかを理解することが難しい。

定型の1つは，第5委員会の意思決定のベースは常にACABQの勧告であるということだ。ACABQは，事務総長案について独立の立場で精査を行い，第5委員会に対しとることが適切と考えるアクションについての勧告を提供する。第5委員会は，ほぼ常にこのACABQの勧告を基本として，何を加え，あるいは何を除外するか，という形で意思決定を行うのである。従って，事務総長報告書に対するアクションは常に「留意する」，ACABQ報告書に対するアクションは，基本的に「エンドースする（endorses）」であり，ACABQ勧告の一部を修正する場合には，その修正内容を決議上示した上で，「エンドースする」とのパラグラフに「subject to the provisions of the present resolution」を加える。

具体的な例で見てみよう。

(1)　総会が，ACABQ勧告の全てに異議なしとする場合

「2016－2017年2か年計画予算に関する特別事項」に関する決議A/RES/71/272 BのセクションⅣ，「Managing after-service health insurance」（事務局職員の退職後健康保険に関する決議）のテキストは以下のとおりである。

34

第3節　国連決議と文書の読み方，総会第5委員会における意思決定：第5委員会の決議を参考に

（前文1）*Recalling* its resolution 58/249 A of 23 December 2003, section III of its resolution 60/255 of 8 May 2006, its resolution 61/264 of 4 April 2007, its resolution 64/241 and section XI of its resolution 64/245 of 24 December 2009, section IV of its resolution 65/259 of 24 December 2010, its resolutions 68/244 of 27 December 2013 and 69/113 of 10 December 2014 and section III of its resolution 70/248 B of 1 April 2016,

（前文2）*Having considered* the report of the Secretary-General on managing after-service health insurance[10] and the related report of the Advisory Committee,[11]

（主文1）1. *Takes note of* the report of the Secretary-General;[10]

（主文2）2. *Endorses* the conclusions and recommendations contained in the report of the Advisory Committee;[11]

（脚注）

10　A/71/698 and Corr.1.

11　A/71/815.

これは，第5委員会で採択する決議の最も短いパターンであり，ACABQ 勧告の内容に第5委員会として異論がない場合のものである。その内容は次のとおり。

前文1：この案件に関してこれまでに総会が行った意思決定を確認するものである。

前文2：この会期に審議した報告書を示しており，脚注で文書番号が明記されている。

主文1：事務総長報告書に「留意（Takes note of）する」，定型の文言である。

主文2：ACABQ 報告書に所収の勧告をエンドース（支持，裏書き）する。

この事務局職員の退職後健康保険という議題に関し，事務総長報告書 A/71/698 及びその Corr.1 は，検討を行った作業部会の結論をふまえ事務総長提案として今後の対応措置案を勧告Aから勧告Gとして提示した。ACABQ はその報告書（A/71/815）の中でこれに対し，勧告A，B，C，E，Gの承認と，勧告D，Fの不承認を総会に対して勧告した。この決議は，上記 ACABQ 報告書に所収の勧告を支持した。従ってその効果は，総会として勧告A，B，C，

第1章 「国連」を見る視点

E，Gを承認するということになる。具体的な内容を決議本文に書き込まないのは，決議する内容についての引用元の文書からの乖離を可能な限り防ぐための第5委員会の知恵である。

この決議自体は短いものであるが，2つの前文から，この案件についての過去の意思決定の経緯をたどることができる。また，それぞれの決議の主文の直前に置かれる前文パラグラフでは，その意思決定に際して審議した報告書が明記されるので，事務総長提案とACABQ勧告の内容を確認することができる。第5委員会では，意思決定を行うに際して，意思決定の前例と経緯との整合性，あるいは異なる決定を行う際の論理的構成が重視されるため，引用決議及び報告書をあらかじめ確認しておくことは交渉において基本中の基本である。

なお「Takes note of」の意味については注意が必要である。総会決議の中で限定なく扱われる場合，「Takes note of」は承認も不承認も意味しない中立の意味であり[19]，この主文1の趣旨は「事務総長報告書を読みました」という価値中立的なものである。これに対し，(3)であるように，主文2で「subject to〜」として主文3以降のパラグラフについての関連性が示されている場合，このあとに続くパラグラフでACABQ報告書の特定のパラグラフについて「Takes note of」することは右特定のパラグラフをエンドースする対象から除外することを意味する。なお，事務総長と安保理議長との間で交わされる書簡の中で用いられる「Takes note of」には，一定のアクションの開始を認める効果がある（第5章「支出権限と平和維持留保基金」の項参照）。

(2)　総会が，ACABQ勧告の全てに異議無しとし，その結果追加的な予算措置を要する場合

「2018-2019年2か年計画予算に関する特別事項」に関する決議A/RES/72/262のセクションⅣ，「Revised estimates relating to the Office of Counter-Terrorism under section 3, Political affairs, section 29D, Office of Central Support Services, and section 36, Staff assessment」（テロ対策オフィスの設置に関連する，セクション3政務，セクション29D中央支援サービス部，セクション36職員課金での改訂見積もり）のテキストは以下のとおりである。

---

(19)　総会決定55/488は「take note of」及び「Notes」が中立的な用語であって，承認，不承認のいずれも意味するものではないことを確認した。

第3節　国連決議と文書の読み方，総会第5委員会における意思決定：第5委員会の決議を参考に

（前文）*Having considered* the report of the Secretary-General[7] and the related report of the Advisory Committee,[8]

（主文1）1. *Takes note* of the report of the Secretary-General;[7]

（主文2）2. *Endorses* the conclusions and recommendations contained in the report of the Advisory Committee;[8]

（主文3）3. *Approves* the additional resources proposed in the amount of 1,097,700 United States dollars (net of staff assessment);

（主文4）4. *Appropriates* an additional amount of 1,097,700 dollars (net of staff assessment) under section 3, Political affairs (1,034,100 dollars), and section 29D, Office of Central Support Services (63,600 dollars) of the proposed programme budget for the biennium 2018–2019, which would represent a charge against the contingency fund;

（主文5）5. *Also appropriates* the amount of 124,200 dollars under section 36, Staff assessment, to be offset by an equivalent amount under income section 1, Income from staff assessment,

（脚注）

7　A/72/117.

8　A/72/7/Add.1.

この決議の意味するところは以下のとおり。

前文：この会期に審議した報告書を示しており，脚注で文書番号が明記されている。

主文1：事務総長報告書に「留意する（Takes note of）」，定型の文言である。

主文2：ACABQ 報告書に所収の勧告をエンドース（支持，裏書き）する。

主文3：ACABQ 報告書に所収の勧告をエンドースした結果生じる追加予算措置が必要な額 1,097,700 米ドルを承認する（Approves）。（追加予算措置を要する場合には，額を明示して承認行為を行う必要がある。）

主文4：上記で承認した 1,097,700 米ドルを，2つの予算セクションの下で予算化する（Appropriates）という行為を行うとともに，これらの追加分の経費をどのように調達するか（この場合は予備費のメカニズムを通じた手当）につき言及する。

第 1 章 「国連」を見る視点

主文 5：124,200 米ドルをセクション 36 職員課金[20] の下で予算化する（Appropriates）という行為を行うとともに，この追加分が，収入セクション 1 職員課金での相当額により相殺されることにつき言及する。

⑶　総会が，ACABQ 勧告の一部に異議ありとし，異なる対応を決定する場合

「2016 - 2017 年 2 か年計画予算に関する特別事項」に関する決議 A/RES/ 71/272 B のセクション V，「Proposed United Nations Secretariat contribution to the United Nations Development Group cost-sharing arrangement for the resident coordinator system」（国連常駐調整官システムのための国連開発グループ経費負担アレンジメントへの国連事務局の出資案）のテキストは以下のとおりである。

（前文 1）*Recalling* its resolution 70/247 of 23 December 2015 and its decision 70/553 B of 1 April 2016,

（前文 2）*Having considered* the report of the Secretary-General on the proposed United Nations Secretariat contribution to the United Nations Development Group cost-sharing arrangement for the resident coordinator system12 and the related report of the Advisory Committee,[13]

（主文 1）1. *Takes note of* the report of the Secretary-General;[12]

（主文 2）2. *Endorses* the conclusions and recommendations contained in the report of the Advisory Committee,[13] subject to the provisions of the present resolution;

（主文 3）3. *Takes note of* paragraph 25（b）of the report of the Advisory Committee, underlines the importance of the resident coordinator system, and requests the Secretary-General to present to the General Assembly at its seventy-second session a refined proposal on the cost-sharing arrangement and management of the financing thereof and to submit associated costs in the proposed programme budget for the biennium 2018- 2019;

---

(20)　職員課金（staff assessment）の説明については，第 2 章の「国連計画予算の要素と構成」セクション 36 を参照。

38

第3節　国連決議と文書の読み方，総会第5委員会における意思決定：第5委員会の決議を参考に

12　A/70/703.

13　A/70/7/Add.48.

この決議の意味するところは以下のとおり。

前文1：この案件に関してこれまでに総会が行った意思決定を確認するものである。

前文2：この会期に審議した報告書を示しており，脚注で文書番号が明記されている。

主文1：事務総長報告書に「留意する」，定型の文言である。

主文2：ACABQ報告書に所収の勧告を，この決議の条項を踏まえて，エンドース（支持，裏書き）する。つまり，ACABQの勧告の中で，エンドースしない部分があることを示している。

主文3：ACABQ報告書を見ると，パラグラフ25には，(a)(b)(c)の3つのパラグラフがあり，そのうち(b)は，6,535,653米ドルの追加予算措置を承認する内容である。これに対し，総会はこの追加予算措置を行うことに同意しなかった。従って，総会はここで，パラグラフ25(b)をテイクノート（エンドースする対象から除外）した上で，「a refined proposal」を改めて第72回総会に提出するよう求めるという，ACABQ勧告とは異なる対応を事務総長に指示した。

この決議では，主文2に続くパラグラフは1つのみであるが，ACABQ勧告の中で総会が同意しない部分が複数ある場合には，それぞれについてパラグラフが置かれることとなる。

事務総長報告書の位置づけ

以上の簡単な説明から伺えるとおり，国連の政府間協議体での交渉において，「事務総長報告書」は，あくまで事務局の代表である事務総長が加盟国に対して提示する「提案書」あるいは求められた事項を報告する，文字通り「報告書」に過ぎず，加盟国が決議上の文言でその内容に対してアクション（「留意する」を含む）を取っていない限り，単独では効果を生じさせる文書たりえない。これは第5委員会に限らず，国連における意思決定全般に共通することである。第3章で見ていくように，事務総長報告書の提案が直ちに加盟国に受け入れられないことは，国連においてとりたてて異常ではない。国連は，

39

第1章 「国連」を見る視点

多国間交渉の場であるとともに、加盟国と事務局との交渉の場でもあり、報告書による提案と決議による意思決定・意思表示というプロセスを繰り返して合意を形成していく場である。最後の意思決定は、常に加盟国が行う。従って、国連で何が起こっているのかを知るには、事務総長報告書だけではなく、そこに収められた事務総長の提案に対して加盟国がどのようなアクションをとったのかを確認すること、すなわち決議の中身を確認することが不可欠である。

> こぼれ話
>
> ビューローとは
>
> Bureau は、直訳すれば机、部局の名称の場合には、○○局のように使われる。
>
> 国連総会をはじめとする国連の政府間協議体では、「ビューロー」とは、議長、副議長、及び報告者を総称した呼び名であり、世話役のような役割を担う交渉官を意味する。ビューローの役割は、地域グループにそれぞれ1名割り振られていることが多く、その場合は、1名の議長（Chair）、3名の副議長（Vice-Chair）、及び1名の書記・報告者（Rapporteur）で構成さ
>
>
>
>
>
>
> 総会本会議での報告（第71回国連総会第5委員会 Rapporteur のリー参事官（シンガポール））

第3節　国連決議と文書の読み方，総会第5委員会における意思決定：第5委員会の決議を参考に

れる。

　名称は異なっても各ビューローが担う役割は，基本的に同じである。議題ごとの公式会合及び非公式協議での審議時間の配分を決定し作業計画（Programme of Work）を作成すること，その際に，コーディネーターとの連携を図り，各地域グループにおける懸案事項や優先事項を適切に反映すること，及びビューロー内での協議の概要を各地域グループに共有することが彼らの役割である。第5委員会では，さらに臨機応変にコーディネーターを務めることも加わる。これを，自分自身の仕事に加えて行わなければならないのだから，その負担は極めて大きい。それでも交渉官たちがビューローの役目を引き受けるのは，作業計画の策定そのものが交渉戦略であることを熟知しているからである。

　なお，委員会が終結した後，総会議場のポディウムに立って，総会議長に議事報告をするのは，議長でも副議長でもなく，報告者である。

第3項　国連総会第5委員会の意思決定

　第5委員会での意思決定は，公式会合と，公式会合以外の会合の2段階をとおして行われる。

　公式会合において，主管事務局の代表は，関連の事務総長報告書を審議に付託する（イントロダクション）。事務総長「報告書」という言葉を使っているが，これは単にある事象を「報告」するものではなく，事務総長の提案とその背景事情を説明する文書である。つまりは，「事務総長提案書」である。（同様に，他の委員会が上程してくる文書も「報告書」と称されているが，そのなかには勧告なり結論なりが盛り込まれており，上程された機関はそれについてアクションをとることが求められている。）計画予算に関する事務総長案（事務総長報告書）のイントロダクションは，事務総長自身により行われるのが通例である。また，併せて ACABQ 委員長が，その案件に関する ACABQ 報告書のイントロダクションを行う。

　これに続いて，加盟国に公式発言を行う機会が与えられる。公式会合での発言は議事録に残されるため，特に主張したい事項がある加盟国は，ここで立場表明を行うことが多い。代表団でない者にとっては，公式会合での記録のみが，各国の立場を知る手がかりとなる。

第1章　「国連」を見る視点

コーディネーター（中央）による
交渉支援の様子

　各国の発言機会のあと，公式会合はいったん中断（サスペンド）される。再開されるのは，決議案を採択に付す段階になってからのみである。この間に行われるのが，非公式協議と呼ばれる記録に残らない非公開の会合である。ここからは，コーディネーター（各国の交渉官から選出された者が，当該議題においてのみ中立の立場で加盟国の交渉過程を支援する）のもとで交渉が行われる。非公式協議のなかでも，より開かれた性格の段階と，より絞られた段階がある。最初の段階では，事務総長提案の内容に関し，加盟国から事務局に対しての質疑応答が行われる。事務局は，あらゆる方向から投げかけられる加盟国からの問いに対する答弁を準備しておかなければならない。事務総長提案の内容について厳しい内容の質疑がなされる場合より困難なのは，事務総長提案が前提としている現状認識が，そもそも加盟国間に共有されていない場合である。事務局答弁の論理構成が不十分である場合，データや以前の答弁と矛盾する場合，あるいは単純に加盟国の質問に答えられない場合には，その質問に関連する事務総長提案の根拠に疑いが投げかけられ，広い支持を得ることが難しくなる。

少人数での協議
（議場外で行われることが多い）

　一連の質疑に対する応答が得られたという点で加盟国の合意が得られれば，コーディネーターは質疑応答の終局を宣言し，決議案のスケルトン（骨格案）を提示する。（質疑終局の合意が得られない場合には，コーディネーターは質疑応答の終局を宣言できず，決議案ベースの交渉は先置かれる。）スケルトンは，決議として採択する際の定型化された文言のうち最小限のもので構成される（最小限の単位は，前文（審議した報告書の明記），主文1（事務総長報告書のテイクノート），及び主文2（ACABQ報告書に所

第3節　国連決議と文書の読み方，総会第5委員会における意思決定：第5委員会の決議を参考に

収の勧告のエンドース）である）。交渉に参加する全ての加盟国が，ACABQ 勧
告に異論がない場合には，この時点で決議案が合意されることもある。そうで
ない場合，加盟国から提出された提案をいったん全て並べた上で，交渉が行わ
れることとなる。決議案交渉の初期段階では①各提案についての，それまでの
経緯からの乖離や論理的矛盾などロジック上のギャップの追求，②類似の立場
を有する提案との調整による多数派工作，③複数の案がある場合の試算などが
行われる。

　開かれたフォーマットで合意が形成できない場合には，交渉は，提案を提出
した国のみによる，より絞られたフォーマットに移行する。ここでは，複数の
文言をパッケージで交渉したり，各国提案の試算にもとづいて文言要素を修正
したりということが，極めて緻密なレベルで行われる。難しい案件の場合には
このような交渉が深夜や週末まで及ぶ。第5委員会で審議される案件は，ほと
んどが当該年度の予算か，あるいは次年度の予算案に関連するものであるため，
予算の全体像が見えてくる段階に至る前に，一つの事件だけが単独で合意が得
られることはあまりない。従って，交渉官は常に個々の案件による予算へのイ
ンプリケーションと，すべての案件からなる予算の全体像を念頭に置きながら
交渉に臨むこととなる。

　加盟国間で合意に至った決議案テキストが，非公式協議の場で配布された上
で採択されると，これに基づき「決議案」（「L 文書」）が用意され，公式会合
が再開される。公式会合では，この L 文書が配布され，必要な採決行為が行わ
れる（投票が行われる場合もある）。

　非公式協議で採択された決議案は，第5委員会から総会本会議への議題毎の
報告書の一部として収められ，本会議に上程（report to the Plenary）される。
本会議がこれらの決議を採択してはじめて，これらの決議には決議番号が与え
られ，公表されることになる。

第4項　国連文書及び本書で使われる基本的な用語

　計画及び予算関係文書で使われる基本的な用語には以下のようなものがある。
「計画策定，予算のプログラム面，履行のモニタリング及び評価の方法に関す
る規程及び規則」，通称 PPBME はその末尾で，一連の用語の定義を掲載して
いるので，包括的な説明はそちらを参照いただきたいが，本書でしばしば触れ

第1章　「国連」を見る視点

る「マンデート」という用語は，次のように説明されている。

・立法的マンデート（Legislative mandate）:「立法的マンデートとは，国連の
　政府間機関が採択した決議や決定の中で明記された，事務総長やその代理と
　して機能する部局の長に対する特定の行為の要請である。」

　単純に「マンデート」という単語が用いられる場合もほぼ同じ趣旨であり，
「指示事項」の創出の根拠となる決議中の具体的な文言を指す。典型的には，
決議の文言が，明示的に「以下の任務を実施するものとする」「以下の事項を
マンデートとして有する」と決定している内容や（組織の基本的任務規定），事
務総長に対して具体的な行為を「Requests」しているもの等（より細分化され
た業務指示）の内容が「マンデート」が指す内容である。そのような内容が，
新たな活動や機能の設置である場合には，計画面または予算面での変更，ある
いはその双方での変更を要することとなるが，政府間審議の際に基本となるの
が，計画面，予算面の変更案が「マンデート」を正確に反映しているかどうか
である。また「活動を承認された期間（マンデート付与期間）」を意味するもの
として「マンデート」という単語が用いられることもある。

　いくつか具体的な例を挙げておく。

・安保理決議 1990（2011）（国連アビエ暫定治安部隊（UNISFA）設置決議）
　2. *Decides* that UNISFA shall have the following mandate, in addition to
　　tasks set out in paragraph 3:
　(a)　Monitor and verify the redeployment of any Sudan Armed Forces,
　　　Sudan People's Liberation Army or its successor, from the Abyei
　　　Area as defined by the Permanent Court of Arbitration; henceforth,
　　　the Abyei Area shall be demilitarized from any forces other than
　　　UNISFA and the Abyei Police Service,
　(b)　Participate in relevant Abyei Area bodies as stipulated in the
　　　Agreement,
　(c)　Provide, in cooperation with other international partners in the mine
　　　action sector, de-mining assistance and technical advice,　（以下略）

・総会決議 48/218B（内部監査部（OIOS）を設置した決議）
　5. *Decides also* that the Office of Internal Oversight Services shall assume

第3節 国連決議と文書の読み方，総会第5委員会における意思決定：第5委員会の決議を参考に

the functions prescribed for the Office for Inspections and Investigations in the note by the Secretary-General, as amended by the present resolution and subject to the modalities defined below, with a view to strengthening the executive capabilities of the Secretary-General: （以下列挙）

・総会決議 70/286（PKO の行財政的側面に関する分野横断的事項決議）
69. _Requests_ the Secretary-General to provide information on programmatic funding, including the scope, criteria, governance and accounting procedures, in the context of his next overview report;

・総会決議 70/287（サポートアカウント予算決議）
13. _Recalls_ paragraph 66 of the report of the Advisory Committee, and requests the Secretary-General to undertake a comprehensive review of the United Nations Office to the African Union and to submit his proposals for consideration by the General Assembly no later than during the main part of its seventy-first session;

従って，特定の事項に関するマンデートの根拠を問われた際には，これらの具体的なパラグラフ，あるいは決議全体を引用することになる。

（参考）Regulations and Rules Governing Programme Planning, the Programme Aspects of the Budget, the Monitoring of Implementation and the Methods of Evaluation（PPBME），Annex, Glossary of terms より抜粋。
・プログラム（Programme）：「プログラムとは，局あるいは部により実施される活動の総体である。」
・サブプログラム（Subprogramme）：「サブプログラムとは，戦略的枠組に設定された1つあるいは複数の目的を達成するための，プログラム内での活動の総体である。サブプログラムは，可能な限り，機構の単位，通常は課レベルの単位に沿ったものとする。」
・活動（Activity）：「活動とは，インプットをアウトプットに変換する行為である。」
・インプット（Inputs）：「インプットとは，アウトプットを生産するために必

45

第1章 「国連」を見る視点

要な人的その他のリソース」
・アウトプット（Outputs）：アウトプットとは，プログラムあるいはサブプロ
　グラムにより提供される，報告書，出版物，訓練，会議サービス，諮問的
　サービス，校正や翻訳，保安のような，目的を達成するために活動によって
　生産されることが期待されている最終成果物あるいはサービスである。」

第2章　国連事務局と国連予算の現状

国連の政府間協議体において，加盟国間の合意は，その採択が投票による，よらないにかかわらず決議・決定という形で書面で示され，公用語あるいはその協議体が決める言語に翻訳されて配布される。決議の中で示される合意内容は様々

第5委員会の審議中の代表団席の様子

である。加盟国間の自発的な目標を掲げるものであったり，特定の加盟国に対して具体的な行為を求めるものであったり，あるいは国際社会全体に対し課題を提起したりする事項も含まれる。この中で，加盟国が事務総長に対し，具体的な事項に関する措置や業務を実施するよう指示するものがある。決議や決定において，事務総長に対するこのような指示を示した文書上の根拠（legislative mandate）とそれを実際に実施する業務や活動（mandated task/activities）が事務総長と国連事務局の業務や活動の根拠であり，このうち「この機構の経費」として加盟国が認めたものが，いわゆる「国連の予算」とされる。この章では，現在の国連事務局のかたちを説明したうえで，「国連計画予算」「国連PKO予算」「IRM予算」について概要を説明したい。

第1節　国連事務局の構成

第1章で，国連事務局について次のように述べた。

加盟国間の協議を事務的・実質的に支え，政府間協議体から指示された事項を執行するのが事務総長の役割であり，国連事務局はその手足である。

事務総長と国連事務局の業務や活動の根拠は，このような加盟国による指示事項の総体であり，国連事務局という組織の機構は，加盟国による指示事項を

第 2 章　国連事務局と国連予算の現状

実施するために整えた体制である。

　加盟国による指示事項は常に改訂されているから，事務局の業務（指示事項の執行）の規模は，指示事項の規模に左右される。従って，国連事務局の現在のかたちは，あくまで一時的なものにすぎない。

　国連事務局の全体的な構成につき明記した最新の事務総長通達である 2015 年の ST/SGB/2015/3 によれば，以下の組織が国連事務局を構成するものとされている。（部分的な改正としては，翌 2016 年に管理局の一部として情報通信部が設置された（ST/SGB/2016/11））。2019 年 1 月 1 日付けで組織改編を行った部局については，執筆時点で入手可能な情報に基づき記載した。

　国連事務局内の組織の名称と意味については，事務総長通達で次のように整理されている。

　Department：「局」。専門職以上の職員（Professional category and above）が 30 名以上おり，事務次長（USG）が長を務める。地域委員会については，長の呼称に Executive Secretary が使用される。

　Division：「部」。専門職以上の職員が 8 名以上おり，D-2 レベルの職員が長を務める。

　Section：「課」。専門職以上の職員が 4 名以上おり，P-5 または P-4 レベルの職員が長を務める。

　なお，Office「室」という名称は，長のレベルが P-4 から事務次長まで幅広く，様々な規模の組織に用いられている。

事務総長室（Executive Office of the Secretary-General）

　事務総長の政策策定機能を支援し，また官房的な支援を行う。副事務総長や官房長など，事務総長直下の幹部を擁する組織である。組織としては，国連の設立当初から同じ名称で存在してきたが，扱う事項の多様化とともに規模が拡大されてきた。

総会会議管理局（Department for General Assembly and Conference Management）

　国連設立当初から存在してきた協議体の支援を行う事務局としての機能を担う。国連準備委員会の報告書には，安全保障理事会問題局，経済問題局，社会

48

第1節　国連事務局の構成

問題局，信託統治・非自治地域局，広報局，法務局，会議総務サービス，および行政・財政サービスの8つの組織が事務局の主要な要素として挙げられており（Report of the Preparatory Commission of the United Nations, 1946, パラグラフ9），この1年後にはじめて暫定財政規則にのっとって作られた1948年予算では，文書の作成，翻訳，通訳，記録，印刷，出版に加え文書の運搬を担う組織として位置づけられている（A/318 Budget Estimates for the Financial Year 1948）。現在の総会会議管理局は，国連本部の会議施設を使用して行われる全ての協議体に対し，様々な技術を駆使して，効率的な会議運営管理と通訳の提供，翻訳・文書処理を行う，専門家集団の組織となっている。

政務・平和構築局（Political and Peacebuilding Affairs）（2018年までの政務局（Department of Political Affairs））

　政務局という名称での組織が設置されたのは1993年の総会決議48/231による。ガリ事務総長の事務局改革案（「Restructuring of the Secretariat」）（A/C.5/48/9）を受け，軍縮局，特別政治問題・地域協力・非植民地化・信託当地局，政務・安保理問題局，政務・総会担当事務次長室，調査情報室を統合し，さらに予防外交と平和創造機能を担う組織として設置された[1]。現在の政務局は，安保理の事務局としての機能，安保理マンデートの実施支援，選挙支援機能のほか，制裁関係委員会を中心とする安保理下部機関の支援を行っている。事務総長通達ST/SGB/2009/13, Corr.1が2018年までの任務内容を規定。総会決議72/199及び72/262C IIIにもとづき，2019年1月1日より改組されたDOSは，平和構築を含む政務問題を統括する。

軍縮部（Office for Disarmament Affairs）

　政務局との統合，局としての再独立を経て，現在は，部（Office）として設置されている[2]。軍縮会議の事務局機能を担うほか，大量破壊兵器，通常兵器，地域軍縮に関する課を擁する。長は事務次長レベルであるが，上級代表（High Representative）の名称が付されている。任務内容については事務総長通達ST/SGB/2008/8で規定。

---

(1)　ガリ事務総長の改革案の経緯については，第3章参照。当時の任務について明記した事務総長通達はST/SGB/Organization Section: DPA（15 February 1996）。

(2)　経緯については第3章第6節及び第7節の項参照。

第 2 章　国連事務局と国連予算の現状

平和活動局（Department of Peace Operations：DPO）（2018 年までの PKO 局
(Department of Peacekeeping Operations：DPKO)）

　平和維持活動の拡大とともに。事務局の中で規模が最も大きく変化した局と
いえるのではないだろうか。1905 年に行政・財政サービスの一部としてフィー
ルド・サービスとして設置されて以降，1990 年代冒頭までは，総務・管理局
（現在の管理局）の傘下にあった[3]。1993 年に PKO 局として設置され，PKO に
関する人事・財政機能も担うようになり，さらに 2007 年に，支援機能全般を
フィールド支援局として独立させた。事務総長通達 ST/SGB/2010/1 が 2018
年までの PKO 局の任務内容を規定。総会決議 72/199 及び 72/262C III にもと
づき，2019 年 1 月 1 日より改編された DOS は，平和活動の実施に関する政策
的・戦略的調整を統括する。

活動支援局（Department of Operational support：DOS）

　総会決議 61/279 により，PKO の支援機能を PKO 局から取り出し，局と
して新設したフィールド支援局（Department of Field Support）と，管理局
(Department of Management) の業務を総会決議 72/266B にもとづき再編し，
2019 年 1 月 1 日より発足。なお，DFS の 2018 年までの任務内容については事
務総長通達 ST/SGB/2010/2 で規定。

法務部（Office of Legal Affairs：OLA）

　国連事務局設置当時から置かれている機能（条約の寄託，法務委員会（第 6 委
員会）の事務局，対外的法律事項等）に加え，海洋法や国際商事法等に関する業
務を担っている。任務内容については事務総長通達 ST/SGB/2018/13 で規定。

経済社会局（Department of Economic and Social Affairs：DESA）

　事務局設置当初の経済問題局，社会問題局を前身とし，経済社会理事会の事
務局機能を担うとともに，統計，技術支援や国連システムの他の開発や経済関
係の機関との調整を担っている。任務内容については事務総長通達 ST/
SGB/1997/9 で規定。

---

(3)　1992 年時点の組織及び任務については，事務総長通達 ST/SGB/Organization
　　 DAM/FOD 参照。事務総長通達 ST/SGB/264 で PKO 局への改組を規定。

第 1 節　国連事務局の構成

国連貿易開発会議事務局（Secretariat of the United Nations Conference on Trade and Development：UNCTAD）

　UNCTAD は総会決議 1995（XIX）（1964 年）により，総会のもとの恒久的な政府間協議体として創設され，その事務局をジュネーブに設置した。事務局の長は「Secretary-General」と冠されているが，そのレベルは USG である。UNCTAD 事務局の任務内容については事務総長通達 ST/SGB/1998/1 で規定。

国連環境計画事務局（Secretariat of the United Nations Environment Programme：UNEP）

　1972 年に設立された任意拠出を基本財源とする計画（事務局はナイロビ）であるが，累次総会決議による要請をふまえ，その一部（事務局長（Executive Director（USG レベル）を含む約 110 ポスト）が国連計画予算（分担金）によって賄われている（2018 – 19 年度 2 か年計画予算における国連計画予算（分担金）が UNEP 財源全体に占める割合は約 5.0%[4]。UNEP 事務局の任務内容については事務総長通達 ST/SGB/2006/13 で規定。

国連人間居住計画事務局（Secretariat of the United Nations Human Settlements Programme）

　1974 年の総会決議 3327（XXIX）により設立された任意拠出を基本財源とする特別計画（事務局はナイロビ）である国連居住・人間居住基金が，総会決議 56/206 により現在の国連人間居住計画（UN-Habitat）として改組された。累次総会決議による要請をふまえ，その一部（事務局長（Executive Director（USG レベル）を含む約 70 ポスト）が国連計画予算（分担金）によって賄われている（2018 – 19 年度 2 か年計画予算における国連計画予算（分担金）が UN-Habitat 財源全体に占める割合は約 4.2%[5]。UN-Habitat 事務局の任務内容については事務総長通達 ST/SGB/2012/14 で規定。

麻薬犯罪部（Office on Drugs and Crime）

　国連麻薬統制計画（the United Nations International Drug Control Program（UNDCP））と国連ウィーン本部の犯罪防止・刑事司法課を 1997 年に統合。任

---

(4)　A/72/6（Sect.14 参照）.

(5)　A/72/6（Sect.15 参照）.

第 2 章　国連事務局と国連予算の現状

意拠出を基本財源とし，その一部（事務局長（Executive Director（USG レベル）を含む約 125 ポスト）が国連計画予算（分担金）によって賄われている（2018-19 年度 2 か年計画予算における国連計画予算（分担金）が UNODC 財源全体に占める割合は約 6.2%[6]。任務内容については事務総長通達 ST/SGB/2004/6 で規定。

アフリカ経済委員会事務局（Secretariat of the Economic Commission for Africa：ECA）

　経社理決議 671A（XXV）により設置されたアフリカ 54 か国をメンバーとする政府間協議体であるアフリカ経済委員会の事務局であり，その行政予算（"administrative budget"）は国連計画予算（分担金）によって賄われている[7]。事務局の任務内容については事務総長通達 ST/SGB/2005/12 で規定。

アジア太平洋経済社会委員会事務局（Secretariat of the Economic and Social Commission for Asia and the Pacific：ESCAP）

　1947 年に設置されたアジア極東国連経済委員会（the UN Economic Commission for Asia and the Far East, ECAFE）を前身として，経社理決議 1895（LVII）(1974) により，現在の ESCAP と改称された政府間協議体であるアジア太平洋経済社会事務局の事務局。ESCAP はアジア太平洋の 53 か国をメンバーとし，その他 9 か国（米領サモア，クック諸島，仏領ポリネシア，グアム，香港，マカオ，ニューカレドニア，ニウエ，北マリアナ諸島）が Associate member となっている。事務局はバンコクに置かれている。事務局の任務内容については事務総長通達 ST/SGB/2005/11 で規定。

欧州経済委員会事務局（Secretariat of the Economic Commission for Europe：ECE）

　1947 年に経社理決議 36（IV）(1947) で設置された，欧州，ロシア，中央アジア，北米の 56 か国をメンバーとする政府間協議体である欧州経済委員会の事務局。事務局はジュネーブに置かれている。事務局の任務内容については事

---

(6)　A/72/6（Sect.16 参照）

(7)　経社理決議 671A（XXV）(1958) 主文："16, The administrative budget of the Commission shall be financed from the funds of the United Nations."

第1節　国連事務局の構成

務総長通達 ST/SGB/2008/9 で規定。

ラテンアメリカ・カリブ経済委員会事務局（Secretariat of the Economic Commission for Latin America and the Caribbean：ECLAC）

　1948 年に経社理決議 106（VI）で設置された政府間協議体であるラテンアメリカ・カリブ経済委員会の事務局。メンバーは，南米，カリブ海地域の他に，北米やヨーロッパ，アジア（日本を含む）を含む。事務局はサンチアゴ（チリ）に置かれている。事務局の任務内容については事務総長通達 ST/SGB/2000/5 で規定。

西アジア経済社会委員会事務局（Secretariat of the Economic and Social Commission for Western Asia：ESCWA）

　1973 年に経社理決議 1818（LV）（1973）で設置された西アジア経済委員会（The Economic Commission for Western Asia（ECWA））を，1985 年に改称した，中東地域の 18 か国をメンバーとする政府間協議体である西アジア経済社会委員会の事務局。事務局はベイルート（レバノン）に置かれている。事務局の任務内容については事務総長通達 ST/SGB/2010/7 で規定。

人権高等弁務官事務所（Office of the United Nations High Commissioner for Human Rights：OHCHR）

　総会決議 48/141（1993 年）により，国連事務局内のポストとして事務総長の下に新設された人権高等弁務官を支援する機能と，国連ジュネーブ本部に置かれていた国連人権センターの機能を統合した組織としてジュネーブに置かれている。任務内容については事務総長通達 ST/SGB/1997/10 で規定。

人道問題調整部（Office for the Coordination of Humanitarian Affairs：OCHA）

　総会決議 46/182（1991 年）で，人道分野の調整を強化するために，人道局（Department of Humanitarian Affairs（DHA））と国連防災調整官（United Nations Disaster Relief Coordinator（UNDRO））を前身として設置された。任務内容については事務総長通達 ST/SGB/1999/8 で規定。

広報局（Department of Public Information：DPI）

　国連事務局設置当初より対外的な広報を担ってきた組織で，技術の進展とと

もに，紙ベースでの広報からデジタル広報などに移行してきているものの，組織として大きな変化は加えられていない。任務内容については事務総長通達 ST/SGB/1999/10 で規定。

戦略・政策，コンプライアンス局 (Department of Strategy, Policy and Compliance (DMSPC)) (2018 年までの管理局 (Department of Management：DM))

　国連事務局設置当初より，行政，財政，人事管理を担う組織としておかれてきた機能であり，1948 年予算では行政財政サービスとして，予算の管理のほかに職員の給与手当や人事などの機能を担ってきた。総会決議 72/266B にもとづき，2019 年 1 月 1 日より，フィールド支援局との機能再編を伴う改組により発足。

　現在の管理局は以下の部により構成されている。(2018 年までの任務内容については事務総長通達 ST/SGB/2010/9 で規定。)

予算部 Office of Programme Planning, Finance and Budget;
人的資源部 Office of Human Resources;
ビジネストランスフォーメーション及びアカウンタビリティ Business transformation and accountability;
Umoja ERP プロジェクト
情報通信技術部 Office of Information and Communications Technology;
国連ジュネーブ本部 (United Nations Office at Geneva)
国連ウィーン本部 (United Nations Office at Vienna)
国連ナイロビ本部 (United Nations Office at Nairobi)

　上の 3 つは，NY 以外の本部に所在する国連事務局組織を擁する本部施設の行政・財政・管理を担う，いわば管理局の各地版の組織である。任務内容についてはそれぞれ事務総長通達 ST/SGB/2004/8, ST/SGB/2004/5, ST/SGB/2009/3 で規定。

内部監査部 (Office of Internal Oversight Services：DIOS)

　総会決議 48/218B により設置。国連事務局の内局ではあるが，独立の組織として，他の事務局組織によるマンデート実施活動のモニタリング，内部監査 (internal audit)，評価，調査を行い，事務総長に提言を行う。任務内容につい

ては事務総長通達 ST/SGB/2002/7 で規定。

安全保安局（Department of Safety and Security：DSS）

　国連事務局及び基金・計画の職員が任務を実施する際の安全確保を担う組織で，保安調整官（UNSECOORD）の機能を，総会決議 59/276 により 2005 年に局として再編したもの。任務内容については事務総長通達 ST/SGB/2013/5 で規定。

LDC, 内陸開発途上国, 小島嶼開発途上国に関する上級代表室（Office of the High Representative for the Least Developed Countries, Landlocked Developing Countries and Small Island Developing States：OHRLLS）

　総会決議 56/227 により設置された組織で，LDC，内陸開発途上国，小島嶼開発途上国に特化した合意事項（イスタンブール宣言，SAMOA Pathway 等）の履行促進を行う。任務内容については事務総長通達 ST/SGB/2007/7 で規定。

アフリカに関する特別顧問室 Office of the Special Adviser on Africa

　総会決議 57/7 でエンドースされたアフリカ開発のための新パートナーシップの関連合意の履行促進を行う。任務内容については事務総長通達 ST/SGB/2003/6 で規定。

児童と武力紛争に関する事務総長特別代表室（Office of the Special Representative of the Secretary-General for Children and Armed Conflict;）

　総会決議 51/77 により設置され，以後累次の決議により更新されているマンデートに従い，紛争下での児童の保護についての報告や加盟国への政治的な働きかけなどを任務とする事務総長特別代表（SRSG）を支援する。ポスト数は 10（SRSG 含む）。総会決議での設置期間（マンデート期間）は有期であり，特別代表の設置期間が更新されない場合には組織としても活動を終了することになる。

紛争下の性的暴力に関する事務総長特別代表室（Office of the Special Representative of the Secretary-General on Sexual Violence in Conflict;）

　総会決議 65/259 により設置された事務総長特別代表を支援する組織として，安保理決議 1888（2009）で設置。ポスト数は 9（SRSG 含む）。

第2章　国連事務局と国連予算の現状

児童に対する暴力に関する事務総長特別代表室（Office of the Special Representative of the Secretary-General on Violence against children）

　　総会決議 62/141 により設置された事務総長特別代表を支援する組織。当初は任意拠出金にて賄われる組織として設置されたが，2002 年の総会決議 67/152 で，国連計画予算により賄うことが決定された。ポスト数は 9（SRSG 含む）。総会決議での設置期間（マンデート期間）は有期。現下の設置期間は 2018 年末まで。

倫理室 Ethics Office

　　国連職員の倫理基準確保における事務総長の役割を支援する組織として，2006 年に総会決議 60/1 及び 60/248 にもとづき設置された。任務内容については事務総長通達 ST/SGB/2007/11 で規定。

オンブズマン及び仲裁サービス事務所 United Nations Ombudsman and Mediation Services

　　国連職員のインフォーマルな紛争解決を支援するために NY 本部の他にジュネーブ，ウィーン，ナイロビ，バンコク，サンチアゴ，ゴマ及びエンテベに設置されている。総会決議 55/258 及び 56/253 により 2002 年に設置されたオンブズマン事務所は，総会決議 61/261 及び 62/228 により，基金・計画と UNHCR をカバーすべく強化され，仲裁サービス機能が設置され，現在の形となっている。任務内容については事務総長通達 ST/SGB/2016/7 で規定。

訴願室 Office of Administration of Justice

　　国連訴訟裁判所（United Nations Dispute Tribunal：UNDT）及び国連上訴裁判所（UNAT）の書記局と，職員法律支援室を擁する。総会決議 61/261 により，既存の国連訴訟裁判所を含めた国連事務局内における包括的な訴願制度を担う組織として設置された。任務内容については事務総長通達 ST/SGB/2010/3 で規定。

　　ほかに，国連パートナーシップ室（United Nations Office for Partnerships），国連開発と平和のためのスポーツ室（United Nations Office on Sport for Development and Peace），国連防災事務局（United Nations Office for Disaster Risk Reduction），平和構築支援室（Peacebuilding Support Office）が記載されて

第1節 国連事務局の構成

いる。なお，上記事務総長通達に記載がないが，UN-Women は，国連女性基金（UNIFEM）と経済社会局の女性関係会議の事務局機能を統合して総会決議64/289 で設置した組織であり，国連計画予算（分担金）で経費の一部（約1.9%）を賄っている。

以上が，事務総長通達によって規定されている「国連事務局」の概要である。

こぼれ話

会議サービスの役割の変遷

国連は，加盟国で構成される政府間協議体である。協議を行うためには，それを支える会議事務局と専門的な会議サービス機能が必要である。政府間協議体が創出する指示事項の規模や量の変化につれて事務局の構造は変わっていくとしても，これらの機能は，何らかの形で今後も常に必要とされるであろう。

1947 年に事務総長が提出した国連の 1948 年予算案（A/318 Budget estimates for the financial year 1948）は，総額約 3940 万ドルであったが，そのうち約 893 万ドルが，後者の機能，すなわち会議サービス局の経費として提案されている。会議日程の作成，文書の編集と翻訳業務，通訳の提供，文書保管，会議施設の運営などが，同局の任務であった。この予算案についての ACABQ 報告書（A/336）を読むと，当時の会議サービス局は，基本的には協議体からの要請をさばくことが基本的な業務であったようである。創設後 2 年がたち，新たな協議体が次々に創設され，編集や翻訳，通訳など，人的労力を必要とする業務が集中する当時の会議サービス局の主要任務は，人員の確保であったようだ。

国連事務局の改編が行われた中で，専門的な会議サービスの機能も，実質的な会議事務局との間で整理され，会議施設と会議管理，文書編集と翻訳，及び通訳という要素に収斂されていった。1997 年の事務総長通達 ST/SGB/1997/6 が，このように整理された総会会議サービス局の役割を規定している。

現在の総会会議管理局（Department for General Assembly and Conference Management：DGACM）は，会議管理において，よりプロアクティブな形で政府間協議体の協議プロセスを支援することをその機能としている（ST/SGB/2005/9）。例えば，第 5 委員会に関して言えば，第 5 委員会の概ねの作業計画にあわせて事務局内や関連協議体の文書作成作業の工程管理を

第2章　国連事務局と国連予算の現状

行ったり，効率的な作業日程を政府間協議体に提案したりしている。

　こういったプロアクティブな工程管理は，高度な専門的知識と同時に，緊密な人的協力関係を構築する能力を要するものである。自動翻訳や機械通訳が進展していって，翻訳や通訳に要する人員が少なくなったとしても，会議管理の機能は，政府間協議体がある限り残っていくだろう。

第2節　国連の財源と予算

第1項　分担金で支弁される予算

「国連事務局」の職員と活動に必要な経費を賄うのが国連計画予算である。一般的に「通常予算」とよばれているものの，関連規定上の名称は「計画予算（Programme Budget）」である（「通常予算」という呼称は，英語でPKO他の予算と対比する形で用いられる「Regular Budget」の和訳だと思われる）。国連計画予算は2018年現在，2か年の予算として構成されており，2018-2019年2か年計画予算の当初規模は53億9690万7300ドルである。日本円にして，約6,125億8,879万円となる。これがどのような規模かというと，東京オリンピックの予算が1兆3500億円というから，その約半分以下である。1年分を単純に2か年予算の半分だとすると3,893億円であるが，これは千葉市の一般会計予算4,454億円より小さい。

　PKO予算もまた分担金で支弁される国連の予算である。2018年/2019年予算（2018年7月1日〜2019年6月30日期間の予算）の総額は，約66億8900万ドルである（日本円にして約7592億円）。神戸市の一般会計平成30年予算が7785億円であるので，15のPKOミッションをそれより小さい規模の予算で賄っていることになる。想像より少ないという印象を受けるのではないか。

第2項　予算外財源（任意拠出金）

　さて，そのような規模のお金だけで国連が運営されているのか，というと，正確にはそうではない。国連事務局は，分担金に加えて，それ以外の資金も調達している。2018-2019年2か年予算に関して，予想される「予算外財源（Extrabudgetary resources）」は213億円となっている[8]。予算外財源と称され

第2節　国連の財源と予算

図7　国連の財政規模（分担金による予算と予算外財源）
（2016年の場合）

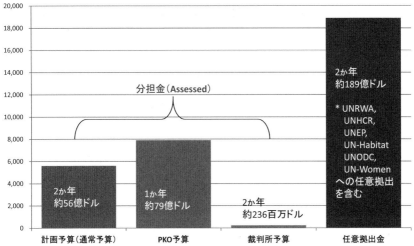

2016-17年2か年予算、2016/17年度PKO予算等をふまえ筆者作成

るこのカネ[9]は，国連事務局が設置している数多くある信託基金に対して拠出されるものであるが，その総額は単純に計算して，分担金で賄われる計画予算の4倍である。ただし，このようなカネは，分担金とは明確に区別されている。具体的には，分担金で支弁される「国連の予算」は，まず総会によって「この

---

(8)　A/72/6 (Introduction) パラグラフ58。
(9)　新聞記事等で，「分担金」という言葉と「拠出金」という言葉が混同されて使われている例を散見するが，これらは法的に異なるものである。
　「分担金」とは，国際機関の設立規程等により，加盟国の財政的義務を含め規定されているものであり，国連の場合，国連憲章第17条第2項「この機構の経費は，総会によって割り当てられるところに従って，加盟国が負担する」が法的根拠となる。
　混同されやすいのは，「拠出金」の2つの性格，すなわち「義務的拠出金」と「任意拠出金」の違い，特に前者と「分担金」との違いだろう。義務的拠出金は，条約や設立規程に法的根拠がないものの，締約国会合や総会，執行理事会等の意思決定機関の決定等において，締約国や参加国の当然の責務として拠出が期待されているものであり，裁量的余地はない。他方，任意拠出金は，各国が有益と考える場合に，特定の事業や活動に当てて，あるいは使途を規定せずに行う拠出であり，法的根拠にもとづくものではない。

59

第 2 章　国連事務局と国連予算の現状

機構の経費」であると認められた上で，審議・承認される必要があり，各国には，承認された予算に関し総会が決定した方法に従いその相当分を支払う憲章上の義務がある。その執行や結果についても加盟国により査定される。他方で，「予算外財源」は，ある使途について賛同する国や，より広い活動目的に賛同する国が使途を指定せずに自由意思により出すカネ（任意拠出金）であり，法的義務ではない。裏返せば，予見可能性はない。執行の報告は拠出を行った国にのみ行えばよい。ただし，予算外財源であれば何をやってもよいという訳ではなく，「国連の予算」として策定されている活動や使途との関係においては一定の制限がある[10]。

端的にいえば，国連事務局の活動やポストのうち，分担金の世界に入り込めるのはごく一部なのである。憲章で規定された事項を実施するとか，総会決議で明示的に計画予算の活動として実施するとか，そういった明示の規定，立法的マンデート（legislative mandate）が明確な指示を与えていなければならない。2018‐2019 年度における国連事務局のうち分担金にて支弁されるポスト数（コンサルタント契約での従事者を含まない）は 9959（総会決議 72/261 Annex）であ

図 8　国連計画予算の構成（2018-19 年 2 か年予算の場合）

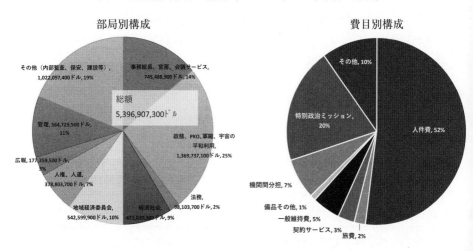

---

(10) たとえば，予算外財源によって一定のレベル（D-1）以上のポストを設置する場合には，ACABQ の承認が必要である。（総会決議 35/217）

第2節　国連の財源と予算

るが，彼らの給料を含めたこれらの部局の事務局経費を賄うのが，国連計画予算（国連通常予算）である。計画予算は，カバーする範囲が小さいからこそ，何をそこに盛り込むか，何を国連予算下の正規ポストとするかが重要となる。つまり，総会第5委員会における予算交渉とは，何を，どのポストを分担金で支弁するか，しないか，それをどのような論拠によって他の加盟国の支持を得るかという，極めて政治的な交渉なのである[11]。

図9　国連計画予算の構成

	セクション・局部	関連政府間機関
1	SG オフィス・官房	なし
2	総会・会議管理局	会議委員会
3	政務局（DPA） 　安保理事務局 　非植民地化課 　パレスチナ問題課 　それ以外8課	 安保理 植民地独立特別委員会 パレスチナ委員会 なし
4	軍縮部（ODA）	
5	PKO 局・フィールド支援局	（一部）PKO 特別委員会
6	宇宙部	宇宙の平和的利用委員会
7	国際司法裁判所	
8	法務部（OLA） 　国際法 　国際貿易法 　それ以外4課	 国際法委員会 UNCITRAL なし
9	経済社会局（DESA） 　経社理事務局 　社会開発 　持続可能な開発 　統計 　人口 　行政・開発管理 　それ以外2課	 経社理 社会開発委員会 持続可能な開発委員会 統計委員会 人口開発委員会 公行政専門家委員会 なし
10	LDC，内陸国，小島嶼国	なし
11	NEPAD	なし
12	貿易と開発（UNCTAD）	貿易と開発委員会
13	国際貿易センター（ITC）	

	セクション・局部	関連政府間機関
14	環境（UNEP）	UNEP 総会
15	人間居住（UN Habitat）	UN Habitat 執行理事会
16	麻薬統制・犯罪防止	犯罪防止委，麻薬委
17	UN-Women	婦人の地位委員会
18	アフリカ経済委員会	ECA 閣僚会議
19	アジア太平洋経済社会委員会	ESCAP 総会
20	欧州経済委員会	ECE 執行委員会
21	ラ米・カリブ経済委員会	ECLAC 総会
22	西アジア経済社会委員会	ESCWA 総会
23	技術協力通常プログラム	
24	人権（OHCHR）	人権理事会
25	難民保護（UNHCR）	UNHCR 常設委員会
26	パレスチナ難民（UNRWA）	なし
27	人道支援（OCHA）	なし
28	広報（DPI）	情報委員会
29	管理局（DM）	（総会）
30	内部監査部（OIOS）	（総会）
31	合同支弁事業	
32	特別経費	
33	建設・施設維持	
34	保安局（DSS）	
35	開発勘定	

---

(11)　決議は，このような交渉の結果であり，この視点に立てば，国連の決議は，①その

61

第 2 章　国連事務局と国連予算の現状

第 3 節　国連計画予算の要素と構成

では，そのような「狭き門」である国連計画予算の概要を説明したい。

　国連設立当初の予算構成は，予算費目を基本として策定されていた（第 4 章で説明）。現在においても，予算の積算の基本は引き続き費目であるが，予算の概要を国連の活動に沿ってより包括的，戦略的に示すために，「計画予算（Programme Budget）」のフォーマットが採用されている。各部局の事業計画と職員配置表と予算が 1 つの提案書になっているものと想像してもらえればいい。

　計画予算の積算の要素である費目は，大きく人件費（ポスト費）と活動費（非ポスト費）に分けられる。予算全体においてポスト費が占める割合は，たとえば 2016－2017 年 2 か年予算の実績では 65％，2018－19 年 2 か年予算案事務総長案では 66％であり，過去の 5 予算期間においても 65％～68％となっている[12]。人件費の基本となるのは，ポスト構成（レベル毎の職員の定員数）と俸給・諸手当（単価）である。ポスト構成は，計画予算案の中で第 5 委員会が審議・承認する。俸給・諸手当については，ICSC（International Civil Service Commission：国際人事委員会）[13]が毎年総会に提出する報告書のなかで，必要な見直しに関する勧告が行われ，総会が決定を行う。非ポスト費には，職員の旅費やコンサルタント費，運営経費などが含まれる。

　国連計画予算の基本的な構成は，各部局に相当する「計画（プログラム）」を所管する「セクション」，及び上位概念である「パート」である。ほとんどのセクションにおいて，プログラムは関係部局の構成とほぼ同義である。セク

　　指示事項が分担金で支弁されるもの，②その指示事項が分担金以外の財源で支弁されるもの，③その指示事項の実施に財源措置を要さないか，あるいは指示ではなく慫慂にとどまるもの，に分けることができる。

(12)　A/72/6 (Introduction) Figure XV.

(13)　国連総会決議 3357 (XXIX) of 18 December 1974. に基づき 1974 年に設立された独立機関で，国連事務局以外にも，国連共通制度（Common System）に参加する機関に勤務する職員の勤務条件，諸手続等につき，総会に対し勧告を行う。個人の資格で総会により任命される 15 名の委員（任期 4 年）で構成され，年に 2 回の会期で検討を行っている。

ション 32（特別支出）やセクション 33（建設）のように，その予算が読日の部局構造を伴わないという性格から，プログラムを有していないセクションもある。事務総長は，セクション毎に，その活動の主要な目的と成果指標を設定し，費目の詳細を示しつつ，その要求額及ポスト構成の必要性を説明しなければならない。また「パート」は，活動の大きなカテゴリーを示すとともに，事務総長の予算執行権限に関係している。以下に，2018－2019 年度計画予算の構成の概要を示す。（セクションの構成については，本章冒頭で述べた 2019 年 1 月時点の事務局の構成との間で若干の違いがある。）このプログラムの下位概念はサブプログラムであり，これは機構上，各部局内の課室に相当する。

パートⅠ　事務総長，官房，会議サービス
セクション 1　事務総長，官房 Overall policymaking, direction and coordination

事務総長室のほかに，事務総長の直下で活動する倫理室や訴願室，一部の事務総長特別代表オフィスなどの予算を扱う。

セクション 2　会議サービス General Assembly and Economic and Social Council affairs and conference management

総会会議管理局の NY，ジュネーブ，ウィーン，ナイロビにおける業務のための予算を扱う。

パートⅡ　政務
セクション 3　政務 Political affairs

政務局（2019 年より，政務・平和構築局）の予算のほかに，特別政治ミッション（Special Political Missions：SPM）の予算を扱う。特別政治ミッションとは，安保理及び総会が決議によって設置した平和と安全に関する諸活動を総称したものであり，2018 年現在では 37 件の活動がこれにあたるとされている。SPMの活動は計画予算の策定プロセスにあわせて実施の 2 年前に想定することが困難なため，予算策定プロセスにおいては SPM のための予算枠を設定し，個々の SPM の予算内訳については，予算年度開始直前に，かつ 1 年分ごとに行うこととなっている。（SPM の内訳については，表 1 参照）

セクション 4　軍縮 Disarmament

軍縮部の予算を扱う。

第 2 章　国連事務局と国連予算の現状

セクション 5　平和維持活動 Peacekeeping operations

PKO 局及びフィールド支援局（2019 年より平和活動局及び活動支援局）のうち PKO サポートアカウント予算で設置したポスト以外のポストとそれに関する予算を扱う。この 2 局は，セクション 5 の中では別のサブプログラムとして扱われている。

さらにこのセクションでは，PKO 予算のしくみが作られる前に設置された PKO である次の 2 つのミッションの予算を扱っている。

・国連インド・パキスタン軍事監視団（United Nations Military Observer Group in India and Pakistan（UNMOGIP））：安保理決議 47（1948 年）により，インド及びパキスタンの国境に所在するジャム・カシミール州における停戦ラインの監視を行うため設置され，軍事監視要員と文民で構成されている。

・国連休戦監視機構 United Nations Truce Supervision Organization（UNTSO）：安保理決議 50（1948 年）で設置，軍事監視要員と文民で構成されている。マンデートの内容は政治情勢に応じ修正されてきており，現在は中東地域に所在する 2 つの PKO（UNDOF，UNIFIL）への支援等を行っている。

セクション 6　宇宙の平和的利用 Peaceful uses of outer space

ウィーンに置かれている宇宙部の予算を扱う。

パートⅢ　国際司法及び法務 International justice and law

セクション 7　国際司法裁判所 International Court of Justice

国際司法裁判所の予算を扱う。予算策定においては，司法の独立を維持するための規程がおかれている（第 4 章第 1 節第 4 項(2)参照）。

セクション 8　法務 Legal affairs

法務部の予算を扱う。

パートⅣ　開発のための国際協力 International cooperation for development

セクション 9　経済社会 Economic and social affairs

経済社会局の予算を扱う。

セクション 10　LDC，内陸開発途上国，小島嶼開発途上国 Least developed countries, landlocked developing countries and small island developing States

OHRLLS 事務所の予算を扱う。

セクション 11　アフリカ開発のための新パートナーシップへの国連支援 United Nations support for the New Partnership for Africa's(NEPAD)

NEPAD 代表オフィスの予算を扱う。

セクション 12　貿易と開発 Trade and development(UNCTAD)

UNCTAD 事務局の一部の予算を扱う。

セクション 13　国際貿易センター International Trade Centre(ITC)

WTO（世界貿易機関）との費用分担でジュネーブに設置された ITC の運営費の半分を国連通常予算で支弁している。

セクション 14　環境　Environment

セクション 15　人間居住　Human settlements

セクション 16　麻薬統制，犯罪防止，テロ対策 International drug control, crime and terrorism prevention and criminal justice

セクション 17　UN-Women

以上の 4 セクションは，それぞれに関連する基金・計画，事務所の経費のうち，幹部の人件費や経費など国連計画予算で支弁している部分を扱う。これらの機関の予算規模全体における通常予算支弁の割合は，約 2〜5％である。

パート V　開発のための地域協力 Regional cooperation for development

セクション 18　アフリカにおける経済社会開発 Economic and social development in Africa

セクション 19　アジア太平洋における経済社会開発 Economic and social development in Asia and the Pacific

セクション 20　欧州における経済開発 Economic development in Europe

セクション 21　ラテンアメリカ・カリブにおける経済社会開発 Economic and social development in Latin America and the Caribbean

セクション 22　西アジアにおける経済社会開発 Economic and social development in Western Asia

以上の 5 セクションは，それぞれの地域におかれている地域経済委員会の事務局経費のうち，幹部の人件費など国連計画予算で支弁している部分を扱う。

セクション 23　技術協力通常プログラム Regular programme of technical

第 2 章　国連事務局と国連予算の現状

cooperation

　経済社会に関連する部局及び地域経済委員会が，加盟国の要請に応じてプロ
ジェクトを実施するための予算である。

パートⅥ　人権，人道問題 Human rights and humanitarian affairs
セクション 24　人権 Human rights
　国連事務局の内局として設置された国連人権高等弁務官事務所（OHCHR）
の予算（一部）である。
セクション 25　難民の国際的保護 International protection, durable solutions and assistance to refugees
　国連難民高等弁務官（UNHCR）の幹部の人件費の一部等，国連計画予算で
支弁している部分を扱う。
セクション 26　パレスチナ難民 Palestine refugees
　国連パレスチナ難民救済事業機関（UNRWA）の予算の一部等，国連計画予
算で支弁している部分を扱う。
セクション 27　人道支援 Humanitarian assistance
　国連事務局の内局である人道問題調整部（OCHA）の予算を扱う。

パートⅦ　広報 Public information
セクション 28　広報 Public information
　広報局（DPI）の予算及び加盟国におかれている国連広報センター（UNIC）
の一部の予算を扱う。

パートⅧ　共通支援サービス Common support services
セクション 29　管理
29　　管理局事務次長室 Office of the Under-Secretary-General for
　　　Management
29A　予算部 Office of Programme Planning, Budget and Accounts
29B　人的資源開発部 Office of Human Resources Management
29C　中央支援サービス部 Office of Central Support Services
29D　情報通信部 Office of Information and Communications Technology
29E　ジュネーブ本部 Administration, Geneva

29F　ウィーン本部 Administration, Vienna

29G　ナイロビ本部 Administration, Nairobi

パートIX　内部監査 Internal oversight

セクション30　内部監査 Internal oversight

内部監査室（OIOS）の予算を扱う。

パートX　合同支弁活動と特別支出 Jointly financed administrative activities and special expenses

セクション31　合同支弁活動 Jointly financed administrative activities

他の国連基金・計画や機関と経費合同負担によって実施している外部監査などのための費用を扱う。

セクション32　特別支出 Special expenses

パートXI　本部支出 Capital expenditures

セクション33　建設，補修，改修，維持 Construction, alteration, improvement and major maintenance

国連本部施設の通常の維持管理や改修にかかる費用を扱う。但し，改修の規模によっては，個別の特別予算が設置されることがある。

パートXII　保安 Safety and security

セクション34　安全・保安 Safety and security

安全・保安部（DSS）の予算を扱う。

パートXIII　Development Account

セクション35　開発勘定 Development Account

技術協力に関する予算である。

パートXIV　Staff assessment

セクション36　職員課金　Staff assessment

米国内の国連機関で働く米国国籍保持者及びグリーンカード保持者には，米国国内法との関係で，所得税が課せられるため，手取りに差が出てしまう。そこで所得税相当額を課税平衡基金（Tax equalization Fund）から職員に償還している。職員課金収入が課税平衡基金を賄っている。

67

第2章　国連事務局と国連予算の現状

　また，国連は，国連自身による収入創出活動や他機関からの償還などの歳入を，別のセクションとして扱っている（現在3セクションが設定されている）。

こぼれ話

　国連の切手

　国連の NY，ジュネーブ，及びウィーンの本部では，国連切手が売られている。NY の国連本部で売っているものは，ドル建てである。しかし，この切手を使って投函できるのは，売店脇に備えてあるポストだけである。ドルで発行されていても，NY の市内では使えない。

　国連切手は，国連郵便（UN Postal Service）が発行したものである。総会決議454(V)で設置した国連郵便は，最初の国連切手を 1951 年の国連の日にあわせて発行し，即日完売した。その後も，国連に関連する記念日などにあわせて切手を発行している。見学者にとって，特別な場所から投函した絵葉書が届くというのは楽しみなことである。

　しかし，実際にはこの国連切手は，実際に郵便に多く使用されることを想定していない。国連に見学に来た者が，必ずしも投函に使用することなく，そのほとんどを記念に購入していくことを期待して作られた，歳入源なのである。国連郵便は自身の配送体制を有していないので，米国，スイス，及びオーストリアのそれぞれの郵政当局との取り決めのもとで，配送を委託している。そのため，国連内のポストに投函された郵便物を届けるには，これらの郵便当局に配送を委託し，その分の委託料を支払わなければならないのだ。販売された切手の全てが投函に使用されれば，国連郵便は破綻するだろう。

　そのため，国連郵便は，発行する切手を特別記念シート仕立てにしたり，シリーズにしたりなど，購入者が土産として持って帰りたくなるようなデザインの「使われない切手」をいかに多く売るかに工夫を凝らしている。最近では，自分の写真を使って切手を作成できるサービスも行っている。次回国連本部に行ったら，国連切手を探してみてはいかがだろう。また，関心がある方は，計画予算歳入セクションの「国連郵便」の項を覗いてみてはいかがか。実際に国連郵便が大赤字に直面した経緯なども記述されている。

第 4 節　PKO 予算（除く UNMOGIP, UNTSO）

　国連平和維持活動（PKO）の経費は，基本的には国連計画予算とは別の，かつ活動毎の予算及び勘定によって手当されている。PKO の予算期間は，ミッションを問わず 7 月 1 日開始の 1 年間を基本としており，2019 年／2020 年予算（2019 年 7 月 1 日〜2020 年 6 月 30 日期間の予算）の総額は，約 65 億ドルとなっている（2019 年 7 月現在）。国連計画予算の 1 年分相当が，約 27 億ドルであるから，単年ベースで比較すると，PKO 予算は国連事務局予算の 2.4 倍以上となっている。

　現在展開している PKO とその予算規模を概観しよう。以下，設置された年が早い順に説明する。

・国連キプロス平和維持隊（United Nations Peacekeeping Force in Cyprus（UNFICYP））51, 222, 700 ドル
　安保理決議 186（1964）（1964 年 3 月 4 日採択）により，キプロスのギリシャ

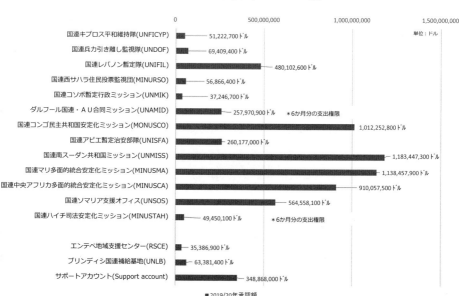

図 10　PKO 予算の概要（ミッション別）

第2章　国連事務局と国連予算の現状

系住民とトルコ系住民との衝突防止のために設置。部隊，警察，文民により構成され，規模は約1000名。

・国連兵力引き離し監視隊（United Nations Disengagement Observer Force（UNDOF））69,409,400ドル

　：安保理決議350（1974）で，第4次中東戦争でイスラエルとシリアとの戦闘地帯となったゴラン高原において，両国間の停戦合意にもとづき設置した兵力引き離し地帯での監視を行うために設置。部隊と軍事監視要員が基本的な構成要素で規模は約1,100名。

・国連レバノン暫定隊（United Nations Interim Force in Lebanon（UNIFIL））480,102,600ドル

　安保理決議425（1978）により，レバノンからのイスラエル軍の撤退を監視するために設置。安保理決議1701（2006）により，レバノン軍の展開支援等を承認。部隊（海上部隊を含む），警察，文民で構成され規模は約11150名。

・国連西サハラ住民投票監視団（The United Nations Mission for the Referendum in Western Sahara（MINURSO））56,866,400ドル

　：安保理決議690（1991）（1991年4月29日採択）で，1988年のモロッコとポリサリオ間の合意案に従って住民投票を行うために設置された。2018年現在，住民投票実施の見通しはたっていない。部隊，警察，文民で構成され，規模は約450名。

・国連コソボ暫定行政ミッション（The United Nations Interim Administration Mission in Kosovo（UNMIK））37,246,700ドル

　：安保理決議1244（1999）（1999年6月10日採択）により，コソボの正式な政府ができるまでの間の暫定的な行政を担うミッションとして設置されたが，2008年のコソボ共和国の独立と新憲法の発効を受け主要な任務を終了し，現在は治安，安定の促進と人権尊重を主な任務としている。警察及び文民の約350名で構成。

・ダルフール国連・AU合同ミッション（United Nations Hybrid Operation in Darfur（UNAMID））257,970,900ドル（2019年7月1日〜12月31日までの支出権限上限額）

　：安保理決議1769（2007）により，アフリカ連合の同地域への停戦監視団（AMIS：AU Mission in Sudan）を代替，文民保護，和平プロセス支援等を任務

第4節　PKO予算（除く UNMOGIP, UNTSO）

とする。規模約 10700 名。

・国連コンゴ民主共和国安定化ミッション（The United Nations Organization Stabilization Mission in the Democratic Republic of the Congo （MONUSCO）） 1,012,252,800 ドル

：国連コンゴ民主共和国ミッション（The United Nations Organization Mission in Democratic Republic of the Congo（MONUC））を前身として安保理決議 1925（2010）（2010 年 5 月 28 日採択）により，同年の 7 月 1 日付けで設置された統合型ミッション。規模約 20500 名。国内の治安回復や文民保護を任務とし，安保理決議 2098（2013）では強制権限を有し先制攻撃を認められた介入旅団の展開を承認。

・国連アビエ暫定治安部隊（United Nations Interim Security Force for Abyei （UNISFA）） 260,177,000 ドル

：安保理決意 1990（2011）（2011 年 6 月 25 日採択）により，スーダンと南スーダンとの間での帰属問題が解決していないアビエ地域の治安確保と人道支援物資の配布支援等のために設置。部隊，警察，文民で構成され，規模は約 4800 名。

・国連南スーダン共和国ミッション（United Nations Mission in South Sudan （UNMISS）） 1,183,447,300 ドル

：安保理決議 1996（2011）により新独立国である南スーダンの治安安定を主な目的として設置され，安保理決議 2155（2014）で文民保護任務等を追加。部隊，警察，文民にて構成され，規模は約 19400 名。

・国連マリ多面的統合安定化ミッション（The United Nations Multidimensional Integrated Stabilization Mission in Mali （MINUSMA）） 1,138,457,900 ドル

：安保理決議 2100（2013）（2013 年 4 月 25 日採択）により，マリ国内の治安回復，文民保護，マリ暫定政府からの政権移行ロードマップの履行支援などを行うために設置された統合型ミッション。部隊，警察，文民で構成され，規模は約 16500 名。

・国連中央アフリカ多面的統合安定化ミッション（United Nations Multidimensional Integrated Stabilization Mission in the Central African Republic （MINUSCA）） 910,057,500 ドル

：安保理決議 2149（2014）（2014 年 4 月 10 日採択）により，国内の武装勢力から文民を保護し，国家権力の再構築を支援するために設置された統合型ミッ

第 2 章　国連事務局と国連予算の現状

ション。部隊，警察，文民で構成され，規模は約 15050 名。

・国連ソマリア支援オフィス（United Nations Support Office for Somalia
（UNSOS））564, 558, 100 ドル

　：安保理決議 2245（2015）（2015 年 11 月 9 日採択）により，アフリカ連合ソ
マリアミッション（The African Union Mission in Somalia（AMISOM））の兵站
支援を行う活動として設置された。国連ソマリア支援事務所にも支援を提供し，
ソマリア治安組織の能力構築支援も行っている。

・国連ハイチ司法支援ミッション（The United Nations Mission for Justice
Support in Haiti（MINUJUSTH））49, 450, 100 ドル（2019 年 7 月 1 日〜12
月 31 日までの支出権限上限額）

　：安保理決議 2350（2017）（2017 年 4 月 13 日採択）で，国連ハイチ安定化ミッ
ション（The United Nations Stabilization Mission in Haiti（MINUSTAH））の後継
として設置されたミッションで警察及び文民約 1300 名で構成される。

　これらの個別のミッションに，本部での支援事務を行うための人員を手当す
る勘定（サポートアカウント，348, 868, 000 ドル），総務的事務の共有サービス等
を手当する 2 つの組織（エンテベ地域支援センター（RSCE）35, 386, 900 ドル，及
びグローバル・サービスセンター／ブリンディシ国連補給基地（UNLB）63, 381, 400
ドル。この 3 件の予算については第 5 章で説明する）を加えた総額を，「PKO 予
算」総額と言っている。

第 5 節　裁判所予算

　2019 年現在，旧ユーゴ国際刑事裁判所（ICTY）及びルワンダ国際刑事裁判
所（ICTR）の残余機能を担う組織として，国際刑事裁判所残余メカニズム
（IRM）の活動経費が分担金によって賄われている。2018－2019 年の IRM 予算
は約 1 億 9602 万ドルである。この経費に関する予算策定プロセスは，2 か年予
算として，事務総長が提案し加盟国が承認するという国連計画予算に類似した
ものであるが，加盟国による負担の方法は，二分の一は通常分担率，もう二分
の一は PKO 分担率という特殊なものとなっている。この負担形式は，ICTY，
ICTR を引き継いだものであり，これら 2 つの裁判所の設立の際の事情に関連
する。

第 5 節　裁判所予算

　旧ユーゴ国際刑事裁判所は，安保理決議 827（1993）により，またルワンダ国際刑事裁判所は安保理決議 955（1994）で設置された。いずれも設置後総会に予算手当が求められたが，安保理決議は，その財政的手当てについては，各国に資金的，物資的及びサービスの提要を強く要請したのみであり，全加盟国にとっての経費負担の根拠が不明確であったため，総会は第 47 回会期（1993年），第 48 回会期（1994 年）とも支出権限を付与したのみであり，財源手当てに関する決定はなされなかった。しかし支出権限の予算化がなされない状況が続き，運転回転基金のキャッシュが補てんされないままであった。国連財務官は加盟国に対し，これら裁判所の予算及び財源手当ての検討を強く求めた。総会は，1995 年 7 月，決議 49/242B で，ICTY の予算の半分を UNPROFOR の予算の枠内で支弁し振りかえ，残りの半分を通常予算分担率にもとづき加盟国に請求することを決定した[14]。また ICTY についても同様に，予算の半分をUNAMR 予算の枠内で支弁し振りかえ，残りの半分を通常予算分担率にもとづき加盟国に請求することを決定した。これらの PKO ミッションが終了した

---

(14)　総会決議 52/217（関係部分抜粋）

　8. *Recalls* General Assembly resolutions 49/242 B of 20 July 1995, 50/212 A of 23 December 1995, 50/212 B of 11 April 1996, 50/212 C of 7 June 1996, 51/214 A of 18 December 1996 and 51/214 B of 13 June 1997, in which it decided, as an ad hoc and exceptional arrangement, that Members States should waive their respective shares in the credits arising from previous budgets of the United Nations Protection Force, to be transferred to the Special Account for the International Tribunal from the Special Account for the United Nations Protection Force;

　10. *Decides* that the financing of the appropriation for the period from 1 January to 31 December 1998 under the Special Account for the International Tribunal shall take into account the cumulative surplus fund balance of 5,600,000 United States dollars as at 31 December 1995 and the anticipated availability of an unencumbered balance of 10,873,800 United States dollars gross (10,000,000 dollars net) for 1997, and shall be set off against the aggregate amount of the appropriation, as detailed in the annex to the present resolution;

　12. *Decides* to apportion the amount of 26,178,000 United States dollars gross (23,365,800 dollars net) among Member States in accordance with the scale of assessments applicable to the regular budget of the United Nations for the year 1998;

　13. *Decides also* to apportion the amount of 26,178,000 United States dollars gross (23,365,800 dollars net) among Member States in accordance with the scale of assessments applicable to peacekeeping operations for the year 1998;

第2章　国連事務局と国連予算の現状

後は，半分の相当分はPKO分担率に従って加盟国に請求することとされた[15]。

IRMは，これら両裁判所の残余機能を実施するメカニズムとして，2010年の安保理決議1966にて設置された。総会決議66/240Aは，IRM予算を両裁判所とは別個の予算及び勘定として分担金で支弁することを決定したうえで，各国の分担金は，引き続き半分を通常予算分担率で，残りの半分をPKO予算分担率で算出することを決定した（同決議主文11-15）[16]。

---

(15)　総会決議52/218（関係部分抜粋）

8. *Decides* to appropriate to the Special Account for the International Criminal Tribunal for the Prosecution of Persons Responsible for Genocide and Other Serious Violations of International Humanitarian Law Committed in the Territory of Rwanda and Rwandan Citizens Responsible for Genocide and Other Such Violations Committed in the Territory of Neighbouring States between 1 January and 31 December 1994 a total amount of 56,736,300 United States dollars gross (50,879,100 dollars net) for the period from 1 January to 31 December 1998;

9. Recalls its resolutions 49/251 of 20 July 1995, 50/213 A of 23 December 1995, 50/213 B of 11 April 1996, 50/213 C of 7 June 1996, 51/215 A of 18 December 1996 and 51/215 B of 13 June 1997, by which it decided, as an ad hoc and exceptional arrangement, that Members States should waive their respective shares in the credits arising from previous budgets of the United Nations Assistance Mission for Rwanda, to be transferred to the Special Account for the International Criminal Tribunal for Rwanda from the Special Account for the United Nations Assistance Mission for Rwanda;

11. *Decides* to apportion the amount of 28,368,150 dollars gross (25,439,550 dollars net) among Member States in accordance with the scale of assessments applicable to the regular budget of the United Nations for the year 1998, as detailed in the annex to the present resolution;

12. *Decides* also to apportion the amount of 26,307,450 dollars gross (23,894,050 dollars net) among Member States in accordance with the scale of assessments applicable to peacekeeping operations for the year 1998, after taking into account the unencumbered balance of 2,060,700 dollars gross (1,545,500 dollars net) in the Special Account for the United Nations Assistance Mission for Rwanda referred to in paragraph 10 above;

(16)　総会決議66/240A（関係部分抜粋）

11. *Also decides* that the expenses of the Mechanism shall be met through additional resources on the basis of assessed contributions and that such expenses shall be financed through a separate special account;

12. *Further decides* to appropriate to the Special Account for the International Residual Mechanism for Criminal Tribunals a total amount of 49,771,700 dollars gross (47,325,100 dollars net) for the biennium 2012-2013, to include the amount reflected in

第6節　分　担　率

　国連憲章第17条1に従って承認された予算を執行するためには，その予算に相当するキャッシュを調達することが必要である。この点につき，国連憲章は，以下のとおり規定している。

「第17条

2．この機構の経費は，総会によって割り当てられるところに従って，加盟国が負担する。」

　憲章は，予算の審議・承認権限とともに，この「割り当て」を決定する権限を総会に与えている。総会は，国連設置直後の当面の予算と暫定的な「割り当て」について決定した決議14(I)の中で，10名からなる分担金委員会（Committee on Contributions）に，詳細な経費の割り当て案を作成するよう指示した。総会は，この分担金委員会が提出する報告書を踏まえて，加盟国間の分担率を決定する。

　分担率を意味する英語として用いられているのは，「Scale of assessments (for the apportionment of expenses of the United Nations)」である。あるいは単に「scale」と称される。憲章にも総会決議14(I)にも出てこない「assessment」は，請求あるいは請求書を指す。分担率に従って各国の分担金を算出することを「assess」と表現する。請求書を発出する際の定規，という趣旨であろうか，言葉からイメージすることは難しくないが，知らなければこの用語にたどり着くことは難しい。

　ここでは現在適用されている分担率のしくみについてのみ説明したい。（新規加盟国や分離独立した国の扱いや，シーリング（上限）の設定などの経緯につい

paragraph 6 above, as detailed in the annex to the present resolution;

13. *Decides* that the total assessment for 2012 under the Special Account shall amount to 24,885,850 dollars, being half of the estimated appropriation approved for the biennium 2012-2013;

14. *Also decides* to apportion the amount of 12,442,925 dollars gross (11,831,275 dollars net) among Member States in accordance with the scale of assessments applicable to the regular budget of the United Nations for 2012;

15. *Further decides* to apportion the amount of 12,442,925 dollars gross (11,831,275 dollars net) among Member States in accordance with the scale of assessments applicable to peacekeeping operations of the United Nations for 2012;

第2章　国連事務局と国連予算の現状

て関心がある方は毎年の分担金委員会の報告書，及び Repertory of Practice of United Nations の Article 17. 関連部分を参照されたい）

　現在国連で採用している分担率は，通常予算分担率と，PKO 予算分担率の2つである。PKO 予算分担率は，通常予算分担率を基礎としてさらにいくつかの要素を追加したものである。従って，ある国の国連通常予算分担率が変動すると，その国の PKO 予算分担率も同時に変動することになる。

　国連通常予算分担率は，3年ごとに国連総会で決定される。基本的な考慮要素は，各加盟国の「支払い能力（capacity to pay）」であり，米ドル建ての国民総所得（GNI）を基礎としつつ，一人あたり GNI が世界平均以下の国等途上国に対する割引を行って決定されている。この計算式は，国連設立以来ほぼ変わっていない。ここに上限（シーリング）及び下限（フロア）の調整が行われる。シーリングは，特定の加盟国に過度に財政的に依存することが適当ではないとの配慮から導入されており，現在のシーリングは22％である。また，加盟国であることに伴い最低限の負担が必要という考慮にもとづき，フロアが導入されており，現在のフロアは0.001％である。さらに，途上国に対しては，対外債務額及び一人当たり国民所得に応じた割引があるほか，LDC（後発開発途上国）については，上限が0.01％とされている（LDC シーリング）。これらの途上国への割引等は，先進国への割増によって調整される。2016年－2018年の日本の通常予算分担率は，9.68％である。

　PKO 予算分担率は，上記の通常予算分担率を基礎に，途上国に対して一人当たり所得水準に応じて通常予算分担率より7.5％～90％が割り引かれ，その分が安保理常任理事国（米国，中国，フランス，イギリス，ロシア）に割増される（レベル A）。日本を含む先進国計34か国は，この割増の影響を受けないレベル B に属する。カテゴリーは，A から J まで設定されており，その概要は以下のとおりである。なお，GNI の変動により，直前の期間に適用されていた分担率よりレベルが2段階上昇する国については2年間，3段階以上の国については3年間かけて段階的に同一の増加幅で上昇することとなる。

　　レベル A：安保理常任理事国5か国──レベル C から J の国の割引分を割増
　　　　　　負担（プロラタ）
　　レベル B：いずれの分類にも属さない国（34か国）──通常予算分担率と同

76

第6節　分　担　率

じ

レベルC：ブルネイ，クウェート，カタール，シンガポール，アラブ首長国
　　　連邦

レベルD：一人当たり所得が世界平均の2倍未満の国──通常予算分担率 ×
　　　0.8（適用国1）

レベルE：一人当たり所得が世界平均の1.8倍未満の国──通常予算分担率
　　　× 0.6（適用国1）

レベルF：一人当たり所得が世界平均の1.6倍未満の国──通常予算分担率
　　　× 0.4（適用国3）

レベルG：一人当たり所得が世界平均の1.4倍未満の国──通常予算分担率
　　　× 0.3（適用国10）

レベルH：一人当たり所得が世界平均の1.2倍未満の国──通常予算分担率
　　　× 0.2又は0.3（適用国7）

レベルI：一人当たり所得が世界平均未満の国──通常予算分担率 ×0.2（適
　　　用国79）

図11　主要財政貢献国分担率（通常予算分担率）

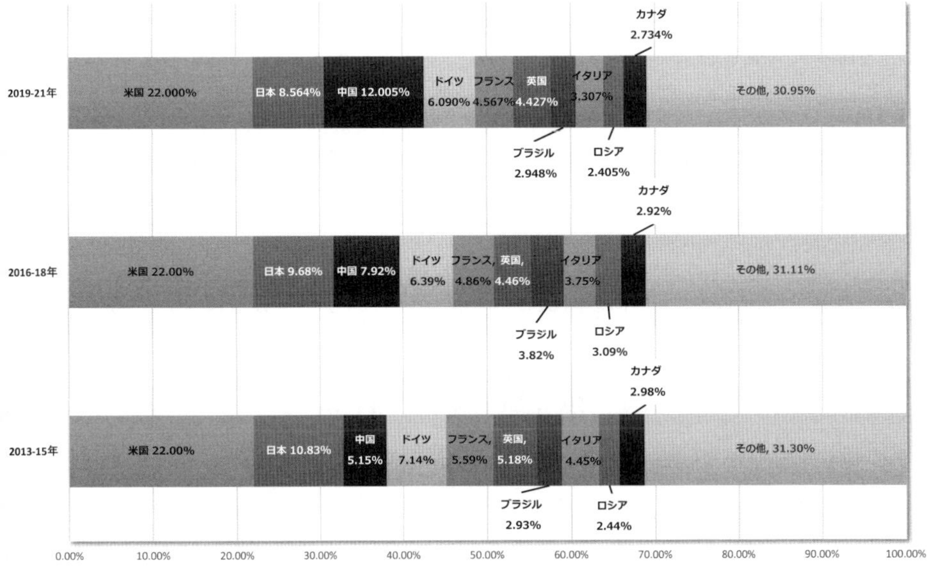

77

第2章　国連事務局と国連予算の現状

現在適用している PKO 分担率算定方式は，2000 年に総会決議 55/235 で合意されたものにもとづいているが，それ以降，実質的な算定方法の変更は行われていない。2018 年冬の総会第 5 委員会主要会期では，2019 年－2021 年に適用する分担率に関する交渉が行われ，結果的に通常予算分担率，PKO 分担率のいずれについても現行算定方式を維持することとされた。

第7節　その他予算

上記のほかに 2006 年よりしばらくの間「国連本部庁舎修築計画（Capital Master Plan：CMP)」のための予算が設置されたことがあった。

国連本部ビルは，ロックフェラー財団が土地を寄付し，米国政府が 31 年間の無利子ローンを提供して現在の NY のイーストリバー沿いに建設された。1950 年に 39 階建ての事務局棟が，1952 年に総会議場及び 4 階建て会議棟（安保理議場，経社理議場）が完成した。建設費は約 6500 万ドルで，1951 年より 1982 年まで，通常予算より償還を行った。その後 1976 年に約 5500 万ドルをかけて拡張工事が行われた。

基本の建物は半世紀以上前のものであるから，老朽化がすすみ，またアスベストの除去や，耐震性強化その他全般的な修築が必要となった 2002 年に総会は CMP の実施を決定した（決議 57/292)。総会は CMP 経費として，2006－2014 年の期間，18 億 7670 万ドルと上限とする予算を承認（決議 61/251)したが，この経費は特別勘定を設置し，他の予算から切り離して管理することとされた。

2018 年現在，CMP はすでに執行を終了し，清算を待つだけの状態となっている。

また，スイスのジュネーブ本部についても改修を行うための計画と予算手当が審議されており，CMP と同様の独立勘定・予算とすることについても検討されている。

第8節　ま と め

この章では，国連事務局の構成と，「この機構の経費」として支弁される予算を概観した。これらは，一旦理解すれば，しばし忘れてもよいものである。ただし，一読することで得られるものがある。それは俯瞰的視点である。機構

78

第8節 まとめ

の枠組みが現在どのような形でつくられているかというマクロの視点を持つことにより，個別の案件の執行が機構のどの部分に属し，どのような他の政府間協議体の審議を経なければならないかという相場観を持つことができる。個別案件についての自国の立場が支持であれ不支持であれ，その立場を補強するための材料を，他の類似案件から探すこともできるだろう。

例えば，一部の職員の経費を国連計画予算で支弁されている国連環境計画（UNEP）事務局における増員要求があったとする。事務総長は，この増員を全て国連計画予算で支弁すべきと要求している。加盟国としてどのような検討を行うべきか？ここで俯瞰的視点を有していれば，同様に一部の職員の経費を国連計画予算で支弁されている基金・計画の例を参照し，任意拠出金で支弁する人員と計画予算で支弁する人員との線引きをどのような基準で行っているか参照することを思いつくであろう。また，そのような要求に対する審議の手続きを比較したり，他の基金・計画での過去の審議から，交渉の材料を見つけることもあるかもしれない。

普段持っている視点は，ミクロの視点でかまわない。ただし，我々が交渉する全ての事項は，全体の中のパーツであることを常に念頭におくことが重要である。総会の数多くの決議のいずれも，何等かの形で国連計画予算のどこかに関連している。個別の問題に直面した時に，俯瞰的視点をもって物事を眺めることができるかどうかが，交渉におけるロジックとその説得力を左右する。

【補稿：平和と安全に関する活動の財政】

2018年時点での「特別政治ミッション（SPM）」の予算規模は，計画予算全体の約4分の1に上っており，2019年にはさらに増加することが予想されている。SPMは，安保理及び総会が決議によって設置した平和と安全に関する諸活動を指しているが，実際にはほとんどのものが安保理の決議にもとづく活動である。それでは，SPMは同じように安保理によって設置されるPKOとどう違うのか，なぜSPMは計画予算内で支弁され通常予算分担率が適用されているのか，という疑問は，きわめて自然に浮かぶものである。しかし現時点では，完全に説得力のある類型の議論には至っていない。

① マンデートの違いを根拠とする考え：PKOが強制力を伴う活動である

第 2 章　国連事務局と国連予算の現状

のに対し，SPM はより平和構築への支援に焦点をあてた活動である，という考えもあるが，これまで PKO として行われてきた活動にも選挙監視や DDR の実施支援を行ったものがあり，明確な違いは必ずしも読み取れない。

②　軍事要員の配置の有無を PKO と SPM の違いの根拠とする説明は，SPM として設置されている UNAMA，UNAMI などの中規模ミッションにも軍事要員は配置されており，他方で，現在 PKO として設置されているミッションの中でも MINUJUSTAH のように軍事要員を擁していないものもあることから，明確な根拠とはならないようである。

③　単に予算規模の問題，つまり予算規模の大きなものは PKO，小さいものは SPM，ということでもなさそうである。例えば，UNAMA の 2018/19 年予算は，UNMIK や UNFICYP など小規模の PKO ミッションの 2 年分より大きい。

　この点について，私は実際のところ，比較的単純かつ政治的な事情によるのではないかと考えている。すなわち，「安保理が PKO として設置したものが PKO となる」ということである。そのような決定に至る際，安保理は，常任理事国が加重的な財政負担を受け入れうる活動であるかどうかを勘案するであろう。また，同時に，当該活動が展開する予定となっている国の意向も大きく関連する。ミッションの配置が，展開予定国の要請によるものではない場合には，SPM という形であることを条件として展開を受け入れる場合もある（このことは，同一ミッションについて安保理が明示的に SPM から PKO に転換した例，あるいは PKO の体裁を備えているにもかかわらず，SPM として設置することを指示した例があることからも説明しうる[17]。つまり，ある活動を SPM とするか PKO とするかには，展開予定国を含む関係国の間でどういっ

---

(17)　例として，UNOCI，UNMIL 等はいずれも SPM として設置された後 PKO として改めて設置された。また現在展開している国連コロンビア検証ミッション（United Nations Verification Mission in Colombia）は，停戦合意後の DDR の監視・検証という，典型的な PKO のマンデートを担っているにも関わらず，SPM として設置されているし，国連ハイチ司法支援ミッション（MINUJUSTAH）の基本的なマンデートは技術的支援である。UNMIK は当初のマンデート（暫定統治）を完全に終了し，技術支援に特化しているにも関わらず，PKO として存置されている。

第8節　まとめ

た外形のプレゼンスが求められているか，常任理事国が加重的な財政負担を良しとするか，という考慮が大きく働いているといえよう。

　この点は，SPM の財政負担はどうあるべきかという文脈で，断続的に提起されてきているが，何らの合意にも至らず流会している。特に，2020 年から計画予算に単年予算のサイクルを採用することにも関連して，SPM 予算を計画予算から分離したうえで，PKO 分担率を適用すべきといった主張を行う国もある。これは，限定的なメンバーシップで行われる安保理の意思決定の結果を，どのような形で全加盟国に配分するか，という財政の基本問題であり，総会第 5 委員会の公式会合で行われる一般討議[18]の議事録を一読することをぜひお勧めしたい。

こぼれ話

国連における禁煙

　会議棟地下 1 階のエレベーター前ホールから第 5 委員会の非公式協議の会議室を目指すと，その手前は一面タバコの煙で視界不良。この煙エリアを通過する時間を少しでも短くするために，小走りで駆け抜ける。

　これは，私が一度目に NY の国連代表部で勤務していた 2000 年代冒頭の会議棟地下 1 階にある代表団用のカフェ「ヴィエナ・カフェ」の光景である。

　当時でも，国連本部施設における禁煙の規定はあった。しかしその規定は基本的に，全ての代表団が入室せざるを得ない場所での喫煙を禁じるという意味で，会議室の中に限られていた。一般委員会（General Committee。各総会会期における議題の設定や総会の進行等についての決定を行う）から総会本会議に上程した勧告（A/38/250，セクション N.）に基づき，総会は，小規模の会議室では禁煙とすること，大規模の会議室では喫煙を強くdiscourage することを決定した（決議 38/401）。しかし，ヴィエナ・カフェのような，会議室ではないエリアでの喫煙については，特に定められていなかったのである。

　副流煙の危険性が叫ばれるようになり，国連の施設内で会議室に限らず多くの人が行き来するエリアでは禁煙とすべきだとの声が高まり，1995

---

(18)　本件議論は，計画予算の議題の下の「Review of arrangements for funding and backstopping special political missions」という小議題で行われている。

第2章　国連事務局と国連予算の現状

年に事務総長は通達 ST/AI/407 を発出し，列挙した場所を除いて禁煙とすることとした。列挙した場所とは，代表団ダイニングルーム（分煙），ノースラウンジ（分煙），大規模会議室，事務局棟職員ラウンジ，及びDC1 ビル職員ラウンジであった。ヴィエナ・カフェは列挙場所に含まれていなかったのであるが，代表団達が吐く煙は濃さを増す一方であった。

　さらに事務総長は，2003 年に事務総長公示（ST/SGB/2003/9）で国連NY 本部の全面禁煙を発表し，時を同じくして第5 委員会において検討されていた国連本部施設修築計画に関する事務総長提案の中で，修築後のヴィエナ・カフェを完全禁煙にするとの提案が含まれていたのであるが，これに代表団達は猛反発した。ヴィエナ・カフェでの一服は交渉のために不可欠であるとか，長時間の禁煙を強いることは却って健康を害するとかといった主張と，副流煙による健康被害を深刻に考えるべきであるとの主張とが，第5 委員会で連日繰り広げられたのである。ある代表団の常駐代表が，事務総長通達は事務局職員を拘束するのみであり，加盟国を拘束する効果を有さないと主張し（これ自体は正しい），自分は主権国家の代表としてヴィエナ・カフェで喫煙し続けると述べたのであるが，このことは，いまだに忘れられない。第5 委員会が，国連の運営に関連する如何に多くの事項を扱う場であるかということと，如何にロジックで戦う場であるかということを強く認識した経験でもあった。

　さて，NY の国連本部施設は 2013 年に概ねの修築を終え，ヴィエナ・カフェも再オープンした。10 年の間に，喫煙をとりまく世界の趨勢は大きく室内完全禁煙にかたむき，再オープンしたヴィエナ・カフェの禁煙に文句を唱える代表団は，少なくとも表向きにはいなくなった。2019 年現在，地下1 階の視界は良好である。

82

第8節　ま と め

表1　特別政治ミッション

Estimates in respect of special political missions, good offices and other political initiatives authorized by the General Assembly and/or the Security Council（SPM）

通番	名称	設置根拠	活動期限	2018年予算	ポスト数	事務所所在地
Thematic cluster I: special and personal envoys, advisers and representatives of the Secretary-General							
1	キプロスに関する事務総長特別顧問 Office of the Special Adviser to the Secretary-General on Cyprus	安保理決議 186（1964） 最新の安保理決議は 2430（2018）。	定めなし	2,792,100ドル	21	ニコシア（キプロス）
2	ジェノサイド予防に関する事務総長特別顧問事務所 Office of the Special Adviser to the Secretary-General on the Prevention of Genocide	安保理決議 1366（2001），事務総長・安保理議長間の書簡 S/2004/567，S/2004/568	定めなし	2,118,200ドル	10	NY 本部内
3	西サハラに関する事務総長個人特使 Personal Envoy of the Secretary-General for Western Sahara	事務総長書簡 S/1997/236	定めなし	444,900ドル	2	ベルリン
4	安保理決議 1559（2004）の履行（レバノン）に関する事務総長特使事務所 Office of the Special Envoy of the Secretary-General for the implementation of Security Council resolution 1559（2004）	安保理決議 1559（2004）及び議長声明 S/PRST/2006/3	定めなし	367,700ドル	3	NY 本部内
5	ジョージアに関するジュネーブ国際会議国連代表 United Nations Representative to the Geneva International Discussions	事務総長・安保理議長間の書簡 S/2010/103 and S/2011/279	定めなし	1,750,700ドル	7	ジュネーブ（拠点）
6	シリアに関する事務総長特使事務所 Office of the Special Envoy of the Secretary-General for Syria	総会決議 66/253，安保理決議 2254（2015）及び 2268（2016）	定めなし	16,428,300ドル	92	ジュネーブ，ダマスカス
7	スーダン及び南スーダンに関する事務総長特使事務所 Office of the Special Envoy of the Secretary-General for the Sudan and South Sudan （Office of the Special Envoy of the Secretary General for the Horn of Africa）	事務総長書簡及び安保理議長書簡 S/2011/474, S/2011/475, S/2016/258, S/2016/259; S/2018/955, S/2018/979;	定めなし	1,409,500ドル	9	アジスアベバ（エチオピア），ハルツーム（スーダン），ジュバ（南スーダン）
8	大湖地域に関する事務総長特使事務所 Office of the Special Envoy of the Secretary-General for the Great Lakes Region	安保理決議 2098（2013），2147（2014），2211（2015），2277（2016），2348（2017），2389（2017）;	定めなし	3,706,600ドル	27	ナイロビ
9	イエメンに関する事務総長特使事務所 Office of the Special Envoy of the Secretary-General for Yemen	事務総長書簡及び安保理議長書簡 S/2016/488 and S/2016/489		13,051,800ドル	95	アンマン（ヨルダン），サナア，アデン（イエメン）
10	ブルンディに関する事務総長特使事務所 Office of the Special Envoy of the Secretary-General for Burundi	安保理決議 2248（2015），2279（2016），2303（2016）	定めなし	6,370,900ドル	31	ブジュンブラ（ブルンディ），ワガドク（ブルキナファソ），NY，ダルエスサラーム（タンザニア）
11	ミャンマーに関する事務総長特使事務所 Office of the Special Envoy of the Secretary-General on Myanmar	総会決議 72/248		853,800ドル	5	ネピドー（ミャンマー）

83

第2章　国連事務局と国連予算の現状

通番	名称	設置根拠	活動期限	2018年予算	ポスト数	事務所所在地
Thematic cluster II: sanctions monitoring teams, groups and panels, and other entities and mechanisms						
12	ソマリア・エリトリア監視グループ Monitoring Group on Somalia and Eritrea（終了）	安保理決議 2385(2017)	2018年 12月15日	2,185,800ドル	7(事務局職員)	専門家上限数：8
13	コンゴ（民）専門家グループ Group of Experts on the Democratic Republic of the Congo	安保理決議 2424(2018);	2019年 8月1日	1,288,900ドル	1(事務局職員)	専門家上限数：6
14	スーダン専門家パネル Panel of Experts on the Sudan	安保理決議 2400(2018);	2019年 3月12日	978,900ドル	1(事務局職員)	専門家上限数：5
15	北朝鮮専門家パネル Panel of Experts on the Democratic People's Republic of Korea	安保理決議 2407(2018);	2019年 4月24日	3,294,900ドル	6(事務局職員)	専門家上限数：8
16	リビア専門家パネル Panel of Experts on Libya	安保理決議 2362(2017);	2018年 11月15日	1,250,100ドル	2(事務局職員)	専門家上限数：6
17	中央アフリカ専門家パネル Panel of Experts on the Central African Republic	安保理決議 2399(2018);	2019年 2月28日	1,125,000ドル	2(事務局職員)	専門家上限数：5
18	イエメン専門家パネル Panel of Experts on Yemen	安保理決議 2402(2018);	2019年 3月28日	2,154,600ドル	8(事務局職員)	専門家上限数：5
19	南スーダン専門家パネル Panel of Experts on South Sudan	安保理決議 2428(2018);	2019年 7月1日	1,349,000ドル	3(事務局職員)	専門家上限数：5
20	アルカイーダ・タリバン制裁監視チーム Analytical Support and Sanctions Monitoring Team pursuant to resolutions 1526(2004) and 2253(2015) concerning Islamic State in Iraq and the Levant(Da'esh), Al-Qaida and the Taliban and associated individuals and entities	安保理決議 2368(2017);	2021年 12月17日	6,133,200ドル	19	専門家上限数：10
21	安保理決議 1904(2009)に基づくオンブズマン事務所 Office of the Ombudsperson established pursuant to resolution 1904(2009)	安保理決議 2368(2017);	2021年 12月17日	492,400ドル	2	NY
22	安保理決議 2231(2015)履行（イラン核合意） Implementation of Security Council resolution 2231(2015)（JCPOA of Iranian nuclear issues)	安保理決議 2231(2015);	2025年 10月18日	1,570,000ドル	11	NY
23	マリ専門家パネル Panel of Experts on Mali	安保理決議 2432(2018);	2019年 9月30日	988,900ドル	1(事務局職員)	専門家上限数：5
24	安保理決議 1540 に基づく大量破壊兵器不拡散委員会支援 Support to the Security Council Committee established pursuant to resolution 1540(2004) on the non-proliferation of all weapons of mass destruction	安保理決議 1673(2006), 1810(2008), 1977(2011), 2055(2012), 2325(2016)	2021年 4月25日	2,766,500ドル	5	ODA
25	テロ対策委員会事務局 Counter-Terrorism Committee Executive Directorate	安保理決議 2395(2017);	2021年 12月31日	9,932,200ドル	50	CTED
26	United Nations Investigative Team to Promote Accountability for Crimes Committed by Da'esh/ Islamic State in Iraq and the Levant	安保理決議 2379(2017);	2019年 9月21日			バグダッド（イラク）

第8節　まとめ

通番	名称	設置根拠	活動期限	2018年予算	ポスト数	事務所所在地
Thematic cluster III: regional offices, offices in support of political processes and other missions						
27	西アフリカ・サヘル国連事務所 United Nations Office for West Africa and the Sahel	事務総長・安保理議長間の書簡 S/2013/753, S/2013/759, S/2016/88, S/2016/89 and S/2016/1129; 安保理決議 2349 (2017);	2019年12月31日	14,224,800ドル	63	ダカール（セネガル）、ヌアクショット（モーリタニア）
28	国連ギニアビサウ平和構築統合事務所 United Nations Integrated Peacebuilding Office in Guinea-Bissau	安保理決議 2404(2018);	2019年2月28日	17,854,100ドル	142	ビサウ（ギニアビサウ）及び国内4カ所
29	国連ソマリア支援ミッション United Nations Assistance Mission in Somalia	安保理決議 2408(2018);	2019年3月31日	95,909,100ドル	277	モガディシュ（ソマリア）及び国内6カ所及びナイロビ（ケニア）
30	中央アジア予防外交地域センター United Nations Regional Centre for Preventive Diplomacy for Central Asia	事務総長・安保理議長間の書簡 S/2007/279 and S/2007/280;	定めなし	2,997,700ドル	30	アシガバッド（トルクメニスタン）
31	カメルーン・ナイジェリア混合委員会への国連の支援 United Nations support for the Cameroon-Nigeria Mixed Commission	事務総長・安保理議長間の書簡 S/2017/78 and S/2017/79	定めなし	3,915,400ドル	12	ダカール（セネガル）
32	レバノン特別調整官事務所 Office of the United Nations Special Coordinator for Lebanon	安保理決議 1701(2006) and 1773(2007) S/2007/85, S/2007/86	定めなし	8,201,400ドル	82	ベイルート（レバノン）
33	国連中部アフリカ地域オフィス United Nations Regional Office for Central Africa	事務総長・安保理議長間の書簡 S/2018/789 and S/2018/790;	2021年8月31日	7,117,400ドル	41	リブレビル（ガボン）
34	国連リビア支援ミッション United Nations Support Mission in Libya	安保理決議 2434(2018)	2019年9月15日	71,619,500ドル	278	トリポリ（リビア）、ベンガジ（リビア）、チュニス（チュニジア：退避中）
35	国連コロンビア検証ミッション United Nations Verification Mission in Colombia	安保理決議 2366(2017), 2377(2017), 2381(2017) and 2435(2018);	2019年9月25日	70,717,600ドル	391	ボゴタ（コロンビア）及びコロンビア各地
United Nations Assistance Missions						
36	国連アフガニスタン支援ミッション United Nations Assistance Mission in Afghanistan	安保理決議 2405(2018)	2019年3月17日	148,705,300ドル	1,237	カブール（アフガニスタン）及びアフガニスタン各地11カ所
37	国連イラク支援ミッション United Nations Assistance Mission for Iraq	安保理決議 2421(2018)	2019年5月31日	108,630,000ドル	852	バグダッド（イラク）及びイラク国内各地

2018年11月時点の情報に基づき作成。

第3章　各事務総長の時代の国連改革の経緯

組織や意思決定プロセスの不在の部分を埋めたり，環境の変化に応じて変えたり，新たなものを構築する努力は，組織が存続するために必要である。

国連に関しても，創設以来，機構改革や予算策定・承認プロセスの改革は，加盟国側からだけでなく，どの事務総長の時代にも繰り返し追求されてきている。日本国内では，「国連改革」というと，安保理常任理事国の拡大と国連憲章の改正を想起する人が多いのかもしれないが，実はNYでは「国連改革」は非常に様々な面から，また頻繁に試みられてお

夜の事務局棟

り，その多くが機構やしくみの変更に関するものである。この章では，機構やしくみに関する「国連改革」の経緯を，加盟国と事務総長（事務局）の力学的関係を念頭に見ていくこととしたい。

指示事項を決定する主体である加盟国には，2つの方向での改革のベクトルが働き得る。1つは，拡大方向への改革のベクトルである。優先事項と見なす事項や活動にリソースを重点的に投入しようとする場合には，既存の組織へのオントップでの投入となるから，当然に拡大方向に働く。このような改革案は，主要財政貢献国ではない加盟国が主導することが少なくない。もう1つは，規模抑制方向への改革のベクトルである。加盟国にとっては，ある程度類似の指示事項が増えたら，それらをまとめた実施体制を組織として整理することは，投入するリソース（財政的，人的）の合理化と成果物の一貫性確保，責任部局の明確化とそれらを踏まえたより組織的な意思決定を可能とするという面で好ましい。このような改革案は，主要財政貢献国が主導することが多い。

第3章　各事務総長の時代の国連改革の経緯

　それでは，執行主体である事務総長（事務局）にとっての改革のベクトルとはどのようなものであろうか。基本的には，拡大方向であろう。事務局にとっては，加盟国（指示主体）から委ねられた権限を組織という枠で固定することによって，予見可能な雇用を確保し，活動実施における自由度を拡大しうる。加盟国が，何を分担金徴収の対象となる「この機構の経費」とし，どのような事項にどれだけのリソースを配分するか，という極めて政治的な交渉を常に行いその力学が絶えず変動する中で，活動を実施するための枠組みを固定できれば，事務総長にとって，組織の安定性が高まる。組織が安定し大きくなればより多くの予算とより多くの高位の幹部を得ることができ，その中での資金的人的流動性が高まるからである。ただし，抑制方向へのベクトルが働く場合がないわけではない。指示事項が急増するのに加盟国がリソースを増やさず，指示事項の執行が困難に陥る場合であり，初期のハマショルド事務総長の改革案がこれにあたる。

　意思決定のしくみについても同様である。第1章で述べたとおり，事務総長には，加盟国に対し提案を行うことが認められているが，あらゆる意思決定は加盟国で構成される意思決定機関で行われる。新たに生じるニーズを含めて，どのような事項へのリソース配分について，どのような方法で意思決定を行うこととするかは，常に加盟国，事務局双方の側において大きな関心事項である。しくみやルールに変更を加えるための様々な改革の中でも，予算策定プロセスの改革について各事務総長が注力してきたのは，少しでも事務総長が自身の裁量で決定できる範囲を広げていきたいためである。予算策定プロセスの改革とは，単に技術的な変更ではなく，このような組織のあり方についての加盟国の間，及び加盟国と事務総長との間の意思決定におけるしくみとやルールを，どうやって加盟国あるいは事務総長のどちら側に，より有利な形で変えていくかということについての力比べだといえる。

　このような観点から，ハマショルド第二代事務総長以降の事務総長が，事務総長への指示事項創出（Mandate creation）のあり方や実施体制（組織）の改編，及び予算プロセスの改革を，どのように追求しようとしてきたかについて概観したい。またその中で，事務総長があくまで提案者であるということを示す例，すなわち事務総長の提案が加盟国に受け入れられず実現しなかった例も見てい

くことにより，「『国連』とは何／誰のことか。国連は何でできているのか。→
誰が国連のしくみをつくっているのか。」という問いを考えていくこととしたい。

第1節　ハマショルド事務総長 (1953-1961)

「加盟国による事務総長への指示事項について，加盟国自身がその全体の規模と量を適切に統制する必要がある。」

　国連設立から10年もたたないうちに，そのことを，ハマショルド事務総長はすでに指摘していた。彼は，1954年に発出した国連の年次報告[1]の導入部において，国連という機構 (Organization) が，加盟国政府が平和の確立と維持のための努力を支えるために作った道具であって，それ自体が目的ではない，と述べ，「国連憲章の目的を追求するために事務局が最も適切かつ建設的に果たしうる役割を，関連する機関との協議を通じて，再評価する」ことの重要性を指摘し，プログラムや優先事項について最終的に決定する責任は加盟国にあるとしつつも，国連の活動について助言や意見を加盟国に提示することは明らかに事務総長の任務であると述べた[2]。

　1954年の予算規模は4130万ドルであった。1948年の予算規模3940万ドルから大きくは変化していない。しかし事務総長に関与と報告が求められた事項や，指示された活動は，朝鮮戦争やアパルトヘイト問題，パレスチナ問題，難民の大量発生への対応など増加の一途をたどっていた。事務総長は，経済社会理事会に対し，事務局がより有益な役割を果たせるよう，指示する活動により限定的な期間をもうけたり，より優先度の低い計画を再考したり，活動を国連外部の主体にまかせることなどを提言した。

　ハマショルド事務総長は，「国連の活動における事務局の役割は，活動に相互補完性が確保され強化される場合に最も効果的かつ持続的に果たされる」と述べ，優先度の低いその他の活動に努力とリソースが割かれることは，国連に常に伴う危機であると指摘し，事務総長や幹部に課される責任はその性格から

---

(1)　Annual report of the Secretary-General to the Member States on the work of the United Nations for the period 1 July 1953-30 June 1954 (A/2663).

(2)　A/2663, p.xiv.

第3章　各事務総長の時代の国連改革の経緯

効果的に実施されうる任務の量に限界を設定せざるをえないこと，及び，加盟国に提供される大量の文書や情報を扱いきれなくなっていることを指摘した。そのうえで，責任ある政府間協議体は，緊急の指示事項と緊急性の低い指示事項との間で選択をしなければならないと述べた。事務総長は，さらに，国連事務局がいかに緊急の要請や予期しない状況の進展に対応できるかが課題であるとして，事務総長が事務局の職員とリソースを配置するにあたって，大きな行政的な裁量を有することが重要であると主張した[3]。

　加盟国による指示事項の統制における事務総長の関与という要素は，のちに「Regulations and Rules Governing Programme Plannning, the Programme Aspects of the Budget, the Monitoring of Implementation and the Methods of Evaluation（PPBME：「計画策定，予算のプログラム面，履行のモニタリング及び評価の方法に関する規程及び規則)」の規則 105.6 に盛り込まれた。同規則は予算案策定において，各部局は事務総長に対し，「古くなった，有用性が減少した，あるいは効果がないと判断されるアウトプットや活動のリストを，総会に廃止を提案するものとして，事務総長に提出すると規定した[4]。若干の時間を

---

(3) 同上，p.xv。

(4) PPBME については，第3節を参照。PPBME Rule 105.6 は "In their budgetary submissions, heads of department and offices shall provide the Secretary-General with a list of outputs and activities required by legislation or approved in a previous budgetary period that have not been included in the proposed programme budget because they are considered obsolete, of marginal usefulness or ineffective, and that therefore could be proposed for termination by the General Assembly. (...)" と規定している。ただし，加盟国の中には，総会決議 48/228 をもって，この規定が無効とされたと主張する国もある。同決議主文 1 は，第 33 回 CPC（1993 年）の報告書（A/48/16 (Part II))の勧告をエンドースしており，エンドースする対象には，パラグラフ 40 の記述（"The Committee questioned the usefulness of designating high or low priorities at the level of output or activity, representing 10 per cent of the resources, and recommended that that be discontinued.) を含むというのが，そのような国の主張である。PPBME は，そのような勧告を受けた何らの改訂もされておらず，筆者は，この決議と報告書の該当パラグラフは，根拠としては不十分と考える。またこの主張を行っている国は，パラグラフ 40 の記述のみを根拠としているが，この前にあるパラグラフ 39 で，サブプログラムのレベルで優先順位の整理を行うことを勧告しており，実際にはこれが実施されていないことについては何ら触れないのが常である。なお，事務局も，アウトプットや活動の優先順位の整理を再び加盟国のみに負わせることに支持的な立場をとりつつあり，加盟国による指示事項の統制における事務総長の関与を最小化しようと

要したものの，事務総長の提案が加盟国にもメリットありと判断され，承認された例である。

他方，事務総長のリソース配置における裁量の拡大については，この時点で加盟国の承認を得られなかった。後に続く事務総長らも同様に，リソース配置における裁量の拡大をひき続き追及してきているが，加盟国の側は極めて慎重な姿勢を維持しており，承認されるには至っていない。なぜならば，事務総長に事務局の職員とリソース配置における行政的裁量を認めることは，第5委員会の専権事項である行財政問題に関する加盟国の根本的な権限を侵食することに他ならないからである。

第2節　ウ・タント事務総長の時代（1961.11-1971）

表2　ウタント事務総長時代の主な行財政分野の改革案

1961-1971　ウ・タント（U Thant）事務総長			
1966	加盟国主導	Report of the Ad hoc Committee of Experts to examine the finances of the United Nations and the specialized agencies（A/6289, Add.1, Add.2）	より長期的な活動計画策定を勧告
1966	加盟国主導	Second　Report of the Ad hoc Committee of Experts to examine the finances of the United Nations and the specialized agencies（A/6343）	2か年予算の採用を検討開始
1969	JIU	Report on Programming and Budgets in the United Nations family of Organizations	

この時期，複数の加盟国による頻繁な分担金不払いに起因する財政危機を背景に設置された「国連及び専門機関の財政を検討するためのアドホック委員会」（Committee of 14）が，現在の国連計画予算の基礎をつくる作業を行った。この作業と，それに続く検討は，加盟国主導の性格を有したプロセスであった。

1965年12月，総会は決議 A/2049 を採択し，14の加盟国代表で構成されたこのアドホック委員会を設置した。アドホック委員会は，事務総長が提供した文書を審議し総会に勧告を行うよう求められた。具体的に総会がアドホック委

している。

91

第 3 章　各事務総長の時代の国連改革の経緯

員会に要請した作業内容は以下のようなものであった。

「・事務総長が提出した財政状況に関する分析等を検討すること；
　・ACABQ の助力を得て，また事務総長及び専門機関と IAEA の長とも調整
　　しつつ，これらの機関の予算に関するあらゆる問題について，これら機関
　　の行政的財政的手続きなどを比較する等の方法により検討し，また可能な
　　範囲で，特に重複によって生じる不要な支出を回避することを念頭にこれ
　　らの機関の拡大しつつある予算及び財政面での標準的な検討を行うこと。
　・一方で，機構の活動の合理化と一層の調整をとおして，資金のよりよい活
　　用を確保するために，また他方で，機構の活動を拡大していくにあたって，
　　それら活動が意図した形で実施されることと加盟国が負担しなければなら
　　ないコストの双方が考慮されるよう確保するために，アドホック委員会が
　　適切と考える勧告を提出すること。[5]」

　アドホック委員会は，1966 年に 3 回の会期を開催して検討を行い，第一報
告書（A/6289, Add.1, Add.2）及び第二報告書（A/6343）を総会に提出した[6]。費
目ではなくプログラムを基本とした予算の策定及び 2 か年予算については，第
二報告書で触れられている。アドホック委員会は，より長期的な活動計画の策
定を可能とするために 2 か年予算の採用が望ましいとし，専門機関については
全会一致で 2 か年予算の採用を勧告した一方で，国連事務局については，扱う
事項の複雑性や事務総長の柔軟性が制限されうることなどを考慮して 2 か年予
算の採用に必ずしも同意しない意見もあったと述べ，事務総長に対し 2 か年予
算サイクルの検討を行うよう勧告するにとどまった。総会は，これらの勧告を
含めすべてのアドホック委員会の勧告を承認し，この時点ではまだ国連事務局
についての 2 か年予算サイクルを採用するには至らなかった。なお，ここで
「事務総長の柔軟性」が 2 か年予算サイクルへの移行に慎重な姿勢をとる立場
の抗弁として挙げられたことは留意に値する。なぜならば，この後から現在に
至るまで，大小の改革案の審議において，繰り返し抗弁として，あるいは提案
理由として主張されるキーワードがまさに「事務総長の柔軟性」だからである。

---

(5)　総会決議 A/2049（XX）主文 5，6。
(6)　Report of the Ad hoc Committee of Experts to examine the finances of the United
　　Nations and the specialized agencies（A/6289, Add.1, Add.2），Second Report of the Ad
　　hoc Committee of Experts to examine the finances of the United Nations and the
　　specialized agencies（A/6343）.

この 3 年後の 1969 年，JIU のベルトラン監査官が提出した報告書「国連組織における計画策定と予算」（JIU/REP/69/7）[7]は，当時の費目ベースの 1 か年予算が組織の活動の全体像を把握するのに包括的かつ事前の情報を提供するものでないとして，改めてプログラムを基本とした 2 か年予算の採用について勧告した。同報告書は，ほかに，プログラムという概念の明確化の必要性，中期計画の導入，国連事務局におけるプログラム・サービス担当の設置などを勧告した。これらの報告書についての審議が総会の決定につながったのは，次の事務総長の時代に入ってからであった。

第 3 節　ワルトハイム事務総長 （1972-1981）

表 3　ワルトハイム事務総長時代の主な行財政分野の改革案

1972-1981　ワルトハイム（Kurt Josef Waldheim）事務総長			
1972	JIU／加盟国主導	Report by the Secretary-General, Budget Estimates for the financial year 1973 – Form of presentation of the United Nations budget and the duration of the budget cycle（A/C.5/1429）	2 か年計画予算導入の基盤

　1972 年，事務総長は，6 か年の中期計画と 2 か年予算を基本とした新たな予算策定プロセスと，予算文書のフォーマットに関して JIU 報告書で提起された要素などを含んだ提案を第 5 委員会に提出した（A/C.5/1429）。同報告書では，1974 年を最初のサイクルとして 6 か年中期計画（1974 年 – 1979 年）案とともに，1974 年 – 1975 年の 2 か年予算案を 1973 年に審議・承認するという行程が提案されており，予算案のフォーマットについてはパートとセクションが整理され，現在の予算文書に近いものが提案された。また，総会での予算採択の際に，あわせて予見されざる経費に関する決議及び運転資本基金に関する決議を行うことについても提案された。ACABQ は，実施開始当初については中期計画の期間を 4 か年とし，その後 6 か年とする趣旨の勧告を行ったほかは，基本的に事務総長の提案を承認する内容の勧告を行った[8]（A/8739）。これを受け，総会は

---

(7)　Report on Programming and Budgets in the United Nations family of Organizations（JIU/REP/69/7）.

(8)　A/8739. ACABQ はこの報告書の勧告総括部分で，2 か年予算とした場合の各年の分

第3章　各事務総長の時代の国連改革の経緯

1972 年に決議 3043 で 2 か年の計画予算の試験的導入を決定した。翌年決議 3199 でその審議の詳細を決定，1974 年から 2 か年予算での予算策定が実施されることとなった。

　中期計画の導入とともに，計画策定及び予算策定の手法や中期計画を使った評価のあり方等について検討が行われた。この検討は，計画調整委員会及び JIU を中心に行われた。中期計画（Medium-term plans），計画予算（Programme budget），執行報告（reports on programme performance）及び評価報告（Evaluation reports）の 4 つの要素で構成される「Regulations and Rules Governing Programme Plannning, the Programme Aspects of the Budget, the Monitoring of Implementation and the Methods of Evaluation（PPBME：「計画策定，予算のプログラム面，履行のモニタリング及び評価の方法に関する規程及び規則）」案についての検討は，約 7 年に及び[9]，最初の PPBME Regulations が採択されたのは，次期事務総長の 1 年目（1982 年）であった（総会決議 37/234（1982）[10]。PPBME は，これまでの予算プロセスの改訂を踏まえて何度か改正されているが，基本的な要素は大きく変更されておらず，現在も引き続き計画予算の基本枠組みを示す基盤である。

第4節　デクエヤル事務総長の時代（1982-1991）

表4　デクエヤル事務総長時代の主な行財政分野の改革案

1982-1991　デクエヤル（Javier Perez de Cuellar）事務総長			
1986	加盟国主導	Report of High Level Intergovernmental experts to review efficiency of financial functioning of UN（A/41/49）	総会決議41/213，42/211の基盤となった
1989	加盟国主導（事務総長	Administrative and budgetary aspect of financing peacekeeping operations	サポートアカウント設置（総会

　担金の計算方法について，2 か年予算の半額ベースとなること（各国への分担金は，基本的に承認された 2 か年予算の半額について 1 年目の冒頭に請求し，残りの半額を 2 年目の冒頭に請求する）についても述べている（勧告(16)）。

(9)　PPBME 案検討の最終年の検討状況を示した計画調整委員会報告書は SUPPLEMENT No. 38（A/37/38）。

(10)　PPBME Rules については続く 1983 年に総会決議 38/227 により採択された。

第 4 節　デクエヤル事務総長の時代（1982-1991）

の提案を要請)	（A/44/605）	決議 45/258），PKO 予算プロセス（総会決議49/233）の基盤となった。

デクエヤル事務総長の時代に関して特記すべき動きは次の 2 件である。

1 つは「国連の財政効率化見直しのためのハイレベル政府間専門家」による作業であり，これは現在の国連計画予算策定プロセスの枠組みを整備した総会決議 41/213 の基盤をつくった。もう 1 つは，PKO の財政的枠組みに関する一連の事務総長報告書とその検討がある。前者が，加盟国代表によって構成された委員会の報告書に基づき加盟国が主導する形で検討が行われ，後者は，加盟国の要請に基づきつつ事務総長が加盟国に対して提案を行うという形で検討が行われた。

第 1 項　「国連の財政効率化見直しのためのハイレベル政府間専門家」報告書

国連事務局に指示される業務が大幅に増え，重複した業務を行う部局が次々に作られ人員がふくれあがる一方であった当時の状況に対し，行政的・財政的な観点から効率性を見直し，国連の実施能力を高めるべきであるという危機意識に基づき，国連総会は 1985 年 12 月 18 日，決議 40/237 を採択し，各国政府の専門家による検討を求めた。これに基づき，18 名の専門家により構成されたグループは，4 回の会期にわたり非公開で検討を行い，1986 年に，「国連の財政効率化見直しのためのハイレベル政府間専門家」報告書（A/41/49）を提出した。報告書は，71 件の勧告を提言したが，予算策定プロセスの部分については，専門家の間でも意見が分かれ統一した勧告をまとめることができなかったとして，3 つの見解を，しかし詳細に紹介した。そこでは，計画調整委員会の役割，年央に生じる追加経費に対応する方法，優先順位の見直しによるリソースの再配分などについて述べられていたが，いずれの見解においても一致していたのは，予算策定プロセスにおいて事務総長案に修正を加える余地がプロセス上極めて限られており，それは制度的欠陥である，加盟国がより実質

第3章　各事務総長の時代の国連改革の経緯

的に予算策定に関与するしくみが必要である，ということであった[11]。

　この報告書はまた，組織の合理化や職員管理のあり方等についても勧告を
行った。たとえば，トップヘビーなポスト構造を是正するために，3年間をか
けてポスト数を15％削減し，USG及びASGレベルのポスト数については
25％削減する（勧告15），フィールド活動・対外支援活動オフィスの行政的事
務を管理局下におく（勧告17），管理諮問サービスは，その有用性を失ったと
判断されるので，廃止する（勧告31），外部コンサルタントの使用抑制（勧告
35）などである。総会は，これらの勧告について，一部補足的な条項を加えつ
つも基本的には実施に移すことに合意した。また，予算策定プロセスについて
は，この報告書を踏まえた検討が総会で行われ，総会決議41/213の採択につ
ながった。

第2項　「平和維持活動の行財政的側面」に関する事務総長報告書

　1980年代後半，PKOが次々に設置される一方で，PKOの財政手当の方法は，
標準化されるには至っていなかった。あるものは任意拠出で手当され，あるも
のは計画予算の中で手当され，またあるものは独自の勘定によって手当されて
いた[12]。総会は，国連イラン－イラク軍事監視グループの財政に関する決議
43/230のセクションⅢにおいて，事務総長に対し以下の事項に関する報告書
を提出するよう要請した。

　(a)　異なるPKOの行政的事務を調整することにより，いかに経済効率をは
　　　かることができるかについての包括的な研究

　(b)　軍事要員の場合と同様に，加盟国政府が文民要員をPKOに提供する際

---

(11)　A/41/49, Report of High Level Intergovernmental experts to review efficiency of
　　　financial functioning of UN（1986），パラグラフ68 "The Group is of the opinion that it
　　　is essential to rectify the deficiencies of the present planning and budget mechanisms.
　　　It is above all important to secure that Member States takes part in the planning and
　　　budget procedure from the very beginning and throughout the process. Today that is
　　　not the case,..."
(12)　この当時，任意拠出で賄われていたPKOは国連キプロス平和維持軍（UNFICYP），
　　　通常予算で手当されていたPKOは国連休戦監視機構（UNTSO），国連インド・パキス
　　　タン軍事監視団（UNMOGIP），独自の勘定で手当されていたPKOは，国連兵力引き離
　　　し監視団（UNDOF），国連レバノン暫定隊（UNIFIL），国連イラン・イラク軍事監視
　　　団（UNIIMOG），第3次国連アンゴラ検証団（UNAVEM）など。

96

第 4 節 デクエヤル事務総長の時代 (1982-1991)

の手続や基準に関する提案

⒞ PKO やその他の活動の立ち上げ時にかかる問題の分析と，解決策の案。
これには，新たな基金の設置や既存の運転回転基金の使用についての案を
含むものとする。

⒟ 通信その他の機材の補給用備蓄の設置の可能性とコスト効率性について
の研究

⒠ 部隊提供国に対する償還基準の見直しに関する研究

これを受けて事務総長は，1989 年，「平和維持活動の行財政的側面」に関す
る事務総長報告書を総会に提出した。報告書は，3 部に分かれており[13]，本体
報告書では上記⒜から⒟の事項を，第 1 分冊では上記⒠の事項を，第 2 分冊で
は PKO の経費に適用する分担率を扱った。本体報告書において，事務総長は，
経済効率について，PKO の装備品や機器の中で標準化や一括調達になじみや
すいものにつき検討している。PKO の立ち上げ時の問題については，往々に
して新たな PKO を設立するような場合には，すでに通常予算に関連する決議
で承認している「予見されざる経費」に関するメカニズムを通じた支出権限が
上限に達していることが多く，他に手当をする方法がないこと（カネの問題），
また早期展開に必要な装備品や備品が必ずしもすぐに調達できるしくみには
なっていないこと（モノの問題）などを中心に提起し，「カネ」と「モノ」を如
何に迅速に確保するかについて以下の提言を行った。

・PKO の立ち上げ経費を手当てすべく運転資本基金を 1 億ドル増資するこ
と

・予見されざる経費のメカニズムで認める支出権限の規模を，500 万ドルに
引き上げ，ACABQ の事前の同意がある場合には 2 千万ドルに引き上げる
こと

・1500 万ドル規模の汎用性の高い装備品や備品の備蓄を設置し維持するこ
と[14]

これに対し ACABQ は，運転資本基金及び予見されざる経費のメカニズム
の見直しの必要性については認識しつつも，直ちにはこれらの提案の承認を勧

———————————

(13) Report of the Secretary-General on Administrative and budgetary aspect of
financing peacekeeping operations（A/44/605, Add.1, Add.2）(1989).

(14) A/44/605 パラグラフ 54。

97

第3章　各事務総長の時代の国連改革の経緯

告せず，装備品の備蓄についても引き続き検討を要するとの所見を述べた[15]。

　この年の12月，事務総長は，事務局内に戦略的検討を行う機能を設置すること，及びPKOや調停活動のための本部での支援業務を行うポスト（overload posts）のための財政基盤は計画予算からのものだけでは足りないとして，これらの活動の予算に一定の割合で本部での支援業務のための経費を上乗せするというアレンジメントについて，ACABQの承認を求めた。これに対しACABQは，考え自体は興味深いとしつつ，明確化すべき点が多く，概念をより具体化したうえで再提出するよう求めた[16]。現在のサポートアカウントの原型である。

　翌1990年，事務総長はこれらの勧告や指摘を踏まえ一連の提案を再提出した[17]。サポートアカウント（すでに1990年の報告書では，サポートアカウントと言及されている）については，各PKOミッションの文民経費の7.5％を各ミッション予算に上乗せする方式を提案し，また装備品の備蓄については，イタリアのピサに置かれていた国連サプライ・デポを活用しNYの本部から管理を行う方法を提案した。ACABQは，いくつかの技術的な問題を指摘したうえで，これらの提案の承認を勧告し[18]，総会はこの年，サポートアカウントの設置（ヒトの手当）及び装備品備蓄の設置を承認すること（モノの確保）に合意した[19]。他方，立ち上げ段階の財政的手当ての方法（カネの調達方法）についての

---

(15)　A/44/725 Report of the Advisory Committee on Administrative and Budgetary Questions (1989).

(16)　A/44/868 Administrative and budgetary aspect of financing peacekeeping operations, Report of the Advisory Committee on Administrative and Budgetary Questions (1989).

(17)　A/45/493, Report of the Secretary-General, Support account for peace-keeping operations.
A/45/502, Report of the Secretary-General, Use of civilian personnel in peace-keeping operations, A/45/493/Add.1, Report of the Secretary-General, The feasibility and cost-effectiveness of a reserve stock of equipment and supply item for UN peace-keeping activities.

(18)　A/45/801, Report of the Advisory Committee on Administrative and Budgetary Questions, Administrative and budgetary aspect of financing peacekeeping operations.

(19)　A/RES/45/258, Administrative and budgetary aspect of financing peacekeeping operations (1991), 主文9, 主文10。

98

第 5 節　ガリ事務総長の時代（1992-1996）

合意までには，さらに数年を要し，次の事務総長の時代に持ち越された。

第 5 節　ガリ事務総長の時代（1992-1996）

表 5　ガリ事務総長時代の主な行財政分野の改革案

1992-1996　ガリ（Boutros Boutros-Ghali）事務総長			
1992	事務総長主導	Restructuring of the Secretariat（A/46/882）	PKO局，政務局を新設
1992	事務総長主導	Agenda for Peace（A/47/277-S/24111）	平和維持留保基金の設置（総会決議47/217）
1995	事務総長主導	Supplement for Agenda for Peace（A/50/60-S/1995/1）	

第 1 項　事務局組織の再編

　ガリ事務総長は，新たな機能が次々に設置され類似の機能や役割を拡散してきた事務局の組織構造を整理する作業に着手し，現在の国連事務局の構造の基本形を築いた。

　彼が着任して1ヶ月後の2月冒頭に国連事務局の組織再編を行う意図を明らかにし，2月下旬に提出された「国連事務局の再編」に関する事務総長報告書（A/46/882 "Restructuring of the Secretariat of the Organization"）では，主要な活動目的に従って部局を統合することを中心とした全事務局的な再編案を提示した。その内容は以下のようなものであった。

・政務局（Department of Political Affairs）の新設：明確な機能分担を伴う2名の事務次長のもとに，旧政務・総会問題オフィス，調査分析オフィス，政務・安保理問題局，特別政治問題・地域協力・脱植民地化・信託統治局，及び軍縮局を統合。

・PKO（Department of Peacekeeping Operations）局の新設：旧特別政治問題局の一部を吸収。

・経済社会開発局（Department of Economic and Social development）の新設：旧開発と国際経済協力に関する事務局長オフィス，国際経済社会問題局，開発技術協力局，科学技術と開発センター，国連多国籍企業センター

99

第 3 章　各事務総長の時代の国連改革の経緯

を統合。
- 人道問題局（Department of Humanitarian Affairs）の新設：複合的緊急事態対応に関する複数の機能を統合。
- 行政・管理局（Department of Administration and Management）の拡大：旧会議サービス局の機能を統合。
- 法務部（Office of Legal Affairs）の拡大：海洋法に関する機能を統合

　総会は，決議 46/233 Revitalization of the United Nations Secretariat で，事務総長の組織再編の方針を承認し，国連の CAO として事務総長がさらなる再編にむけてプロセスを進めるよう求めた。

　総会はまた，1994 年 7 月，決議 48/218B により内部監査部（The Office of Internal Oversight Services（OIOS））を設置した。これは前年に事務総長が，行政・管理局に置かれていた監査や評価，モニタリング等の機能を統合して設置した監査・調査室（Office of Inspections and Investigations（OII））を強化するものであった。OII で事務次長補であった長のレベルは，OIOS では事務次長に格上げされ，その資質要件を具体化し，任期を 1 度限りの 5 年間と規定した。また，事務局の中での活動上の独立性（operational independence）が明記された。

第 2 項　PKO の行財政的なしくみの整備

　ガリ事務総長自身が推進した改革案である「平和への課題」（1992 年）は，平和の概念を分析し，予防外交，平和強制の導入の必要性を提起したものとして想起されることが多い。そして，この提起は，ソマリア内戦への国連の関与（UNOSOM II）や，ボスニア・ヘルツェゴビナ紛争に関する国連活動（UNPROFOR）などを通して国連による活動の限界が露呈したことをうけて構想を修正せざるをえなくなった「平和への課題　追補」と合わせて語られることが多い。しかしこの報告書の提案を行財政的観点から読んでみると，現在の PKO 予算のしくみを構成するいくつかの重要な要素が，この報告書の審議をとおして形成されたことがわかる。

　そのようなものの 1 つが平和維持留保基金（Peacekeeping Reserve Fund：PKRF）である。この報告書が出された 1990 年代初頭，PKO の数は増加の一途をたどりながら，加盟国からの支払い留保や不払いは，深刻な財政危機を招

第5節　ガリ事務総長の時代 (1992-1996)

いていた。ガリ事務総長は，財政危機のなかでキャッシュフローを確保する方策としていくつかの提案を行い，その中で，前事務総長の時代に合意に至らなかった新規 PKO 立ち上げ時期の財政的手当ての方途として，新たに平和維持留保基金の設置をとおして分担金が支払われるまでの間のキャッシュの確保を提案した。当初の基金の規模は 5 千万ドルとし，他の提案に先駆けて，早急に PKRF を設置することを求めた[20]。

　総会は，1992 年のうちに総会決議 47/217 を採択し，1993 年 1 月 1 日付けで 1 億 5 千万ドル規模で平和維持留保基金を設置することに合意した。決議パラグラフ(a)は，この基金が PKO のためのキャッシュフローのメカニズムであることを明記し，パラグラフ(f)でこの基金を終了した PKO の不用額の各国クレジット分の移転により手当てすること（この基金の設置のために新たな分担金徴収を行わないこと）を規定した。

　また，事務総長は，車輌や通信機器，発電機等の基本的な PKO 装備品の事前補給についても提案している。これは後の戦略備蓄の概念につながるものとなる。

　この後 2 年の間，PKO の行財政的な諸問題に関する審議が集中的に行われ，現在の PKO 予算の仕組みの基盤である総会決議 49/233 が合意されるに至った。同決議は，PKO の予算サイクルや部隊装備品の償還，要員の死亡・疾病手当てなどを含む 14 の事項について包括的に扱った。個別のセクションの詳細についてはいくつか第 5 章で述べている。平和維持留保基金の規模や支出権限の上限などが後年改定されたりしてはいるが，この決議で形成されたメカニズムは基本的に現在も大きく変わってはいない。

　生憎，ガリ事務総長は安保理での投票により否決されたため，二期目の続投が叶わなかった。国連の改革実施が不十分であったというのが理由の 1 つであったとされているが，行財政的な面では，彼の次期に築かれた事務局の基本構造が今も概ね維持されていることや，高位ポストの数の削減に一定の成果が

---

(20)　A/47/277 -S/24111 An Agenda for Peace, Preventive diplomacy, peacemaking and peacekeeping, Report of the Secretary-General, pursuant to the statement adopted by the Summit Meeting of the Security Council on 21 January 1992, パラグラフ 70, 73。

第3章　各事務総長の時代の国連改革の経緯

あった[21]ことなど，評価するべき点は多い。

第6節　アナン事務総長の時代（1997-2006）

表6　アナン事務総長時代の主な行財政分野の改革案

1997-2006　アナン（Kofi Annan）事務総長			
1997	事務総長主導	Renewing the United Nations（A/51/950）	DSG の設置,開発勘定の設置等（総会結尾 52/12B）
2000.8	事務総長任命のパネル主導	"Brahimi report" Letter of the Secretary-General transmitting the Report of the Panel on United Nations Peace Operations（A/55/305-S/2000/809）	戦略備蓄（SDS）の設置
2002	事務総長主導	Strengthening the United Nations: an agenda for further change（A/57/387）	予算プロセスの改革
2005	事務総長主導	In larger freedom（A/59/2005）	
2005	事務総長主導	Outcome document – revised estimate（A/60/568）	
2006	加盟国主導	Mandating and delivering（A/60/733）	
2006	事務総長主導	Investing in the United Nations（A/60/692）	CITO, IAAC,倫理室（Ethics Office）の設置, LBD の採用等

第1項　第1次事務局改革[22]

　財務官，及びガリ事務総長の提案により設置された PKO 局の初代事務次長として，国連事務局の行政のいわゆる現場を経験したアナン事務総長は，極めて精力的に事務局改革及び行財政改革の推進に努めた。事務総長に就任して

---

(21)　1991 年時点での事務次長補（ASG）以上の高位ポストは 48 あった（局長 1 ポスト，事務次長 26 ポスト，事務次長補 20 ポスト）。これに対し，1996 – 1997 年度 2 か年予算での高位ポスト数は 36（事務次長 21 ポスト，事務次長補ポスト 15）。

(22)　アナン事務総長はその任期の中で，段階的に複数回の事務局の効率化に関する提言を行っており，本書で「第 1 次」「第 2 次」等としているのは，これらの段階を著者が整理したものであり，一般的に呼称されているわけではない。

第6節 アナン事務総長の時代 (1997-2006)

すぐ, アナン事務総長は「国連の刷新 (Renewing the United Nations: A programme for reform)」と題した事務総長報告書 (A/51/950) を発表し, 事務局の改革案を提示した。右報告書は, 個別の提案についての詳細な説明を付した付属文書 (A/51/950/Add.1〜Add.7) を伴い, 広範な分野にわたるものであった。この中から, 事務局の構成に関するもの, 財政関連事項に関しての加盟国と事務局との関係 (予算策定プロセス) に関するもの, キャッシュフロー確保のための対応を含め資金の流動性や迅速な手当を確保するためのしくみに関するものを中心に抽出していきたい。

事務局の構成に関するもの

・副事務総長 (Deputy Secretary-General) ポストの設置[23]
・軍縮局 (Department of Disarmament and Arms regulation) の新設[24]
・ウィーンに所在する麻薬, 犯罪, テロ関係の事務所の統合と, UNODC (国連麻薬統制・犯罪防止事務所) の新設[25]
・人道問題関係機能の整理：緊急調整官 (Emergency Relief Coordinator) 事務所の設置と, 及び自然災害に関する責任の国連開発計画 (UNDP) への移管による, 人道問題局 (DHA) の機能の終了[26]
・人権関係事務局の整理と人権高等弁務官事務所の設置[27]

以上のような再編案について, 総会は決議 52/220[28]で承認, あるいは既に事務総長の権限内で取られた措置につき留意した。また, 同決議III 主文85では, 作戦上の地雷除去の主管を PKO 局に移管した (人道的地雷除去についての主管は ERC に残置)。

事務総長はさらに, 事務局内の調達機能を 1998 年 1 月までに可能な限り統合し, NY, ジュネーブ, ウィーンの国連本部に 1 か所又はそれ以上の共通サー

---

(23) A/51/950 パラグラフ 96, 及び A/51/950/Add.1, Establishment of the post of DSG.

(24) A/51/950 パラグラフ 125, 及び A/51/950/Add.3, Disarmament.

(25) A/51/950 パラグラフ 145, 及び A/51/950/Add.2, Revitalization of the subsidiary machinery of ECOSOC.

(26) A/51/590 パラグラフ 193, 及び A/52/303。これにより, 総会決議 46/182 で明記された機能は ERC が担うこととされた。

(27) A/51/590 パラグラフ 198。

(28) A/RES/52/220 Questions relating to the proposed programme budget for the biennium 1998-1999.

103

第3章　各事務総長の時代の国連改革の経緯

ビス施設を設置するとともに，他の国連組織にサービスの提供をオファーする
意図を示した[29]。総会は本件につき，事務総長の詳細報告[30]を踏まえ引き続き
検討することとした。

　加盟国の協議体の整理にも提言を行ったことを付記しておく。事務総長は，
持続可能な開発に関するハイレベル諮問機関が既に有用性がないとして終了す
ることを提案した[31]。これを受け，総会は決議52/12の主文11でこの提案を
エンドースし，この機関の終了を決定した。

財政関連事項に関しての加盟国と事務局との関係（予算策定プロセス）に関するもの

・サンセット条項の導入提案[32]

　加盟国が，次々に新たな事務局組織や政府間協議体を創設し，また規模の大
きな資金投入を要する事業を新設し，見直しを行わないことにより，類似のも
のが整理されないまま乱立したり，有用性がなくなったものが放置されたまま
資金を投入されつづけたりしていることに鑑み，事務総長は，加盟国の意思決
定方法について1つの有益な提案を行った。すなわち，総会が，新たな組織や
大規模な資金を要するイニシャティブを設置する際には具体的な期間の明記を
付すこととし，総会の明示的なアクションがなければ延長されないようにする
ことを勧告した。しかしながら，この年，総会は本件についてアクションをと
ることはなかった。

キャッシュフロー確保のための対応を含め資金の流動性や迅速な手当を確保するためのしくみに関するもの

・回転信用基金の設置（実現せず）

　10億ドル規模の回転信用基金を任意拠出その他加盟国が合意する方法で設
置し，未払い分担金によるキャッシュ不足の際の手当とするとともに，計画予
算の年度末の残金は返還せず留保するとの提案[33]について，総会決議52/12B

---

(29)　A/51/590 パラグラフ 245。

(30)　A/52/534 The report of the Secretary-General on Procurement reform.

(31)　A/51/590 パラグラフ 179。

(32)　A/51/590 パラグラフ 44, A/52/851 Time limits of new initiatives "sunset" provisions.

(33)　A/51/590 パラグラフ 222，A/51/590/Add.4.

104

第6節　アナン事務総長の時代（1997-2006）

はこの勧告をテイクノートするにとどめ，詳細報告を求めるとともに，関連する機関がこのような案のインプリケーションを検討するよう慫慂した。

これを受けて提出された事務総長詳細報告書[34]に対し，ACABQ は，この案は，分担金を完全に支払った国に追加的な負担を課すものであること，および任意拠出金の可能性がないことを指摘した[35]。その結果，総会が本件に関し更なるアクションをとることはなかった。

・開発勘定の設置[36]

事務総長は，改革を単なる経費削減努力ではなく必要とされる部分への経費再配分を可能とするものであるとして，各部局に行政経費その他の手数料経費を節約する数値目標を設置し，2002-03 年 2 か年予算の冒頭には少なくとも 2 億ドル規模の節約を実現してその節約分を「開発勘定（Development Account）」に再配分することを提案した。これは，改革に後ろ向きな途上国を協議に参加させるための策でもあった。総会は決議 52/12B パラ 24 で開発勘定の設置については決定し，さらに詳細な内容について翌年に検討することとした。

第2項　PKO の行財政的なしくみの整備

アナン事務総長は，さらに，改革イニシャティブの一貫として，PKO の分野においても改革に着手し，ブラヒミ元アルジェリア外相を議長として 10 名で構成されるパネル[37]に，提言の起案を依頼した。これを受けて提出されたパネル報告書[38]は，安全保障理事会における意思決定に関連する事項や，早

---

(34) A/52/882 Revolving Credit Fund.

(35) A/53/645

(36) A/51/590 パラグラフ 235，A/51/590/Add.5, Creating a dividend for development.

(37) メンバーは以下の通り。Mr. J. Brian Atwood (United States), Mr. Lakhdar Brahimi (Algeria), former Foreign Minister; Chairman of the Panel, Ambassador Colin Granderson (Trinidad and Tobago), Dame Ann Hercus (New Zealand), Mr. Richard Monk (United Kingdom), General (ret.) Klaus Naumann (Germany), Ms. Hisako Shimura (Japan), Ambassador Vladimir Shustov (Russian Federation), General Philip Sibanda (Zimbabwe), Dr. Cornelio Sommaruga (Switzerland)。それぞれの略歴については，A/55/305-S/2000/809 AnnexI 参照。

(38) A/55/305-S/2000/809, Letter of the Secretary-General transmitting the Report of the Panel on United Nations Peace Operations (2000).

第3章　各事務総長の時代の国連改革の経緯

期展開のための兵站的改善策などの他に，PKO予算のあり方やそれを管理する事務局の体制についても野心的な改革案を盛り込んでいた。事務総長は，パネルの提言に対しての彼の見解について事務総長報告書[39]で示した上で，PKO局のポストや機能の新設・拡大やPKO局以外の部局におけるPKO関連機能の強化などに関してその経費見積もりとともに総会に提出した[40]。パネルの勧告は，事務総長が指摘したとおり「far-reaching yet sensible and practical」であり，特にPKOの行財政的しくみに関わる事項を中心に，総会が第55会期のうちに実施の承認に至らず追加審議を求め，実施までに数年を要したものは少なくなかった。

　以下は，パネル報告書の提言のうち，PKOの行財政的しくみに関わるものの例である。

- ・PKO予算の1年目に，クイック・インパクト・プロジェクト（Quick impact projects：QIPs）のための経費を盛り込むこと（パラグラフ47(a)，アクション2）
- ・複合的PKOにおいては，その初期段階にDDRのための経費をPKO予算に盛り込み分担金で支弁すること（パラグラフ47(c)，アクション4）
- ・PKOの早期展開を可能とするグローバルな兵站支援戦略を策定すること，ミッションの立ち上げに必要な備品を購入しブリンディシに備蓄するための一度きりの支出を承認すること（パラグラフ169，アクション30，31）
- ・PKOの設置が明らかになった段階で，安保理の決議を待たずに，事務総長が平和維持留保基金から，5千万ドルまでを支出できるよう承認すること（パラグラフ169，アクション32）
- ・フィールドのミッションにより大きな財政的柔軟性を与えるべく見直しを行うこと（パラグラフ169，アクション33）（実施されず）
- ・本部支援機能のための経費の実質的な増額（パラグラフ170，アクション35）
- ・本部支援機能を2ヵ年計画予算で支弁すること（パラグラフ170，アクショ

---

(39)　A/55/502 implementation of the report of the Panel on United Nations Peace Operations.

(40)　A/55/507 Resource requirements for the implementation of the report of the Panel on United Nations Peace Operations.

　A/55/507/Add.1 Resource requirements for the implementation of the report of the Panel on United Nations Peace Operations.

第 6 節　アナン事務総長の時代（1997-2006）

ン 36）（実施されず）

- ・PKO 局のサポートアカウントで支弁される職員の増員（パラグラフ 170，アクション 37）
- ・PKO 担当事務次長（PKO 局長）に，PKO 予算の管理権限を与えること（パラグラフ 233(c)，アクション 42）（実施されず）
- ・PKO 局に事務次長補を新設すること（パラグラフ 233(f)，アクション 44）
- ・政務局に平和構築関係のユニットを新設し予算を拡大すること（パラグラフ 238，アクション 46）

　注視すべきは，アクション 42 で，国連事務局の予算・財政管理に関する権限と責任を有する行政管理局，かつ数年前まで PKO 局の旧組織が属していた局から，PKO 予算に関する権限を PKO 局に奪わせようとしたことである。パネルのメンバーの構成を鑑みれば，これは PKO 局の意向をかなり反映したものと考えてよいであろう。このアクション案に対しては，事務総長も明示的に「時期尚早である」と述べ[41]，この段階では却下されたが，予算・財政管理，人的資源管理，調達，広報などの機能を，管理局や広報局とは別途に PKO 局が独自に確保するという二重構造への希求は，この後一層高まっていき，フィールド支援局の新設[42]や，マネジメント改革及び平和・安全ピラーの改革による組織改編[43]につながっていくことになる。

戦 略 備 蓄

　この中で，早期に合意に至ったものの 1 つは，戦略備蓄（Strategic Deployment Stocks：SDS）の設置である。事務総長は，パネルの提言を踏まえ，戦略備蓄の概念についての詳細報告書[44]を提出し，イタリアのブリンディシに兵站基地を設置し，戦略備蓄を整備すること，そのための経費を承認することを総会に対し求めた。ACABQ はその報告書（A/56/902）で基本的に事務総長案につき支持的な勧告を行い，これを受け総会は 2002 年 6 月，決議 56/292. The concept of strategic deployment stocks and its implementation で，SDS の設置とそのための経費 141,546,000 ドルを承認した。なおこの経費は，当時まで

---

(41)　A/55/502 パラグラフ 117。

(42)　第 7 節参照。

(43)　第 8 節参照。

(44)　A/56/860, The concept of strategic deployment stocks and its implementation.

107

に終了していたPKO分担金の残金クレジットを各加盟国の承認を得て充当することにより手当された。

クイック・インパクト・プロジェクト（Quick Impact Projects（QIPs））

QIPsは，新規ミッションが現地に入っていく際に，現地住民の信頼を得るための小規模なプロジェクトを実施することがミッションの成功に資するとしてパネルが提案したものである。事務総長は「今後ミッション予算案を提出する際に，ケースバイケースベースで，この勧告にもとづき関連経費を盛り込み，総会の承認を求める」と述べ（パラ25），個別の予算案の文脈で実施された。数年の実施経験を踏まえ，総会は決議61/276（2007年6月）で，このようなプロジェクトが現地住民との信頼醸成に重要な役割を果たしていると述べ，3年目以降でも要求しうる旨規定し，今に至っている。

DDR（武装解除，動員解除，再統合）**経費**

加盟国の合意に4年以上を要したのが，DDR経費のPKO予算分担金支弁であった。紛争後の和平合意では，紛争中に兵士や戦闘員であった者を社会復帰させるための枠組み（DDR計画）が盛り込まれることが多い。紛争後の和平合意の履行を支援するために設置されるPKOにおいて，DDRへの支援はその後の和平を定着させるための重要な段階である。パネル報告の時期までは，DDRのうち，武器の回収や保管，処分を行う武装解除（最初のD）は，PKOの部隊が行う業務としてPKOミッションの実施計画にも規定されていたが，教育・訓練に重点が置かれる動員解除（二番目のD）及びそれ以降の統合（R）段階は，むしろ開発の役割であり，その実施は基金・計画のアクターや任意拠出を通して現地国政府が担うものとの認識にもとづき，分担金での支弁対象としていなかった。

しかしながらパネルの勧告は，最初のDから次のDの段階への資金ギャップがDDRの実施を困難にしているとして，DDRの一連のプロセスを分担金支弁のPKO予算の対象に含めるべきと提案したのであった。財政貢献国を中心とする一部加盟国の懸念は，実施期間及び役割について明確かつ限定的な武装解除（最初のD）と比較して，動員解除（二番目のD）以降のプロセスは，その外縁が不明確であり，また実施期間が長期化しやすいため，PKO予算の増大を招くこと，また特にRのうち元戦闘員への帰還パッケージ給付については，

第 6 節　アナン事務総長の時代（1997-2006）

そもそもこのような給付金の財源として分担金を宛てることへの適切性への強い疑問，その実施結果の検証が容易でないこと等であった。事務総長は DDR の作戦上の概念定義の整理を示した事務総長ノート[45]を第 5 委員会に提出し，その中で，帰還パッケージについて，動員解除の最後の段階であるが長期的な統合に先立ち行われる「挿入（reinsertion）」であり，一時的な物的金銭的支援であると定義した[46]上で，PKO 予算は，この「reinsertion」を含む動員解除までについて，安保理の明示的な決定に基づき PKO 予算の文脈で要求しうると述べ，他方で長期的な統合（R）については，引き続き任意拠出で賄われ，基金・計画など適切な機関により管理されるものとの見解を示した。総会決議 59/296 セクションⅥで，安保理決議が明示的にマンデートとして明記した場合に限り，武装解除（最初のD）及び「挿入（reinsertion）」を含む動員解除（二番目のD）についての経費を PKO 予算案に含めることを許容することに総会が合意したのは，この整理を踏まえてのものである。

第 3 項　第 2 次事務局改革

アナン事務総長がその 2 期目の任期の冒頭で発表したのが，「国連の強化」報告書[47]である。

この報告書で事務総長は，第 1 次の案で，プログラムより細かいレベルには踏み込まなかった部局（人権，広報（DPI），経済社会（DESA））についての改革案に加え，予算の策定と執行にあたり，事務総長と加盟国とのかかわり方への変更を内包する提案を行った。

---

(45)　A/C.5/59/31.

(46)　A/C.5/59/31 パラグラフ 2 ：(c) *Reinsertion*. Reinsertion is the assistance offered to ex-combatants during demobilization but prior to the longer-term process of reintegration. Reinsertion is a form of transitional assistance to help cover the basic needs of excombatants and their families and can include transitional safety allowances, food, clothes, shelter, medical services, short-term education, training, employment and tools. While reintegration is a long-term, continuous social and economic process of development, reinsertion is a short-term material and/or financial assistance to meet immediate needs, and can last up to one year.

(47)　A/57/387（SG）Strengthening of the United Nations: an agenda for further change（2002）. A/57/CRP.1, 2, Supplementary information.

第 3 章　各事務総長の時代の国連改革の経緯

　予算の策定に関しての事務総長の改革案の意図は，2 か年予算を超える期間
で事務総長を拘束するツールを廃止し，より機動的な予算案の起案環境を事務
総長に与えることと，政府間審議の簡素化であったと解釈することができるだ
ろう。事務総長は，アクション 21 で，中期計画の策定対象期間を 4 か年から
2 か年に短縮し，さらに中期計画と予算アウトラインを統合することを提案す
るとともに，予算案の文書を簡潔化し必要な補足資料は別の文書として加盟国
に提出することを提案した。また，アクション 22 では，第 5 委員会と CPC で
行われている計画と予算に関する政府間審議プロセスを第 5 委員会に吸収する
こと，すなわち CPC の機能を廃止することを提案した。

　これに対し総会は，すぐには結論を出さなかった。特に，CPC の廃止には，
CPC を重視する NAM（非同盟運動）グループを中心に強い抵抗が示された。
CPC での協議にフラストレーションを感じている国でも，CPC が審議してい
た内容を第 5 委員会に持ち込むことの政治的インプリケーションに後ろ向きに
感じていた[48]。総会決議 57/300 は，事務総長の意図をテイクノートしたうえで，
改めて提案の詳細を総会に説明するよう求めた[49]。

　事務総長は，この要請を受けて提出された事務総長報告書（A/57/786）で，
当初の提案を繰り返し，2004 年より，中期計画，予算アウトライン，及び計
画予算案の審議を一段階で行うことを提案した。総会は，中期計画の短縮化以
外の加盟国の権限の縮小を認めることはなかった。決議 58/269 で総会が出し
た結論は以下のとおりである。

- ・4 か年の中期計画に代わるものとして，2 か年をカバーする計画アウトライ
ンと 2 か年プログラム計画からなる戦略的枠組み（strategic framework）
を，試験的に準備するよう事務総長に要請（主文 5）
- ・予算アウトラインは，これまで通り PPBME3.2 に従って同じレベルの詳
細度の内容を提供すべきことを決定（主文 6）
- ・この試験的実施については，第 62 回総会で見直しを行い，扱いにつき決
定を行う（主文 8）
- ・CPC は予算アウトラインを審議しないこととする（主文 11）

---

(48)　A/57/PV.38-42　Record of the meetings: 10/30, 10/31. 11/1.
　　　A/57/PV.79 Record of the meetings: 12/20（adoption of 57/300）.
(49)　主文 32，主文 37 A/RES/57/300 Strengthening of the United Nations: an agenda
　　　for further change（2002）.

第6節 アナン事務総長の時代 (1997-2006)

この主文11は，予算アウトラインの審議以外のCPCの機能を維持すること
を確認したものである。

予算執行における事務総長の柔軟性

予算の執行に関し，事務総長はアクション21(d)で，一予算年度の中で，プ
ログラム間及びポスト費／非ポスト費間のそれぞれ10%まで事務総長の裁量
で再配分を行う柔軟性を認めるよう求めた。前述のとおり，計画予算の交渉は
各プログラム，各セクションの個別の活動レベルまで審議を行ったうえで決定
されるものである。従って，そのように加盟国が決定したプログラム毎の予算
の一割ものリソースの再配分を許容するというのは，総会の指示を骨抜きにす
るものと受け止められた。総会決議57/300は，この要請をテイクノートし，
そのような裁量の使用の基準について説明を求めたが，その後これに対応する
報告書は提出されなかった。事務総長の柔軟性拡大案は，この段階では却下さ
れたものの，アナン事務総長の最後の改革案のみならず，続く事務総長の改革
イニシャティブの中で，繰り返し提起されることとなる。

また，これに関連して，事務総長は，リソースの管理に関する権限移譲を見
直し，管理局の権限の明確化とともに権限移譲をすすめることを提案した（ア
クション32）。総会は，事務総長の意図を歓迎しつつ，権限移譲には説明責任
の向上が伴うべきと述べた。

なお，事務総長はこの報告書で，第一次改革案の中で提示したサンセット条
項に関し，改めて提案を行った（パラグラフ44）が，総会は，再度この提案を
テイクノートするにとどめ，本件に関しては何らの決定も取られていないこと
を確認した（総会決議57/300主文30）。

この報告書は，ほかに人的資源管理や採用制度の改善にも言及しており，
GS職員の昇進機会やパートタイム雇用機会の拡大，退職者を念頭に計画的な
職員交代など多岐にわたる提案は，第5委員会でこの後数年にわたる審議を要
した。

事務総長は，彼の任期中に，有識者のパネルに依頼して，開発分野の国連事
務局と基金・計画との事業の調整と整理に関する提言を総会に提出している。
本書の主眼である点に関わる要素はないので，ここでは割愛するが，国連事務

111

第3章　各事務総長の時代の国連改革の経緯

局と基金・計画の事業分野の調整は，何を分担金で支弁し，何を拠出金で支弁すべきか，という問題に直結するものであり，第5章の末尾でも触れている「この機構の経費」を再定義すべきではないかとの問題意識にも関連することを指摘しておく。

第4項　第3次事務局改革

アナン事務総長による改革の仕上げは，世界首脳会議成果文書でのコミットメントを踏まえて提出された一連の報告書に盛り込まれた改革案であろう。

「より大きな自由に向けて In larger freedom」と題された事務総長報告書（A/59/2000）での提言を受け，2005年9月，国連総会は世界首脳会議成果文書を採択した（総会決議60/1）。38ページ，178パラグラフにのぼる長文のこの文書で，首脳らは，Oil for food 不正事件への反省を踏まえ，倫理室の新設と内部監査部の強化，国連システムの評価と監査機能の必要性を述べ，また5年を超えた事業指示事項（「マンデート」[50]）を見直すことを約し，予算・財政に関する規則や人的資源管理に関する規則の見直しと早期勧奨退職による職員の整理についての提案を事務総長に対し求めた[51]。事務総長は，この要請を次のように整理した。第一の要素，すなわち監査機能の強化については，事務総長の予算案策定権限の中で，加盟国に提案を提示できる事項である。他方，第二及び第三の事項，すなわち5年を超えた事業マンデートの見直し，及び行財政諸規則の見直しと早期勧奨退職は，提案策定の段階から加盟国の関与を要する事項である。

そのうえで事務総長は第一の事項について，次期（2006-2007年度2か年）予算案への改訂予算案の形で，倫理室を事務総長の直下に設置すること，監査・検査システムの独立外部評価を含むガバナンス体制の包括的見直し，及び内部監査部（OIOS）を独立の立場で監督する独立監査諮問委員会（Independent

---

(50)　本書では，一般的な形で使われる mandates という用語についてはできるだけ「指示事項」と訳しているが，この改革の文脈では明治的に「Mandating」「Mandate」という用語が報告書のタイトルとして用いられていることを踏まえ，本文中でも「マンデート」との訳語で表示することとする。

(51)　A/60/1 主文161(d), 164, 163(b), 163(a)(c).

第6節　アナン事務総長の時代（1997-2006）

Audit Advisory Committee：IAAC）の設置を提案した[52]。総会は，このうち倫理室の設置と，IAAC の設置については他の改革案に先立って承認した[53]（A/60/248 セクション XIII）。

　第二の要素，すなわち5年を超えた事業マンデートの見直しは，過去にアナン事務総長が何度も提案したものの，総会がアクションをとらなかった事項である。その理由は，一旦事務局に与えた指示事項（マンデート）とそれを実施するために追加された実施体制（カネ，機構，ヒト）は，一予算年度を経れば「既存のリソース」となり，事務局側にも，その指示事項を要求した加盟国側にも，現状維持の欲求が強く働くためである。指示事項の内容や成果物がすでに時代遅れのものとなっていたり，加盟国の関心をもはや惹かないものとなっていたとしても，もともとその指示事項を要求した国・グループにとって，指示事項を廃止することは政治的に受け入れられないという事情から，何年も温存されるものもある。加盟国は，国連事務局への指示事項を決議する権限を有するとともに，指示事項を整理・廃止する責任も同じく有しているが，後者が十分実施されていないのは，1国1票制とコンセンサス重視の弊害というべきだろう。1か国でも反対する国がいれば，その国は廃止提案に関する決議を投票に付すことを要求することができる。投票に持ち込むということは，多数派工作の必要性を意味するから，投票要求の可能性が出てきた途端に，その廃止提案に関する決議は，本旨を離れて関係国の面子や政治的な連帯の問題に転換されがちである。従って，廃止に反対の国が1か国でも認識されていれば，他の加盟国は，あえてそれに手を付けるという意欲が働かないのが実情である。つまり，小さな事業でも継続的な後年度負担が伴う。主要な財政貢献国が，新たなマンデートの設置に慎重なのはこのためである。しかし残念ながら，同じ

----

(52)　A/60/568, Corr.1, Corr.2.

(53)　これら監査体制の強化の早期実施は，米国が特に重要視した事項でもあった。米国にとって，Oil for food 不正事件は，Chief administrative officer である事務総長が管理する国連という組織における最も重大な行政上の瑕疵（"an administrative failure of the highest order"）であったが，当時の米国政府がアナン事務総長に引責辞任を求めなかったのは，残り2年の任期を残すのみであったアナン事務総長を辞任させるよりも，留め置いたうえで事務局の管理体制の改革において具体的な成果を出させることを重視したからであると，当時の米国国連代表部常駐代表であったボルトン氏は述べている。pp.274-275, [Bolton, 2007].

113

第3章　各事務総長の時代の国連改革の経緯

主要財政貢献国の他の委員会への代表が，必ずしもこのような機構的財政的観点を踏まえず，他国からの批判を恐れて異論をとなることすらしていない場合が少なくない。加盟国は，2005年の首脳会議成果文書で見直しにコミットしたにもかかわらず，自身のコミットメントを実施できず，このときも見直しに着手しなかった。

　第三の要素のうち，特に早期勧奨退職は，職員の大きな抵抗を伴うものであり，対象世代の職員を多く擁する国は，この「リストラ」案に極めて後ろ向きであった。これらのコミットメントについて加盟国の改革意欲は低く，総会は2005年のうちに具体的な合意を形成することができなかった。国連の説明責任と効率化の強化にむけて改革を主導していた日米豪は，2006-2007年度2か年予算の採択を延期し，6か月の支出制限を課すという梃子を使わざるを得なかった。

　マンデートの見直しは，事務総長が加盟国の議論のたたき台となる報告書を発出することでようやくプロセスが開始された。「Mandating and Delivering」と題された報告書（A/60/733）で，事務総長は，加盟国の指示事項が統制なく増大している状況を踏まえ，加盟国への報告を改善してより戦略的な協議を行うことで，事務局の負担を減らすとともに，加盟国にもマンデート実施の効果を判断しやすくし，マンデートの更新や継続が必要かを判断しやすくなるとして，報告書の統合や評価の強化を提案するとともに，加盟国の側にもそれぞれのマンデートにおける戦略的な指示と目的を明確にする責任があると述べた。

　この報告書をうけ，加盟国間での協議プロセスが総会本会議の下で続けられた。エリアソン第61回総会議長のもとでパキスタン大使及びアイルランド大使が共同議長を務めた非公式協議では，見直しの目的は国連の強化にあることや，このプロセスが経費削減を目的としたものではないことなどを確認したうえで，作業部会に，当時まで継続している指示事項の洗い出しを指示した。作業部会は，すでに完了したと判断される指示事項を含めた作業の結果を11月に報告した。このうち通常予算のもとで実施されている技術協力プログラムについては，国連外の機関が開発に関する活動を行っている中で，これを維持することの有用性について議論が行われたが，途上国が維持を強く主張した結果，全体的な管理や透明性の向上を追求することでまとめられた。このプロセスは，

指示事項の整理において，指示者である加盟国自身が整理の障害となっていることを明確に示したといえる。

　そして，第三の要素については，「国連への投資」と題した一連の報告書でさらなる詳細提案が提出された。詳細提案のうち，予算の執行（Add.2），財政管理（Add.3）で事務総長は，第2次改革案で提示したものの進展が得られなかった事項を含め，事務総長の権限と柔軟性の拡大を可能とする改革案を改めて提示した。これに対する総会の反応は極めて慎重であった。事務総長の提案の多くを明示的あるいは結果的に却下し，一部については大幅な修正を加えた。

　総会は「予算審議プロセスの短縮，予算文書の簡素化，事務総長がポストを再配置する権限，及び空席ポストにより生じる節約分リソースを転用する権限（A/60/846 提案16）」は総会の指示（60/246 パラグラフ11）に応じたものではないとして，提案の再提出を指示した。これを受け再提出した報告書（A/60/246/Add.2）で，事務総長は，同一パート内のセクション間で予算の10％までを再配分する権限を事務総長に承認することを求めるとともに，職員配置表を全体として管理する権限（すなわち，総会が承認したポスト数とレベルの範囲内で再配置する裁量）を事務総長に与えることを要請した。

　これに対し総会は，予算規模を変更しない形でニーズに応じて一定の柔軟性を求めた事務総長提案の意図を踏まえつつ，事務総長提案を大幅に修正した，「限定的な予算上の裁量（Limited budgetary discretion：LBD）」を事務総長に与えることで合意したのだった。この経緯と結果は，国連の運営において誰が決定権を握っているか，という根源的な問題に対し，辛勝ではあるが加盟国及び総会がその優位性を確認したということを示すものであるといえる。

第7節　バン事務総長（2007年−2016年）

表7　バン事務総長時代の主な行財政分野の改革案

2007-2016　バン（Ban Ki-moon）事務総長			
2007	事務総長主導	Strengthening the capacity of the UN to manage and sustain peace operation (A/61/858 and Add.1&2)	DFS の設置
2011	事務総長主導	Change Management initiative	ERP の導入に関する提案

第3章　各事務総長の時代の国連改革の経緯

2015	事務総長が任命したパネル主導	Report of the High-level Independent Panel on Peace Operations on uniting our strengths for peace（A/70/95-S/2015/446*）	平和活動

第1項　フィールド支援局の設置

　バン事務総長の時代の議論は，機構の改革や政策的な面が中心であったように見受けられる。バン事務総長は就任直後の2007年2月，加盟国に対して，PKO局の改編と軍縮局の再編に着手する意図を表明し[54]，2月末に総会議長宛事務総長書簡[55]をもって，その概要を示した。同書簡の付属文書は，大規模PKOが増加する中で，小規模な本部支援機能の不均衡を是正する必要があるとして，フィールド支援活動全般を担うフィールド支援局（Department of Field Support：DFS）を新設すること，管理局が担っている人的資源管理，予算，IT の各機能については DFS 内の能力を強化するも管理局が最終的な権限を保持する形とする一方で，調達機能については DFS に権限を移管すること，さらにフィールド支援局の長を事務次長レベルとすることを提案した。

　加盟国は若干困惑した反応を示した。事務総長の提案が，予算や人事といった活動の血と骨となる部分の責任体制の転換を伴うにもかかわらず，その提案内容は詳細を欠いていたからである。総会本会議は，事務総長提案を承認することについては留保し，決議61/256で，事務総長の PKO 局改編意図を「支持」するとともに，事務次長任命の意図については「留意」するにとどめ，包括的な報告書を早急に提出するよう要請した[56]。

　包括的報告書は，PKO局のサポートアカウント予算案及び計画予算の改訂予算案を含むものとして第5委員会に提出された[57]。ACABQ はその報告

---

(54)　なお，軍縮局から軍縮部への改編については，総会決議61/257. Strengthening of the capacity of the Organization to advance the disarmament agenda で加盟国の「支持」を得た。

(55)　A/61/749 Letter dated 15 February 2007 from the Secretary-General addressed to the President of the General Assembly.

(56)　A/RES/61/256 主文2，主文3。

(57)　A/61/858, Report of the Secretary-General, Comprehensive report on strengthening the capacity of the UN to manage and sustain peace operations, A/61/858/ Add.1 Report of the Secretary-General, Budget for the support account for peacekeeping operations for the period from 1 July 2007 to 30 June 2008, A/61/858/

116

第7節　バン事務総長（2007年−2016年）

書[58]冒頭で，新規に設置されるDFSの長を事務次長レベルにおきつつ，同じレベルで設置されているPKO局長に報告する体制になっていることについて「unusual arrangement」でありマネジメント上の課題を提起するものであると指摘し，実際に第5委員会ではこれが最大の議論となった。また管理局からの調達機能の移管は，策定部門と執行部門が混在するとして疑問が呈された。

　6月末に合意された総会決議61/279は，DFSの設置を承認しつつ，事務次長については1年の限定を付して設置することとし（主文58），またこの変則的な報告ラインが前例を構成しないことを宣言した（主文26）。ACABQ勧告のとおり，管理局にとどめおく（移管しない）こととした。新組織DFSが最も求めていた調達機能のDFSへの移管は認められなかった。国連PKOにおける調達不正疑惑についてOIOSが調査の結果，調達に関するPKO局の内部統制が不十分であったと結論づけたばかりであり，調達機能を執行部局に置くことには極めて強く反対する加盟国が多かったからである。この改革案についての議論は，本来PKO予算を審議すべき第5委員会の再開会期第2部の多くの時間を費やして行われ，事務総長就任後早々に，加盟国の対立を生む結果となったが，とにかくDFSは設置された。

第2項　事務局のマネジメント分野の改革

　バン事務総長の時代の1つの成果としてあげられるのは，共有サービス（Shared Service）と資源の基幹系情報システム（ERP：Enterprise Resources Planning）の導入による事務局官房機能の合理化と，それに伴う権限移譲（Delegation of Authority）に関する議論の深化であろう。ERPは，国連事務局のみならず国連PKOの現場や地域経済委員会事務局も包括する形で2013年より実施が開始され[59]，カネ，ヒト，モノ，情報を一元的に管理する主要なツールとして2019年には導入が完了する予定となっている[60]。ERPにより，

　　Add.2 Revised estimates relating to the programme budget for the biennium 2006-2007 and the proposed programme budget for the biennium 2008-2009 under sections 5, Peacekeeping operations, 28D, Office of Central Support Services, and 35, Staff assessment.

（58）　A/61/937　パラグラフ9。

（59）　A/RES/64/243.

（60）　A/73/389 Report of the Secretary-General, Tenth progress report on the

第3章　各事務総長の時代の国連改革の経緯

事務局は加盟国により迅速にカネやヒトの執行状況に関する情報を提供できるようになるとともに，加盟国は事務局のプログラムの執行実績についてより多くの情報を求めうるようになる。各部局の責任者はその活動やアウトプットの実績（performance）について説明責任を有するとの認識が，加盟国の間で繰り返し強調されるようになった。すなわち，加盟国は，自身が作り出した指示事項の実施状況についてより良く知りうる環境となりつつある。他方で，それを踏まえて指示事項を整理したり新たな指示事項を統制するという議論にまでは行き着かなかった。この結果，国連計画予算は，バン事務総長の後年の2014-2015年度の最終予算では，国連予算史上で最大の58億900万ドルに到達した[61]。

第3項　PKOに関連する問題

2015年にバン事務総長が有識者（平和活動に関するハイレベルパネル）に求めた報告書[62]は，国連事務局内の平和と安全に関する部局の再編を提案[63]するとともに，PKOの財政に関して新たな問題を導入した。同報告書は，PKOミッションがそのマンデートの実施をより効果的に行うために必要な「プログラム的な資金」を予算案に盛り込むことを提案し，PKOミッションであれ，国連カントリーチームであれ，実施パートナーであれ，最も効果的に結果を出せる主体がそのような資金で行う活動を実施することを提案した。事務総長は，このハイレベルパネル報告書の履行のあり方に関して加盟国に提示した事務総長報告書の中で，次期予算案の文脈で加盟国に提案を提示するとしつつ，国別資金の活用の可能性も検討すべきと述べた[64]。

総会は，この報告書の内容をエンドースしていないが，事務総長は，2016/2017年度のPKO予算案でこのような活動にあてるための約3千万ドルの経費を提案した。加盟国は，2016/2017年度のPKO予算決議において，事

---

enterprise resource planning project.

(61)　A/RES/72/253 A-B.

(62)　A/70/95-S/2015/446* "Report of the High-level Independent Panel on Peace Operations on uniting our strengths for peace: politics, partnership and people."

(63)　バン事務総長は，履行のあり方に関する報告書の中で，この部局再編提案については次期事務総長に委ねると述べるにとどまった。

(64)　A/70/357-S/2015/682　パラグラフ69。

118

務総長に対し，このような経費の要求基準や詳細及び実施における指針などの詳細の提出を求め，これを前提として関連経費を承認したが，2018年に至るまで，これに相当する報告は提出されていないまま，PKOミッションの展開地で活動する国連カントリーチーム（基金・計画などの主体）や実施パートナーが実施する平和構築などの事業のための経費要求は増える一方となっている。本来任意拠出金で活動する主体にあてられるこのような経費が，PKO分担金が支弁すべきもの，すなわち「この機構の経費」といえるのかどうかについては，少なくともブラヒミ報告書の履行の文脈におけるDDRの経費問題について行ったような形で，加盟国が合意しうる議論が必要であると思われる。

第8節　グテレス事務総長（2017年〜）

表8　グテレス事務総長時代の主な行財政分野の改革案

2017– グテレス（António Guterres）事務総長			
2017	事務総長主導	Restructuring of the United Nations Peace and Security pillar（A/72/525, A/72/772）	DPKO, DPAの組織改編
2017	事務総長主導	Repositioning the United Nations development system to deliver 2030 agenda（A/72/684-E/2018/7）	DESAの強化
2017	事務総長主導	Shifting the management paradigm in the United Nations : ensuring a better future for all（A/72/492, Add.1, Add.2）	DM, DFSの組織改編，単年予算の採択

　2017年1月に就任したグテレス事務総長は，就任早々，平和・安全分野におけるパフォーマンスの向上及びマネジメントの分野における機能強化策を発表した。平和安全分野における案は，PKO局と政務局の地域関連部局の並置を中心とした機構改革案であった。また，UNHCRでの経験から，策定から承認まで長い時間を要する2か年予算よりも即応性のある単年計画予算を志向し，加盟国の意見も聴取しつつ同年末までに成果を出す意向を示した。前事務総長の時代から続いていた開発分野における改革（常駐調整官システムの財源手当）についても引き続き実現にむけ努力する旨述べた。これらは，グテレス事務総長の改革の3本の柱として打ち出され，加盟国の支持をとりつけるための努力がなされた。

第3章　各事務総長の時代の国連改革の経緯

第1項　予算策定プロセスの改革

マネジメント分野の改革は，この3本の柱の基盤と位置づけられ，その中でも予算策定プロセスの改革についての事務総長報告書[65]がまず提示された。その内容は，以下のようなものであった。

- ・計画予算の単年度化：策定開始から会計検査と評価まで5か年を要する2か年予算のプロセスは冗長であるだけでなく，年央の追加経費が増加しつつあり，予算のサイクルは現状にあわない。
- ・CPC と ACABQ の計画予算案の同時審議：同時期に同じ提案を審議することにより事務的負担を軽減できる。
- ・予算アウトラインの廃止：計画予算の単年予算化に伴う帰結
- ・報告書の統合：これまでの2か年プログラム的計画案，予算アウトライン案，計画予算案，SPM 予算，及びプログラム執行状況報告書を1つの単年予算案に，2つの執行状況報告書，財務報告及びセクション間流用に関する報告書を1つの財務報告書に統合する。
- ・予算のパート，セクションの統合
- ・事務総長の柔軟性拡大：同セクションでのポスト費・非ポスト費の流用権限，及び予算パート間の流用権限
- ・予見されざる経費の上限額を倍額とすること（800万ドルから1600万ドル，開発に関する案件への拡大）
- ・予見されざる経費のうち平和と安全に関する案件に関して ACABQ の事前の承認が不要とされている支出権限の上限額を倍額とすること（1千万ドルから2千万ドル）及び対象を SPM へ拡大すること
- ・運転資本基金の拡大（1億5千万ドルから3億5千万ドル）

これに対し，ACABQ は，単年予算化及び予算アウトラインの廃止については承認を勧告したものの，事務総長の財政上の権限拡大，特に流用に関する権限については極めて慎重な見解を示した[66]。

総会での加盟国の立場は大きく分かれた。特に財政上の事務総長の権限拡大や運転回転基金の拡大などについては，認める余地なしとする諸国と事務総長を支持する諸国の間の乖離が大きかった。最終的に総会は，計画予算の単年予

---

(65)　A/72/492, A/72/492/Add.1 Report of the Secretary-General, Shifting the management paradigm in the United Nations: improving and streamlining the programme planning and budgeting process.

(66)　A/72/7/Add.24

第8節　グテレス事務総長（2017年～）

算化を2020年より試験的に実施し，1サイクルが終了する2022年に見直しを実施することを決定するとともに，財政面の事務総長の権限や運転資本基金に関わるものについては一切の変更を行わないことを決定した[67]。

第2項　国連事務局4局の改組

平和及び安全に関する分野においてグテレス事務総長が提案したのは，PKOを所管するPKO局と，SPMその他を所管する政務局がそれぞれ有している地域担当課を，単一の地域担当組織として設置し，その組織が平和活動局（PKO局を改める）担当事務次長及び政務及び平和構築問題局（政務局を改める）担当事務次長に2重に報告するという機構改編案であった[68]。この提案を受けて加盟国が最も問題としたのは，二重の報告ラインであった。

機構の改編と予算セクション上の変更を伴うことから，本件は第5委員会に

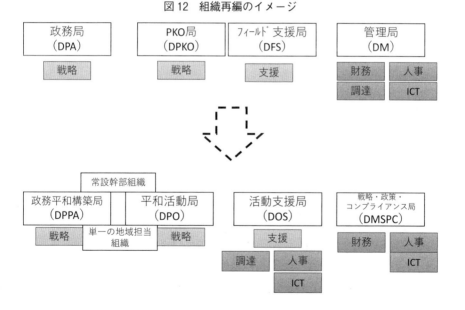

図12　組織再編のイメージ

---

(67)　A/RES/72/266.
(68)　A/72/525 Restructuring of the UN peace and security pillar.

第3章　各事務総長の時代の国連改革の経緯

送致され，PKO 局及び政務局に関連する予算の改訂予算案[69]の形で提案・審議された。ACABQ はその報告書において，単一の地域担当組織からの二重の報告ラインに不明な点があることなどを指摘し，新たな仕組みの機能のあり方について見直しを行うよう勧告した[70]。総会決議 72/262C III もこの ACABQ 勧告を踏まえ，この構造に明確で一貫性のある形で説明責任を確保するよう明示的に要請した上で事務総長の提案を承認した。

この審議は，マネジメント部門において提案された，管理局とフィールド支援局の再編成に関する事務総長案の審議と時期を同じくして行われた。事務総長の提案は，管理局と DFS を活動支援局（Department of Operational Support：DOS）と戦略・政策・コンプライアンス局（Department of Strategy, Policy and Compliance：DMSPC）とに改組し，調達機能を DOS に置き，他方情報（ICT）と人的資源管理については 2 局（本部とフィールドをそれぞれ所掌）に置くという案であった。バン事務総長の時代に承認を得られなかった調達機能のフィールド関連部局への移転は，総会決議 72/266B によりようやく承認されることとなった。

第9節　責任ある意思決定のために

以上，2018 年現在までの事務総長のもとでの，予算及び計画の策定方法や組織の変更にかかる改革の試みについて概観した。そこでいくつかの筆者の視点を 3 点ほど紹介したい。

1. 事務総長主導であるとしても，現実の必要性が伴わない改革案は加盟国には支持されない

たとえば，ブラヒミ報告書で提案された，フィールドのミッションへのより大きな財政的柔軟性の付与や，PKO 担当事務次長（PKO 局長）への PKO 予算の管理権限の付与は，PKO 局の権限拡大を志向する中での提案であったが，その必要性は加盟国には認識されず，組織管理上問題があるとの指摘を乗り越えるだけの論理を事務局側は展開することができなかった。

---

(69)　A/72/772 Report of the Secretary-General.

(70)　A/72/859.

122

2. 事務総長主導と見える改革案には，数年周期で類似の案が盛り込まれている

　事務総長の背後にいる国連事務局幹部が諦めることなく繰り返し求めるものがある。その一例は，事務総長の予算執行上の裁量拡大である。もちろん，組織を管理する側にとって裁量が広く制限が少ないほうが，仕事をしやすいと考えるのは自然ではある。しかし，繰り返し提出される裁量拡大の要求は，加盟国による拘束をいかに排除するかという視点，その根拠や主張において見事に一貫している。また，グテレス事務総長により新たな改革案に見える平和と安全関係部局の改組は，平和維持活動と仲裁・平和構築を統合する「平和活動（peace operation）」という考え方を強調する「HIPPO 報告書」の勧告の延長線上にあり，これを支援する事務局幹部がその意向を反映して再び加盟国に提示したものであると推察することは難しくない。加盟国の代表は，数年で交代する。これに対し，事務局職員の就業期間は長い。専門職レベルから幹部になるような者には，数人の事務総長を経験する者もいるだろう。彼らにとって，新たな事務総長というのは，改革という政治的なモメンタムを利用して，長年の懸案を盛り込ませるチャンスなのである。従って，**加盟国が，「事務総長」提案がどこから来たのか，過去にどのような議論がなされ，なぜ実現しなかったのか，ということについて，批判的な検証を行うことは，責任ある意思決定において不可欠である。**

3. いかなる事項に関しても，最終的な決定を行う権限は，加盟国にある

　巻末に，アナン事務総長の時代のいくつかの改革案に関する総会のアクションを示した表を付した。これを見ると，外部パネルに求めた報告書の提案であれ，事務総長の提案であれ，総会が全ての事項を承認しているわけではなく，中には提案の補足報告書すら求められることなく消えていく提案もあることがわかる。「事務総長報告書」や「パネル報告書」それ自体には何の決定力もないことがわかるだろう。最終的な決定を行う権限は，加盟国にある。

　加盟国の決定は，2か年で約50億ドルを超える国連計画予算，及び1か年で66億ドルを超えるPKO予算の執行と活動の実施のされ方に大小の影響を与える。加盟国には，改革の諸提案について，国連憲章が掲げる諸目的の達成に向けて用いうるツールの1つとしての事務総長が率いる国連事務局の実施能力を

第3章　各事務総長の時代の国連改革の経緯

どうしたいのかという点と，国連に支払う分担金が支弁する活動の効果が如何に最大化できるかという点の，双方から精査し責任ある意思決定を行うことが期待されている。

こぼれ話

支出制限（Spending cap）

2005年12月23日，国連総会は次期2か年の計画予算を採択することができなかった。世界首脳会議成果文書（Outcome document）でうたった諸課題のうち，マネジメントに関する課題がほとんど未着手のまま，通常業務（business as usual）のように次期予算案を審議することに危機感を感じた主要財政貢献国が主導し，適切な改革の成果が出るまで次期予算案の採択を凍結するとして，2006年前半の6か月間に関して，事務総長が提案した2か年予算の4分の1に相当する金額（9億5千万ドル）を上限とする支出のみを承認したのであった（総会60/247 A）。この決議は，困難な交渉の結果，なんとか投票に付すことなく採択されたが，反発したのは，途上国よりも事務局職員たちであったように記憶している。

翌年冒頭より，加盟国は，監査体制の強化，既存のマンデートの見直し，マネジメント分野の改革の3つを柱として，改革交渉にとりかかった。加盟国主導の改革案の常であるが，一旦組織として作られたものに手を加えたり縮小したりすることは，とても難しい。途上国の利益と事務局職員の雇用がかかればなおさらである。しかし，2006年6月末の時点で，監査体制の強化についての合意が形成され，他の2つについてもプロセスの開始に漕ぎつけた。2006年6月30日，総会は9億5千万ドルの支出制限を解除した（決定60/561）。日本と米国，オーストラリアは，改革の進展は支出制限を解除するには不十分であるとの立場から，採択行為に同意しない（dissociate）との立場をとった。

第5委員会では，可能な限り広い合意の形成に努めることが基本的な交渉方針である。しかし，「可能な限り広い合意」は必ずしもコンセンサスを意味しない。コンセンサスや無投票採択の軛にとらわれすぎて，挑む前に戦うことを諦めてはならない。必要な時には投票に持ち込むことも検討すべきである。第5委員会における投票は，選挙を除いて，記名式で行われるから，どの国が改革を支持し，どの国が反対しているかが全世界に明らかになる。そして，そのような投票の圧力を背に，既存のルールを創造的に使いつつ，加盟国の間の多数派工作と事務局を味方につける交渉を，日本が改めて主導しはじめてもよいのではないか。

第4章　国連事務局の財政（国連通常予算）

　この章と，次の章では，それぞれ国連計画予算と国連PKO予算の策定から履行にいたる一連のプロセスに関するしくみとルールを説明したい。

　国連の協議体の中でも，第5委員会は，特にしくみとルールを重視する委員会であるように見受けられる。大きな理由は，第5委員会での決定は分担金の支払いという政府としての義務に

深夜の決議採択（右上の時刻表示は2017年12月24日 02：03）

直結していることに関連していると考える。憲章第17条に基づく加盟国の支払い義務と，これを前提とした憲章第19条の投票権停止は，「拘束力」として認識しうる。そのような拘束力を妥当なものとして受け入れさせるためには，「認定のルール」に適合する必要がある[1]，つまりその義務を強制するためには，全ての加盟国がその決定を適切なものとして受け止める必要があるということにあると考える。そのためには，手続的な正しさが多国間協議での意思決定に公平感を与えるための必須要素であり[2]，また第5委員会での審議の基本が既存のしくみやルールとの整合性をあらゆる観点から精査する（規則適合性を判断する）必要がある。これらのしくみと規則を作ったのが自分たち（第5委員会）であるという強い意識を常に持っていることも，このような性格形成に関わっていると思われる。

　第5委員会では，各国代表は，次のような観点から事務総長提案を精査し，

---

(1) 拘束力と「認定のルール」について，[H.L.A. ハート，2014] p.8
(2) フランクは，国際法における公平性（Fairness）について，そのルールが正当に説明しうるコストと利益の分配についての参加者の期待をどれだけ満たすか，またどの程度参加者が正しいプロセスと考えているものに沿ってルールが作られ適用されているかにより計られる，と述べている。[Franck, Thomas, 1995] p.7.

第4章　国連事務局の財政（国連通常予算）

それぞれが求める結論（予算規模，機構，支弁方法など）を合意に近づけるために，瑕疵のある点や根拠不十分な点があればそれらを最大限に活用する。

① **事務総長提案の提出のされかたと，既存のルールとの整合性（既定の枠組みが適切に適用されているか）**

② **承認行為に至る手続の適切性（手続規則などが遵守されているか）**

③ 事務総長提案の内容・規模と，事務総長提案の根拠であると事務総長が述べている政府間決定との整合性（政府間決定の文言が性格に反映されているか，拡大解釈されていないか，そもそも「この機構の経費」に該当するものか）なお，計画調整委員会が，戦略的枠組みを審議する際にも，この点が精査される。

④ 財政的・人的リソース提案の内容は，指示事項を実施するのに適切な規模か

⑤ 過去の支出傾向を踏まえているか（執行残が恒常的に生じているならば，予算超過（over-budgeting）なのではないか）

⑥ 節約努力，合理化努力を行っているか（浪費しているところにカネはつけられない）

③以降は，政治的な考慮が入りうる観点であるが，①及び②は，多くの前例にも拘束され，主観性の働く余地が少ない観点である。事務総長報告書が，基本的なしくみとルールを「当然に」踏まえて作成されていると思い込むことは禁物である。事務局が強く求める提案を，より完全な形でより早期に実現させることを，しくみやルールを段階的に踏まえて事務総長報告書を作成することよりも優先させることは少なくない。「事務総長報告書」を実質的に起案しているのは事務局の各部局であるため，事務総長報告書の質は正直なところ玉石混淆である。従って，第5委員会には，そのような事務総長報告書を審議し，最低限の規則適合性と公平性を確保しながら，全加盟国が負担する国連分担金で支弁される事項について加盟国協議体として最後の意思決定を行うという責任が課せられている。

第1節　現在の「しくみ」

第1節　現在の「しくみ」

第1項　総論（共通）：現在の国連予算策定の共通ルール

　　　　　〔憲章，総会手続き規則，財政規程・規則，PPBME，諸決議〕

　まず，国連事務局の経費，平和維持活動の経費，その他分担金により支弁する経費のための予算の策定から承認のプロセスに関して，いずれの予算策定にも共通のルールについて説明したい。（国連憲章以外の規定については，特に原文に注意を要すると考えるもの以外は，訳文のみ掲載した。）

(1)　予算の審議承認権限

　国連憲章第17条は，以下のように定めている。

1　The General Assembly shall consider and approve the budget of the Organization. 2　The expenses of the Organization shall be borne by the Members as apportioned <u>by the General Assembly</u>.

　第17条
1．<u>総会は，</u>この機構の予算を審議し，且つ，承認する。
2．この機構の経費は，総会によって割り当てられるところに従って，加盟国が負担する。

　第1項のいう「この機構の予算」とは，第2項と併せて解釈することにより，国連がその目的の実施のために必要とする経費の予算のうち，分担金により支弁される予算であるといえる。「この機構の経費」に関連して，初期のPKOを分担金で支弁することの憲章との関係での合法性について国際司法裁判所を巻き込んでの対立があったことは第5章でふれるが，現在，「この機構の経費」として分担金で支弁されているのは，国連計画予算，国連PKO予算，国際刑事裁判所残余メカニズム予算である。

　国連憲章の安保理の項では，このような総会と同様の規定がない。すなわち，安保理には，予算を審議承認する権限は与えられていない。安保理がPKOやその他の活動の設置を決定したとしても，その活動のための財政事項にかかわる審議と承認は，総会にゆだねなければならないのである。

127

第 4 章　国連事務局の財政（国連通常予算）

(2)　審議の対象となる予算案の策定とその実施，事務総長の予算案提出権限

総会手続規則は以下のように定めている。

XVI. 行財政問題

規則 152　総会は，国連の財政的管理のための規程を設置する。

これに基づき設置された規則が，国連財政規程・規則（現在の最近のものは
ST/SGB/2003/7）であり，現在実施されている全ての予算について扱っている。

さらに，事務総長の予算案提出権限について，財政規則は以下のとおり規定
している。

A．計画予算
　　権限と責任
規則 2.1　各予算の計画予算案は，事務総長が準備する。

この規定に従って，事務総長は計画予算案（Proposed programme budget）
を準備する。計画予算案に先行するものとして計画案の提出と総会の承認を求
められているのは，国連計画予算（いわゆる通常予算）であり，他の予算につ
いては，計画面と予算面を 1 つの提案書（計画予算案）として総会に提出する。
事務総長案の段階の予算案文書には，すべて「proposed（案）」が付されてい
る。総会が，必要な修正を加えて承認した後のものについて，はじめて
「proposed」の記述が削除されることになる。従って，過去の文書を調べる場
合には，それが事務総長案の段階のものであるのか，総会が承認したものであ
るのかを確認することが必要である。

(3)　ACABQ による審議

総会手続規則は，総会決議 14（I）（13 February 1946）によって設置された総
会の常設委員会である ACABQ について以下の通り規定する。

規則 155　任命

総会は，少なくとも 3 名の財政専門家を含む 16 名からなる行財政問題諮問
委員会を任命する[3]。

---

(3)　The rules of Procedure of the General Assembly（以下(5)まで同じ）Appointment

第1節　現在の「しくみ」

規則157 機能

行財政問題諮問委員会は，国連の計画予算について専門的な審議を行うことを任務とし，行政予算委員会（第5委員会）を支援する。翌年からの2か年の予算案を審議する通常会期の冒頭に，委員会は，2か年計画予算案に関する詳細報告を総会に提出するものとする。

また，委員会は，財政規程・規則の関連の条項での指定に従い，事務総長が行政上の責任を有する国連と全ての国連機関の勘定についての報告を総会に提出する。

委員会は，総会に代わり，専門機関の行政的予算および専門機関との財政上および予算上の取極に基づく提案を審議する。委員会は，在籍規則が指定する他の任務を実施する[(4)]。

総会第5委員会は，事務総長報告書をACABQ報告書と合わせて審議する。逆にいえば，ACABQが事務総長報告書に関する審議を終了しておらずACABQ報告書が発出されていないうちは，事務総長は，当該事務総長報告書を総会第5委員会の審議に付託することはできない。

(4) **第5委員会による審議**

総会手続規則は，以下のように規定している。

Rule 155: The General Assembly shall appoint an Advisory Committee on Administrative and Budgetary Questions consisting of sixteen members, including at least three financial experts of recognized standing.

(4) Functions

Rule 157: The Advisory Committee on Administrative and Budgetary Questions shall be responsible for expert examination of the programme budget of the United Nations and shall assist the Administrative and Budgetary Committee (Fifth Committee). At the beginning of each regular session at which the proposed programme budget for the following biennium is to be considered, it shall submit to the General Assembly a detailed report on the proposed programme budget for that biennium. It shall also submit, at such times as may be specified in the applicable provisions of the Financial Regulations and Rules of the United Nations, a report on the accounts of the United Nations and all United Nations entities for which the Secretary-General has administrative responsibility. It shall examine on behalf of the General Assembly the administrative budgets of specialized agencies and proposals for financial and budgetary arrangements with such agencies. It shall perform such other duties as may be assigned to it under the Financial Regulations of the United Nations.

129

第4章　国連事務局の財政（国連通常予算）

規則98

総会の主要委員会は以下のとおり。
(a) 軍縮及び国際安全保障に関する委員会（第1委員会）
(b) 政治及び非植民地化に関する特別委員会（第4委員会）（パレスチナに関する特別委員会を吸収）
(c) 経済・金融に関する委員会（第2委員会）
(d) 社会，人道，文化に関する委員会（第3委員会）
(e) 行財政に関する委員会（第5委員会）
(f) 法務に関する委員会（第6委員会）

また，総会決議45/248（1990年）セクションⅥ「行財政事項に関する手続」は，以下のように述べている。

主文1　第5委員会が，行財政事項を扱う責任を付託された総会の主要委員会であることを再確認する。
主文2　ACABQの役割についても再確認する。
主文3　他の委員会や政府間協議体が，行財政事項に関与する傾向について懸念する。
主文4　全ての政府間協議体に対し，行財政事項に関する手続についての必要な情報を提供するよう，事務総長に対して要請する。

この主文4が「全ての政府間協議体に対して，行財政事項に関する手続きについての必要な情報を提供するよう事務総長に対して要請」しているのに，主文3が，これらの委員会などが「行財政事項に関与する傾向について懸念する」としていることについて，少し補足したい。主文4が述べているのは，指示事項を創出する全ての政府間協議体は，その指示事項の実施のためにかかる経費や体制がどのようなものになるのか承知すべきであるという趣旨，つまり自分たちが作り出す指示事項の執行のすがたについて承知した上で，指示事項を発出すべきという趣旨であり，極めて適切な内容である。他方，主文

開会前の第5委員会公式会合の会議場

130

第1節　現在の「しくみ」

3は，個別の委員会や政府間協議体が，第5委員会が決定すべき事項，すなわち経費の規模や負担方法，及びそもそも「この機構の経費」とするかどうかの判断に介入してくることへの懸念を表明するものである。つまり，他の政府間協議体は，自分たちが発出する指示事項の行財政的側面について，無知であってはならないが，決定を行う権限はないという意味である。

(5)　予算の承認方法

　国連の予算は，行財政問題委員会である第5委員会で審議される（公式会合，非公式協議などの段階は，第1章第3節第3項参照）。第5委員会の決議案の形で承認されたあと，総会本会議に送致され，本会議の決議として承認される。したがって，決議案についての「アクション」（採択行為）は，第5委員会と本会議の二段階で行われるが，一段階目（第5委員会）で採択されたテキストは，総会本会議で採択されるまではまだ決議「案」である。

　アクションに際しての規定は，2つの段階で若干異なる。

　第5委員会での決議採択の際に適用されるのは，総会手続規則126である。同規則は，「委員会における決定は，出席しかつ投票する加盟国の過半数により行われる[5]」と規定しており，単純多数決が適用される。

　これに対し，国連憲章第18条では，総会本会議での「重要事項」についての投票には加重多数決が適用されると規定し，予算事項を「重要事項」の一つとして列挙している[6]。

---

(5)　Rule 126.

Decisions in the committees of the General Assembly shall be made by a majority of members present and voting.

(6)　The Charter of the United Nations,

Article 18

1 Each member of the General Assembly shall have one vote.

2 Decisions of the General Assembly on important questions shall be made by a two-thirds majority of the members present and voting. These questions shall include: recommendations with respect to the maintenance of international peace and security, the election of the non-permanent members of the Security Council, the election of the members of the Economic and Social Council, the election of members of the Trusteeship Council in accordance with paragraph 1 (c) of Article 86, the admission of new Members to the United Nations, the suspension of the rights and privileges of membership, the expulsion of Members, questions relating to the operation of the

第 4 章　国連事務局の財政（国連通常予算）

　このように，投票による決議採択は，国連憲章上でも総会手続き規則上でも規定された適正な手続きである。しかし，予算決議を投票によって採択することは，反対した国による分担金不払いを招く可能性を常に包含しており，当該予算決議が手当しようとしている活動の実施に悪影響を及ぼす結果となる恐れがあることを，加盟国は何度も経験してきた。その経験を踏まえ，第 5 委員会では加盟国は，意思決定の迅速性を犠牲にしてでも，予算決議を<u>無投票</u>（コンセンサスとは異なる。）で採択できるよう合意形成にむけた交渉を行うことを意識的に努めてきた。この意思決定のあり方は総会決議 41/213 で，「第 5 委員会が国連憲章及び総会手続き規則に従って総会に計画予算の概略についての勧告を提出する際に，引き続き「可能な限り広い合意（the broadest possible agreement）」を形成するためのあらゆる努力を行うことが望ましい」と明記されている[7]。秋から冬に開催される主要会期が，12 月に入ると週末や深夜にも交渉が行われ，時として決議採択がクリスマスを超えてしまうこともあるのは，まさに「可能な限り広い合意」を追求するからである。

　なお，決議の一部について，残念ながら合意に至ることができず，投票によることがやむ得ない場合もある。そのような場合には，交渉の過程で合意が得られない事項に関するパラを予算規模そのものについてのパラとは別のパラとし，そのパラのみを分割投票に付して採決あるいは否決したうえで，予算決議全体については無投票で採択するのが通例となっている。

第 2 項　計画予算の概形（2 か年計画予算（〜2019 年））

　計画予算に関しては，さらに「計画策定，予算のプログラム面，履行のモニタリング及び評価の方法に関する規程及び規則[8]」（Regulations and Rules Governing Programme Plannning, the Programme Aspects of the Budget, the Monitoring of Implementation and the Methods of Evaluation），通称 PPBME と呼ばれる枠組みが，予算案の策定から執行後までの，事務総長と事務局，加盟国（総会，計画調整委員会），及び他の関連主体の権限と責任を規定している。

---

　　trusteeship system, and budgetary questions.

(7)　A/RES/41/213 II 主文．

(8)　最新のものは ST/SGB/2018/3。

132

第1節　現在の「しくみ」

ここでは，財政規程・規則とPPBME及び関連決議を参照しつつ，計画予算のしくみについて説明したい。

(1)　プロセス概略

2018−2019年2か年予算までの計画予算は，策定に2年間，実施に2年間，検査に1年を要するプロセスである。策定の1年目に，加盟国は事務総長の計画案についての審議と予算総額に関する決定を行い，計画案（事業計画）と総額上限をもって事務総長に2か年予算案の起案を発注する。策定の2年目に，これを受けて事務総長が提出する予算案を，加盟国が審議し承認する。承認された2か年予算に従って事務総長は業務を執行するが，執行途中に追加経費を要する事情が生じる場合には，一定の要件のもとで加盟国に追加経費の審議を求める。2年間の執行が終わると，事務総長は，業務結果をプログラム執行状況報告書で加盟国に報告し，また加盟国の代表として会計検査委員会（Board of Auditors）が財務報告書を付した検査結果を加盟国に報告する。

現行のしくみは，総会決議41/213及び42/211が規定したプロセスを基本としており，総会決議58/269で一部を改訂したものである。事務総長と加盟国の間の意思形成という意味では，計画面と総額で1往復，それを踏まえた予算案で一往復，あわせて二往復するプロセスとなっている。

なお，2020年より試験的に導入する予定の単年予算の策定プロセスについては，第3節で触れる。

(2)　事務総長の計画案提出と加盟国による承認（1年目）

PPBMEは，策定1年目のプロセスのうち，計画面につき以下のとおり規定している。

第4条　戦略的枠組
規程4.1　事務総長は，戦略的枠組を提案する。戦略的枠組は1つの文書として以下のもので構成される。
(a)　パート1：国連の長期目標を反映した「計画アウトライン」
(b)　パート2：2か年をカバーする「2か年プログラム計画」
規則104.1　戦略的枠組は，以下の主要な基準に基づくものとする。
(a)　長期目標は，国連の活動分野におけるすべての関連する立法的マンデー

133

第4章　国連事務局の財政（国連通常予算）

トに整合的であること

(b)　政府間会議や首脳会議の成果文書

(c)　関連するプログラム管理者のインプット。(d)政府間協議体で合意された用語や表現を使用すること

規則 104.2

(a)　事務総長は，国連の長期目標を反映したパート1：計画アウトラインを策定する。

(b)　事務総長は，2か年をカバーするパート2：2か年プログラム計画を策定する。

(c)　本規程・規則に従って戦略的枠組の起案を行うための指示を発出するものとする。財政規則 101.3(c)で定義されるところの各部局の長は，彼らの担当分野に属するプログラムについての詳細な案を，事務総長が求める時期と方法で事務総長に提出する。

(d)　事務総長は，6週間前の文書発出ルールに従い，4月末までに，戦略的枠組案及びその改定案を計画調整委員会に提出するための工程表を設置するものとする。

規程 4.2　戦略的枠組みは，立法的マンデートをプログラムやサブプログラムに翻訳したものである，目的及び戦略は，政府間機関が設置した政策的方向性や目標を基本とするものである必要がある。戦略的枠組は，機能委員会や地域的政府間機関がそれぞれの権能に属する事項についての決議により加盟国が設定した優先事項を明確に反映したものである必要があり，計画調整委員会はこのための助言を行う。

　この段階で，加盟国側の主要な主体であるのが計画調整委員会（CPC）である。CPC が戦略的枠組みの審議を行うにあたっては，本章の冒頭で述べた，「提案の内容・規模と，提案の根拠であると事務総長が述べている政府間決定との整合性（政府間決定の文言が正確に計画として翻訳されているか，拡大解釈されていないか，そもそも「この機構の経費」に該当するものか）」という観点が基本的指針となる。具体的な例をあげると，2016年の CPC に提出された「プログラム3（政務）」に関する戦略的枠組み案で事務総長は，サブプログラム1「予防」の下にあった機能の1つである「仲裁」を1つの独立したサブプログラムとして新設することを提案したが，CPC はこの新設の根拠となる政府間決定がないとして，承認しなかった。サブプログラムの新設は，実質的には

第1節 現在の「しくみ」

「課」の新設と同義であり，組織全体の拡大にもつながるため，加盟国側がこの提案を裏付けるのに十分な政府間決定の根拠を求めた結果であった。

CPC が，必要に応じて修正を加えたうえで承認した戦略的枠組案は，CPC 報告書によって 7 月の経済社会理事会及び総会に報告される。これをうけ，総会第 5 委員会は主要会期（10 月から 12 月に開催）において，「計画策定」の議題のもとで CPC 報告書の審議を行い，決議により同報告書をエンドースすることで，戦略的枠組についての加盟国の承認が確定する。

⑶　予算総額案の決定

予算アウトラインは，具体的な数字で示される次期予算案の総額である[9]。PPBME は，以下のように規定している。これは，総会決議 41/213 AnnexI での予算アウトラインについての規定を反映したものである。

PPBME 規程 3.2
予算プロセス
A．非予算年
1．事務総長は，以下の要素を含む次期 2 か年の計画予算のアウトラインを【総会に】提出する。(【　】内筆者補足)
⒜　2 か年の活動計画案を実施するために必要なリソースの概算
⒝　広範なセクターにおける一般的な傾向を反映した優先事項
⒞　前予算との実質的比較
⒟　リソース総額に対する割合いで示した予備費の規模[10]

---

[9]　総会決議 41/213 AnnexI パラグラフ 2 では，予算アウトライン案の審議についての CPC の役割について触れているが，総会決議 58/269 により，CPC は予算アウトラインを審議しないこととなった。

[10]　PPBME Regulation 3.2 The Secretary-General shall submit an outline of the programme budget for the following biennium, which shall contain an indication of the following:
(a) A preliminary estimate of the resources required to accommodate the proposed programme of activities during the biennium;
(b) Priorities, reflecting general trends of a broad sectoral nature;
(c) Real growth, positive or negative, compared with the previous budget;
(d) The size of the contingency fund expressed as a percentage of the overall level of resources.

第 4 章　国連事務局の財政（国連通常予算）

　総会第 5 委員会は，ACABQ の勧告も踏まえて[11]，主要会期で予算アウトライン事務総長案を審議する。審議の際には，事務総長案がベースとした活動の要素やこれまでの予算の執行状況などが精査され，開発分野により多くの分担金を仕向けるべきだと主張する途上国と，中長期的な予算抑制につながる措置や一時的投資を重視する主要財政貢献国との立場の隔たりを埋めるための交渉が集中的に行われる。交渉の結果合意した具体的な数字が総会決議で示され，同じ決議の中で事務総長に対し次期 2 か年予算案の策定が要請される。つまり，承認した実施計画についての予算案を，決定した総額の中で策定するよう，事務総長に対して加盟国が発注するということである。

　予算アウトラインについての総会の決定は，厳密な意味での拘束力はないものの，すべての加盟国にとって次期予算に対する負担規模の予見可能性を確保するものであるため，事務総長は，可能な限り総会決議が示した数字に従った予算案を策定することが求められる。

⑷　**事務総長による予算案の策定権限と加盟国による承認**（策定 2 年目）

　加盟国による上記⑵による計画面（戦略的枠組案）の承認と，上記⑶による総額（予算アウトライン）の承認による「発注」を受け，事務総長はこれらに必要経費を盛り込んだ 2 か年予算案を策定し，加盟国に提出する。

　財政規程 2.4　事務総長は，予算年度の 2 年目に，次期予算期間に関する計画予算案を総会主要会期に提出する。この計画予算案は，遅くとも会期の 5 週間前までにすべての加盟国に配布されるものとする。

　PPBME

　規程 3.2

　2．総会の決定を受けて，事務総長は次期 2 か年の計画予算案を準備する。

　B．予算年

　6．計画予算文書のプログラム面の叙述部分は，2 か年プログラム計画と同
　　一のものとする。

　7．事務総長は，予算案文書の総括部分に，2 か年プログラム計画の策定後

---

(11)　PPBME Regulation 3.2 3. Throughout this process, the mandate and functions of the Advisory Committee on Administrative and Budgetary Questions shall be fully respected. The Advisory Committee shall consider the outline of the programme budget in accordance with its terms of reference.

第1節　現在の「しくみ」

に総会が新たに承認あるいは改定したマンデートについての情報を含める
ものとする。CPC は，そのような新たなあるいは改定されたマンデート
の計画面について審議を行うとともに，2ヵ年プログラム計画と計画予算
案のプログラム面の差異についても審議を行う。

8．計画予算には，毎年更新されている恒常的な性格を有する政治的活動に
ついての経費を，関連する会議経費とともに盛りこむものとする。

Ⅴ　予算のプログラム面

　規程5.1　予算アウトラインは，戦略的枠組が審議・承認された後に総会に
提出され，承認されるものとする。総会が承認した後，戦略的枠組と予算アウ
トラインは，計画予算案の基礎を形成するものとする。計画予算はプログラム
のレベル及びサブプログラムのレベルでの経費情報を盛り込む。

　規程5.3　計画予算案において，経費要求にはどういった期待される成果に
資するアウトプットのために必要かという説明を付さねばならない。

　規程5.4　計画予算は，パート，セクション，プログラム毎に作成する。プ
ログラムの叙述部分は，2ヵ年のサブプログラム，アウトプット，目的，期待
される成果について記述する。（以下略）

　規程5.5　計画予算でリソースを必要とする全ての国連の活動については，
計画を策定しなければならない

　これらの規程に従い，事務総長は，策定2年目の冒頭から，第2章で触れた
全38セクションにわたる計画予算案を策定することとなる。国際司法裁判所
（ICJ）を除く各部局の長から提出されたそれぞれの部局の計画予算案原案は，
管理局予算部により精査・調整を受けたうえで，完成したものから随時発出さ
れる。ICJ は，計画予算において，セクションの1つとして扱われているが，
司法の独立を維持するために，ICJ 予算案は管理局予算部の精査を経由せず，
事務総長との協議をとおして，総会に，事務総長案の一部として提出すること
が認められている[12]。

─────────────

(12)　財政規程

　　C. International Court of Justice

　　　Budget preparation and submission

　　　Regulation 2.14. The programme budget proposals of the International Court of
Justice shall be prepared by the Court in consultation with the Secretary-General.
These programme budget proposals shall be submitted to the General Assembly by

137

第 4 章　国連事務局の財政（国連通常予算）

年度ごとの変動が少ないセクションには，3 月あたりにすでに発出されるものもあるが，プログラム面あるいは予算面で大きな変動を及ぼす決定がなされたセクションの計画予算案発出には，より時間がかかる。これらの予算案について，第 5 委員会に対し勧告を作成するのが ACABQ である。ACABQ は，春の会期（5 月から 7 月）のほとんどを，計画予算案の審議に費やし，総会の第 5 委員会主要会期がはじまる前に，計画予算案に関する勧告を盛り込んだ報告書を発出する。

このような ACABQ の関与について，財政規程は以下のように規定している。

規程 2.5　事務総長は，予算期間 2 年目の遅くとも総会主要会期の 12 週間前までに，次期予算期間の計画予算案を ACABQ に提出しなければならない。

規程 2.6　ACABQ は，計画予算事務総長案についての報告書を作成し，計画予算案の配布と同時期に加盟国に配布する。報告書及びその補足文書には，CPC の勧告に基づき作成された計画予算上のインプリケーション案についての ACABQ の勧告を含めるものとする。

規程 2.7　総会は，予算期間の 2 年目に，計画予算案とそれについての ACABQ 報告書を審議し，計画予算を採択する。

第 5 委員会での計画予算審議は，通常主要会期の冒頭から開始される。第 5 委員会公式会合への計画予算案の審議付託とそのための説明（イントロダクション）は，事務総長自身が行うことが通例である。これに続き，加盟国が公式発言を行って立場表明を行う。非公式協議での交渉期間は約 3 ヶ月に及ぶ。予算に関する決議が採択されるのは，例年年末遅くである。

第 5 委員会は，1 国 1 票の国連総会の原則を体現する協議体である。第 5 委員会での決議作成においては，他の委員会や安保理で採用されているようなペンホルダー（主要起案者）はいない。いるのはコーディネーター（ファシリテーター）のみであり，コーディネーターは，決議の採択に体裁上最低限要される骨格案（スケルトン）のみを加盟国に対し議論の基礎として提示するが，決議の実体となる各文言案は全加盟国が提出する権利を有している。コーディネーターは，出身国代表としてではなく，すべての加盟国に対し公平な存在として，

---

the Secretary-General, together with such observations as he or she may deem desirable.

第1節 現在の「しくみ」

これらの文言案を，交渉を促進する形で整理し，協議の場を設定し，交渉の進捗を管理することが求められる。言い換えれば，コーディネーターは，他の委員会や安保理で採用されているようなペンホルダーのように，各国から提出された文言案に影響を及ぼすことはできない。これは，一見非合理的な交渉方法に思えるかもしれないが，「broadest possible agreement」を形成するために第5委員会が構築してきた作業方法である。

総会による計画予算の承認は，2つの体裁の決議により示される。1つは，計画予算事務総長案に対する加盟国による修正を説明したものであり，もう1つは，その結果としての各部局ごとの予算額の配分である。2018-2019年度2か年予算に関しては，総会決議72/261が前者に，総会決議72/263が後者にあたる。また，これに伴い2件の付帯決議（予見されざる経費及び運転資本基金）があわせて採択される。(2018-2019年度2か年予算に関しては，それぞれ総会決議72/264及び72/265。それぞれ第4項(2)及び第3項(2)参照。)

図13　2か年予算のプロセス

1年目：2か年予算開始前々年（2018—19年度2か年予算の場合は2016年）

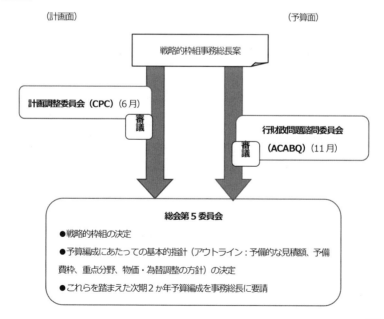

第4章　国連事務局の財政（国連通常予算）

2年目：2か年予算開始前年（2018—19年度2か年予算の場合は2017年）

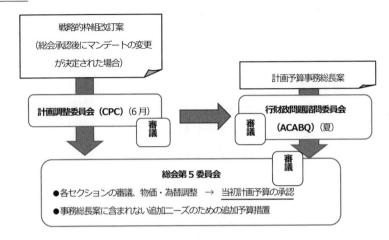

3年目：2か年予算執行1年目（2018—19年度2か年予算の場合は2018年）

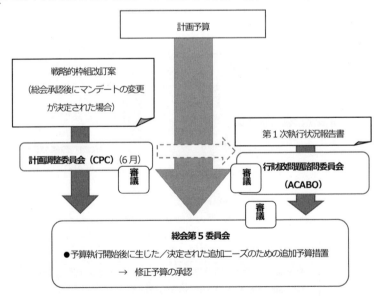

第1節　現在の「しくみ」

4年目：2か年予算執行1年目（2018―19年度2か年予算の場合は2019年）

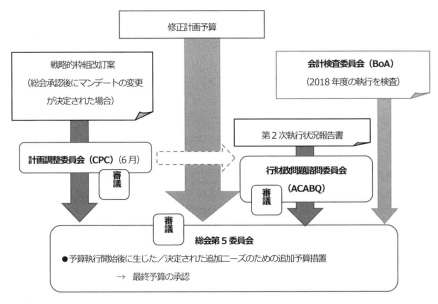

5年目：2か年予算終了後の年（2018―19年度2か年予算の場合は2020年）

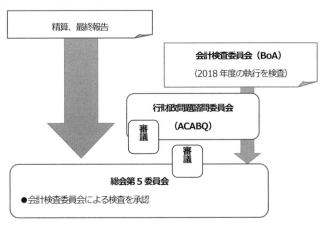

第4章　国連事務局の財政（国連通常予算）

> ■ こぼれ話 ■
>
> 　よいコーディネーターとは
>
> 　よいコーディネーターとは，現実的にタイムマネジメントを行える交渉官であると私は考える。担当した議題についてよく勉強しておく必要はあるが，決して専門家である必要はない。但し，その議題に関するステークホルダーがどの国の誰であるかを可能な限り事前に把握し，複数のステークホルダー達の間の立場の隔たりを縮めるのに必要な協議の回数，交渉のレベル，及びそれらに要する時間を会期末から逆算し，最も効果的かつ有益なタイミングで非公式協議と非公式非公式を開催する政治感覚と時間感覚が必要である。コーディネーターは，ビューローに対し，自分が担当する議題の協議日程を提案することができる。仮にビューローが提示した作業計画案での自分の担当する議題の協議日程が，交渉にとって有益でないと判断すれば，変更を求めるのはコーディネーターの責任である。また，各ステークホルダーとの間でごく非公式に自分の計画を共有し，他のステークホルダーとの間での交渉を促すことも重要な役割である。ここで大切なことは，コーディネーター自身は決して交渉官でないということを常に認識することである。
>
> 　したがって，悪いコーディネーターとは，これらの感覚を持ち合わせていない者ということになる。具体的にどういうことかというと，決議案のうちのどこが交渉の肝の要素かを把握することなく，協議の回数を重ねれば，自然と合意が形成されるだろうと考えて，無計画に非公式協議を繰り返すコーディネーターは，各国の交渉官の時間を浪費させるだけである。会期末までの時間が限られていることに焦り，自身のコーディネーターとしての立場を忘れて，各国に妥協を迫るコーディネーターは，大きな反発を受ける。
>
> 　私は，第5委員会においていくつかの議題のコーディネーターを引き受けた。2018年には各会期にそれぞれコーディネーターの役目を仰せつかった。多国間交渉において，主役はもちろん各国交渉官であり，自国の提案を合意に導くことができたときの達成感は他に比べるものはないが，多国間交渉をいかに動かすかを考えるにあたっては，コーディネーターという役割を経験するのも有益であろう。

142

第1節 現在の「しくみ」

第3項 予算決定から分担率の徴収まで

(1) 請　求　書

　総会が計画予算を承認すると，これにもとづき事務局は通常予算分担率に基づき各国の分担金額を算出し，請求書を送付する。請求書は通常，翌年の1月初旬に送付される。計画予算の規模に変動がなければ，請求金額は予算年度1年目も2年目も同様に計画予算総額の半額に対する分担金となるが，実際には予算執行中に変動を調整しているため，この金額は異なることがほとんどである。

　財政規程3.5は，請求書の受領後30日を支払い期限としているが，実際には各国の予算制度の違いにより，2月上旬までに支払いを行うことができる国は多くない。そのため，同規程後段では，翌年の1月1日時点での前年度の未払い額を滞納と規定しており，請求書発出の同年度内に支払われる限り，請求書受領後31日を過ぎた未払い金を滞納の定義から除外している。

　分担金を2年以上滞納している加盟国は，国連憲章第19条の規定により投票権を停止される。

　「第19条　この機構に対する分担金の支払いを滞納している加盟国は，その滞納の額がその時までの満2年間にその国から支払われるべきであった分担金の額に等しいか，またはこれを超えるときは，総会で投票権を有しない。但し，総会は，支払いの不履行がこのような加盟国にとってやむを得ない事情によると認めるときは，その加盟国に投票を許すことができる。」

(2) 分担金支払い受領までのキャッシュフローの確保

　国連計画予算の開始日は1月1日である。他方で，上記で述べたとおり，各国に請求書が発出されるのは1月初旬以降である。分担金の支払いを受けるのは，どれだけ早くとも国内で国連からの請求書が処理されてからである。そうすると，国連には一定期間キャッシュがない状態が生じることになる。運転資本基金（Working Capital Fund：WCF）は，一義的にはこのような予算年度冒頭のキャッシュフロー確保のために設置されたもので，国連設立直後の予算からすでに設置されている。1947年度の国連予算約2700万ドルに対し，2000万ドルの運転資本基金が設置されていた。この当時すでに，予見されざる，または特別の支出のための一時的な使用などの使用法が規定されていたが，その中

143

第4章　国連事務局の財政（国連通常予算）

図14　予算執行中に生じる追加経費

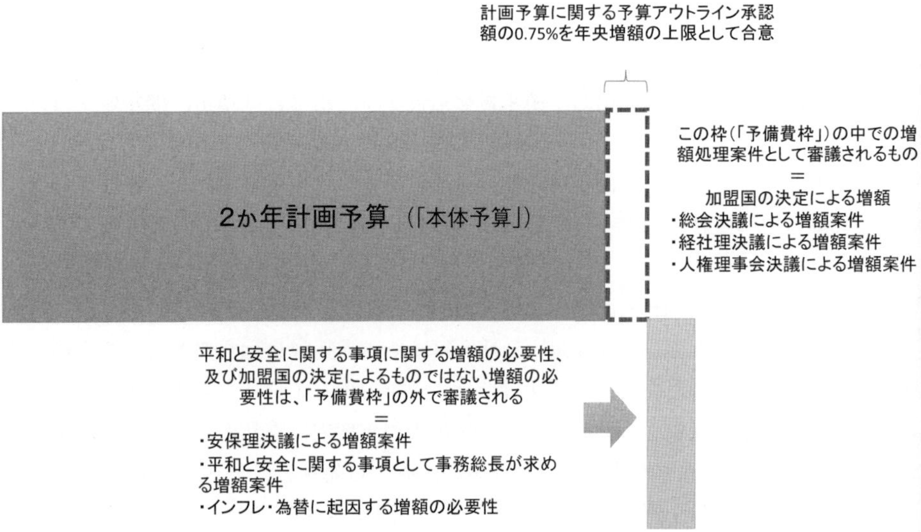

には今ではない規定（他の専門機関への貸し出しや職員の住居のための前貸しなど）も含まれていたことが、予算規模に対する基金規模の大きさの理由であろう。

現在のWCFの規模は、1億5千万ドルであり、年央のキャッシュ不足の際、及び支出権限の一時的支弁に使用されている。

さらに1965年に総会決議2053（XX）で、国連の財政危機に対処するために各国から任意拠出を募って設置した特別基金（Special Account）が、運転資本基金に一時的に大きなキャッシュの負荷がかかったときに緊急財源としてキャッシュフローを支えている。現在の特別会計は2億ドル強となっている[13]。

第4項　2か年予算執行中に生じる変動への対応

このようにして、約2年間の策定・審議プロセスを経て承認に至る国連計画予算であるが、その策定プロセスが始まってしまってから（便宜的に、このプ

---

(13) A/73/493 First performance report on the programme budget for the biennium 2018-2019, パラ65。

第1節 現在の「しくみ」

ロセスで審議の対象とする事務総長予算案を「本体予算案」とする)，あるいは策
定プロセスを経て承認された予算（便宜的にこれを「本体予算」とする）の執行
がはじまってから，これに含まれていない経費が必要となる場合がある。総会
は，このような「本体予算」外のニーズに対応するためのメカニズムを，決議
によってあらかじめ規定している。

　「本体予算」外のニーズは，その要因により，大きく3つに分けられる。す
なわち，加盟国の決定も事務総長の決定も介しない事情によるもの，加盟国に
はまだ諮っていないが事務総長の決定によるもの，加盟国の決定によるもの，
であり，どれにあたるかによて適用するメカニズムが異なる。

(1)　加盟国の決定も事務総長の決定も介しない事情によるもの
　予算策定の際にベースとした単価の変動やインプットの変更に伴う予算上の
変動が生じる場合，総会は，まず事務総長に与えられた予算の中で「帳尻を合
わせる」ことを認めている。
　①　計画予算セクション内における事務総長の資金移転権限
　計画予算の特定のセクションに属する活動のために，事務総長は該当する予
算セクション内で資金を移転（transfer）することができる。ただし，ポスト
費（確立されたポストにかかる人件費）・非ポスト費間の資金移転には，総会の
承認が必要（A/RES/55/231，主文16, 17）。
　②　計画予算セクション間の資金移転
　計画予算の特定のセクションに属する活動のために，当初の計画予算で配分
されている以上の支出が必要となった場合，原則として予算セクション間の資
金移転には総会の承認が必要（財政規程5.6）だが，総会がACABQにこの権
限を委任している場合には，管理担当事務次長がACABQの承認を得て別の
セクションにおける残額（クレジット）を移転することができる（財政規則
105.1，A/RES/72/263A，主文2）。ポスト費・非ポスト費間の資金移転には，総
会の承認が必要（A/RES/55/231，主文16, 17）。

　予算の策定の際に基本とした物価が予算執行中に変動し，上方修正が必要と
なる場合がある。また，国連計画予算は米ドルで策定されているが，カバーす
る事務所所在地が複数にわたっていることから，それらの事務所等による活動

145

第4章　国連事務局の財政（国連通常予算）

の実施に関して為替レートの影響を受けざるをえない。この2つの要因による変動については，現時点では，予算執行中の1年度めの末及び2年度めの末に提出される計画予算の執行状況報告書（Performance report）の中で事務総長が要求することを認めている。

　インフレ及び為替の影響に伴う変動にどう対応するかという問題は，現在の予算プロセスの基本となる総会決議41/213の時代から検討され，たとえばこのような変動を吸収するための基金の設置の可能性などが提起されてきた。現在は一部の通貨について先行購入などによる対応策が模索されたりしているが，包括的な解決策には至っていない。

　インフレや為替の影響に伴う変動は，これらを算出の基礎としている職員給与にも変動をもたらす。これについても，上方修正を要する場合には，現時点では執行状況報告書によって要求が提出されることとされている。

(2)　事務総長の決定によるもの，及び国際司法裁判所（ICJ）の要請によるもの

　次に，加盟国の決定によらない事情による追加経費ニーズのうち，以下の場合には，事務総長は，「予見されざる経費（Unforeseen and Extraordinary Expenses）」のメカニズムのもとで，いったん分担金を前借りし，事後的に執行状況報告書を通じて相当分を加盟国に要求することが認められている。2018－2019年2か年予算に関してこれを認めた決議は総会決議72/264である。同決議が規定する要件は以下のとおり。

・ICJ所長が以下の事情にあたると認めるもの
　アドホック判事の任命に関するもの（20万ドルを超えないもの）
　証人の召喚及び専門家ならびに陪席判事の任命に関するもの（5万ドルを超えないもの）
　再選されなかった判事の事案完了に関するもの（4万ドルを超えないもの）
　退任する判事の年金，移動，離任手当の支払い等に関するもの（41万ドルを超えないもの）
　法廷及びハーグ以外の場所で行う法廷の作業に関するもの（2万5千ドルを超えないもの）
・安全・保安措置に関し，2か年中に100万ドルを超えないもの

第1節　現在の「しくみ」

　以上の要件に合致する場合，事務総長は自身の決定により，運転資本基金か
ら相当額を前借りし支出行為を行うことができる（支出権限）。事務総長は，
この支出につき執行状況報告書で報告し，相当分の予算化及び分担金化を求め
なければならない。総会がこの支出を承認し分担金が支払われた後，事務総長
はこの相当分を運転資本基金に返納する。

(3)　加盟国の決定によるもの
加盟国の決定：個別委員会による新たな要請
　2か年予算の執行中に，「本体予算」が予定していない活動やアウトプット
を新たに加盟国が要請し，そのための経費が追加的に必要となる場合，一般的
にいえば，それに相応する経費が与えられることが適当ということになるだろ
う。しかしながら，国連の機能や意思決定機関における議題の拡大とともに，
このような追加的な活動やアウトプットの要請（マンデート設置）は，必ずし
も国連の予算規模を考慮しない協議体によって無制限に行われるようになり，
国連予算と組織の肥大化を招いた。そこで，加盟国は，予算執行期間中の新た
なマンデート設置と予算肥大化に歯止めをかけるための仕組みを整備した。
　まず，各委員会に対する抑制のための指示が，総会手続規則153である。同
規則は，以下のように明記している。

　「経費を伴う決議は，事務総長が作成した経費の見積書を添付しない限り，
総会の承認を求めるため委員会が勧告してはならない。事務総長が経費を予想
する決議は行政予算委員会（第5委員会）が国際連合の予算の見積に対するその
提案の影響について述べる機会を得るまで，総会で表決に付してはならない。」
Rule 153
No resolution involving expenditure shall be recommended by a committee for
approval by the General Assembly unless it is accompanied by an estimate of
expenditures prepared by the Secretary-General. No resolution in respect of
which expenditures are anticipated by the Secretary-General shall be voted by
the General Assembly until the Administrative and Budgetary Committee (Fifth
Committee) has had an opportunity of stating the effect of the proposal upon
the budget estimates of the United Nations.

第4章　国連事務局の財政（国連通常予算）

また，続く規則154は次のように規定している。

「事務総長は，すべての委員会に対し，彼らが総会の承認を得るために上程したすべての決議の必要経費の詳細につき周知しなければならない。」
Rule 154
The Secretary-General shall keep all committees informed of the detailed estimated cost of all resolutions which have been recommended by the committees for approval by the General Assembly.

この規則の意図につき，これを起草した「総会の手続き合理化に関する特別委員会」は次のように述べている。

「C．財政に対する影響
1．財政的統制
97．特別委員会は，手続規則の規則154および155（注：現153及び154）の規定は申し分なく，また，厳格に適用されるべきであると感じている〔第272項〕。
98．決議案の財政に対する影響は優先される事柄の包括的な観点から検討されるべきであり，主要機関は，補助機関が採択した基金の歳出を求める決議案を慎重に審議すべきである，というのが特別委員会の意見である〔第273項〕。」[14]

すなわち，予算及び財政を扱わない委員会であっても，それ自身が採択する

---

(14)　Conclusions of the Special Committee on the Rationalization of the Procedures and Organization of the General Assembly.　（現在配布されている総会手続規則の付属文書 Annex IV（a）に所収）
C. Financial implications
1. Financial controls
97. The Special Committee feels that the provisions of rules 154 and 155 [Rules 153 and 154 of the present rules of procedure] of the rules of procedure are satisfactory and should be strictly applied [para. 272].
98. The Special Committee is also of the opinion that the financial implications of draft resolutions should be viewed in terms of an overall assessment of priorities and that the principal organs should give careful consideration to the draft resolutions adopted by their subsidiary organs where such drafts call for the appropriation of funds.

第1節　現在の「しくみ」

決議の予算的な影響について理解し考慮する責任を免れないというのが，この規則の趣旨である。このことは，行財政問題が第5委員会の専権事項であることと矛盾しない。

また，これらの委員会は，予算的な影響を有する決議案について十分な時間的余裕をもって提出することが求められており(15)，さらにそのような決議案の提出期限は12月1日に設定されている(16)。

経済社会理事会の場合

経済社会理事会が計画予算に影響を及ぼす決定を行う場合の検討の仕方については，経済社会理事会の手続規則31が規定している。

2　経社理の委員会（committee or commission）が経社理で承認を求めようとする計画予算に関連する提案は，それが達成すべき目的を明示しなければならない。事務総長は，それらの提案を履行するための最も効果的で経済的な方法を検討し，理事会に適切な勧告を行う。

3　国連の資金からの支出を伴う提案を理事会が承認するに先立ち，事務総長はその提案を履行するのに必要な計画予算上のインプリケーション（PBI）の見積もりを理事会に提出しなければならない。議長は，その見積もりについて注意を促し，提案を検討する際には議論を促すものとする。理事会が提案を承認した場合には，それに従い，事務総長は2か年予算及び中期計画への適切な勧告を追って総会に提出するものとする(17)。

この手続きに従って採択された経社理の決定が計画面での変更を伴い，または事務総長が予算面での変更を伴う（追加的な経費の手当てを要する）と判断す

---

(15)　H. Budgetary and financial questions

12. It is imperative that Main Committees should allow sufficient time for the preparation of the estimate of expenditures by the Secretariat and for its consideration by the Advisory Committee on Administrative and Budgetary Questions and the Fifth Committee and that they should take this requirement into account when they adopt their programme of work.

(16)　13. Furthermore:

(a) A mandatory deadline, not later than 1 December, should be established for the submission to the Fifth Committee of all draft resolutions with financial implications;

(b) ... （以下略）

(17)　Rules of Procedure of the Economic and Social Council, Rule 31 Estimates of expediture.

第4章　国連事務局の財政（国連通常予算）

る場合には，②のとおりの手続きにより，「経社理の決議及び決定による修正見積もり（Revised estimates resulting from resolutions and decisions adopted by the Economic and Social Council)」として，総会に提出される。

　改定見積もりによる追加的要求が総会の各委員会による決議案の審議に伴う手続きと異なるのは，後者のプロセスにおいて，第5委員会の決定が，総会本会議における決議採択の前提となっているのに対し，前者のプロセスでは，経済社会理事会での決議採択行為は第5委員会での決定に先行して行われていることである。これは，総会と経済社会理事会がお互いに独立した憲章化の組織であることに加え，経済社会理事会の会期が総会主要会期と全く重ならないタイミングで行われている（経済社会理事会は通常7月に終了）という事情もあるように思われる。しかしながら，決議採択の効果は，第5委員会の決定後にしか生じない。つまり，理事会決議の履行に計画予算への変更が必要な場合には，第5委員会が変更を承認する決定を行ってからでなければ実施に移すことができない。

人権理事会の場合

　人権理事会の前身であった人権委員会は，経社理の下部組織として設置されていたため，予算年度途中に採択された決議の履行に必要な追加的経費については，経社理の決議及び決定による修正見積もりの一部として処理されていた。2006年に総会は決議60/251により，人権理事会を総会の補助機関として設立した際，人権推進派の諸国及びこれに支援された事務総長が，経社理下部機関あるいは総会下部機関としての位置付けを拒み，総会及び安保理に直接報告する機関とすることに固執し，最終的に総会の補助機関という位置付けとした。そのため，その追加的経費の扱いについては，経社理を経ない修正見積もりとすることとなったが，年3回の会期を通常会期を開催する人権理事会が発生させる追加的経費の扱いについては，人権理事会が設立された後も，より大規模なリソース要求と柔軟性を求める事務総長と，あくまで他の案件と同様の扱いを維持すべきとする加盟国（人権を特別扱いしない加盟国）との間で，議論が続いた。

　ACABQは，人権理事会の改定見積もりを審査した報告書のなかで，「委員会としては，人権理事会の決議および決定により生じる追加的な財政的要請を

150

第1節　現在の「しくみ」

総会に提出する手続きには，改善が必要であると考える」と述べている[18]。

また，それを受けて総会は決議62/245で，事務総長に対し，人権理事会の決議及び決定により生じる財政的要請を提出する手続きを改善するための案を提出するよう要請」した（主文5）。

翌年，事務総長は，このような追加的な財政的要請を改定見積もりとして，毎年（年1回）総会に提出することを提案し[19]，また特別ミッションのような特別の性質（extraordinary nature）のものは，41/213に従って扱うことを提案した[20]。ACABQはこれに対して，事務総長の提案する形での財政的要請の提出方法をより明確にする必要があり，また更なる検討が必要である，したがって委員会としては，現在のモダリティを維持することを勧告する[21]と述べた。

その後，「更なる検討」は行われていないが，事務総長は，自身が提案したとおりの形で，このような財政的必要性のうち一部を「予見されざる経費」のメカニズムをとおして総会に要請し，残る部分を改定見積もり（Revised estimates resulting from resolutions and decisions adopted by the Human Rights Council）として要請することを繰り返し，現在に至っている。このためACABQが指摘した，この2つの異なる要請の提出方法の明確化などは，必ずしも行わないままとなっている。

安全保障理事会の場合

新たなミッション設置や既存のミッションに大きな変更を提案する際に，見積もり概要を理事会に提供すべきとする安保理議長声明（S/PRST/2009/24）（第5章第1節第4項参照）は，PKOのみならず特別政治ミッションを新設する場合にも適用されると考える。

① 事務総長の裁量内での対応

さて，このような決議案の提出を受けた事務総長には，それでも必ずしも総会に追加経費を要請することなく対応する方法が与えられている。

---

(18)　A/62/7/Add.34 para 7, 8.

(19)　A/63/541 セクションIV "Procedure to improve presentation of financial implication from resolutions and decisions of the Human Rights Council" パラ98。

(20)　同パラ99。

(21)　A/63/629 para 10.

第4章　国連事務局の財政（国連通常予算）

1　1つは，上記で説明したリソースの移転（帳尻合わせ）による方法である。これは典型的に年度末の決算段階で用いられる手段であることから，要請時点で予算の執行傾向がある程度明らかになっている場合に採用されやすい方法である。

2　次に，追加リソースを総会に要請することなく対応し，執行状況報告書で報告する方法が与えられている。これは，「限定的な予算上の裁量」（LBD：Limited Budgetary Discretion）として総会決議 60/283 III が規定したメカニズムであり，72/261 XXIII は 2018 - 19 年 2 か年予算に関しても継続して採用することを決定している。

LBD の適用要件は以下のとおり。

・マンデートを付与された計画や活動を実施する際のニーズの増大（evolving needs）に応えるために，事務総長は 2 か年予算年度に 2 千万ドル（非ポスト財源のみ）を上限として支出を行うことができる（主文 6）。総会は，その支出を一時的にまかなうものとして運転資本基金（Working Capital Fund）を事務総長が使うことを認めるが，その支出は当該 2 か年の承認済予算における効率性向上及び資源再配分等による節約から支弁されるものとする（同主文 7）。

・以下の原則に沿って執行することを要する。

(a)　予見されざる経費の対象として承認されているものに用いてはならない。

(b)　人的資源管理政策における変更を何らもたらすものではない。

(c)　計画予算案が引き続き，事務総長がリソースの必要性を提示する基本文書である。

(d)　本メカニズムの採用は，事務総長が追加ポストを要求することを妨げるものではない。

(e)　本メカニズムは，「既存のリソース内で」と規定された決定の履行を実施するために用いられてはならない。

(f)　本メカニズムの採用は，予備費の規定への変更を何らもたらすものではない。

(g)　本メカニズムによる支出が，2 か年予算度内に 600 万ドルを超える場合には，ACABQ の事前の承認が必要。

(h)　本メカニズムの採用は，総会が合意した国連の優先事項を変更するものではない。

第1節　現在の「しくみ」

（i）本メカニズムによる支出は，国連財政規則・規定の適用を受ける。

②　総会への追加経費要求

・総会が合意した増額許容枠の中での総会への追加経費要求

　上記の方法をもってしても，既存の予算の枠内で新たな要請を執行すること
が困難である場合，事務総長は，総会に追加リソースの承認を要請することに
なる。ただし加盟国は，このような要請による計画予算への追加について，上
限枠を課すことに合意した。総会決議41/213は，このような追加の上限を予
算アウトライン総額の0.75％と規定し，この幅を「予備費（Contingency
Fund）」と称した。注意すべきは，この名称が「Fund」という用語を使って
いるものの，あらかじめ資金がプールされているような「基金」に類似するも
のはこの文脈では存在していないということである。この「予備費」はあくま
で上方修正の上限を規定する枠であり，この枠組みで追加承認された予算につ
いては新たに分担金が請求されることになる。

　2018-2019年度2か年予算における予備費の枠は，4046万ドルである（総
会決議71/274主文11）。加盟国の決定（総会，経社理，人権理）に起因する追加
リソースは，すべてこの枠の中で処理される必要がある。総会が採択しようと
する決議の予算的影響は「計画予算インプリケーション（PBI）」と称され，
PBIを発生させる決議案については，第5委員会の決定が行われた後でないと，
総会本会議において決議採択行為ができないという手続き的制限が課されてい
ることは上記で述べたとおりである（総会手続規則153）。経済社会理事会や人
権理事会の決定によって発生する追加予算ニーズは，改訂見積もりと称される。
決議採択の際に事務総長はこれらの決議の予算的影響について説明を行わなけ
ればならない（オーラル・ステートメントの発出）。これらの機関は，第5委員
会での決定を得なくとも決議採択行為自体は可能であるが，決議にて要請した
活動やアウトプットの実施は，総会におけるリソースの承認を待たなければな
らない。

　PBI及び改定見積もりは，通常の予算案件と同様ACABQの審議を経て勧
告を付された形で，第5委員会において審議される。このような追加要請の総
額が予備費の枠を超える場合には，事務総長は統合ステートメントにおいて要
請額が予備費の枠を超えないようにするための提案を含めることとなっている。

153

第 4 章　国連事務局の財政（国連通常予算）

またそのように提出された統合ステートメントに対し，総会が全額を承認するとは限らない。ACABQ が減額勧告をしている場合には，それに従い減額されることが多い。この減額には，特定案件の追加リソースに対するゼロ回答を含むこともある。従って，総会決議 41/213 及び同 42/211 は，各決定機関は，追加要請が認められない場合の代替案についても決定しなければならないと規定している。

・「予見されざる特別な経費」決議に基づく追加経費要求

　加盟国の決定に起因する追加リソースのうち，平和と安全に関するものであると事務総長が認めるものについては，事務総長は，「予見されざる経費」のメカニズムのもとで，いったん分担金を前借りし，事後的に執行状況報告書を通じて相当分を加盟国に要求することが認められている。これが典型的に活用されているのは，安保理の決定による新たな活動の設置や拡大である。2018-2019 年度 2 か年予算に関してこれを認めた決議は総会決議 72/254「Unforeseen and Extraordinary Expenses」）である。同決議では，1 年間に 800 万ドルを超えないものについては，ACABQ の承認を得ることなく支出行為を行うことを認めている。また，800 万ドルを超え 1 千万ドルを超えないものについては，ACABQ の事前の承認（同意）を義務付け，1 千万ドルを超える場合には総会の承認を義務付けている。いずれの場合においても，前借の原資は運転資本基金から持ち出され，執行状況報告書により追加経費分が承認され分担金が支払われた後，相当分を運転資本基金に返金することとなっている。

・補正計画予算案及び改定計画予算

　以上の枠組みの中で対処しきれない場合に，事務総長には補正計画予算案及び改定計画予算案を総会に提出する権限が残されている[(22)]。ただしこれに基づく追加要求は，財政規律の確保のために構築されてきた計画予算の枠組みを外れて行われるものであり，その援用には慎重さが求められる。

第 5 項　執行状況報告書

　事務総長は，毎年の総会主要会期の後半（11 月頃）に執行状況報告書（financial performance report）を提出することが求められている。執行状況報

---

(22)　財政規程 2.8, 2.9。

告書に反映されるべき事項は，為替・インフレによる支出の変動の報告，年度中に ACABQ の承認を得て支出権限で対応したものの予算化などである。為替・インフレによる支出の変動は，マイナスに働く場合もある。予算年度1年目に提出するものを第一次執行状況報告書，2年目に提出するものを第二次執行状況報告書と呼んでいる。また，「限定的な予算上の裁量」を実施した場合も，ここで報告される。

第6項　決算と会計検査

　予算期間が終了した3か月以内に，事務総長は，必要な清算を終え，計画予算勘定についての財務報告を国際公会計基準に従って作成し，国連会計検査委員会に提出しなければならない[23]。

　国連会計検査委員会（UN Board of Auditors）とは，国連の諸勘定の検査を行うために総会が任命する3名の委員で構成される機関であり，委員は出身国の会計検査院長であることが求められている[24]。任期は6年であり，再選不可となっている。

　会計検査委員会は，計画予算勘定のほかにも，財政規程及び国連基金・計画その他の機関との取り決めに基づき，会計検査を行い報告書を提出するため，その業務はほぼ通年にわたる。会計検査委員会はその報告書で，財政手続きの効率性や内部統制など，その機関の行政とマネジメントに関して必要な所見を付すこととされている[25]。会計検査委員会の報告書は，ACABQ を通して総会に提出されることとなっており，会計検査委員会が所見で指摘した内容は，その会期以降の第5委員会での個別予算に関する議論に影響する。

第7項　国連の監査とマネジメント

　加盟国は，国連事務局に指示事項とその実施のための体制（カネ，機構，ヒト＝リソース）を与えるとともに，そのリソースが適切な形で使われ，効果的かつ効率的に指示事項が実施されているかを監視するための機能を設置している。外部の独立機関として設置し，加盟国の代表で構成するものが，上に述べ

---

(23)　財政規程 6.1，6.2。
(24)　財政規程 7.1。
(25)　財政規程 7.5。

第 4 章　国連事務局の財政（国連通常予算）

た会計検査委員会と合同監査団（JIU）で，国連事務局の内部部局として設置したものが内部監査部（OIOS）である。

会計検査委員会

　国連及び基金・計画の会計検査を行う機関として総会決議 74（I）（1946）に基づき 1946 年に，国連の設置後まもなく設置された委員会である。会計検査委員会の役割は財政規則・規程の第 VII 章に規定されており，また国連事務局の検査を実施する際の追加的な TOR も付されている。委員会は，総会が任命する 3 か国の会計検査院（現在の構成国はインド，ドイツ，チリ，任期 6 年）及び事務局で構成され[26]，完全に独立かつ検査にのみ責任を有する機関として[27]検査を実施し，合議制にて報告書を作成する[28]。

　事務総長は，財政規則・規程，関連の立法機関の決定及び国際公会計基準に従って，毎年財政報告を作成する[29]。また事務総長は，予算年度終了から 3 か月以内に会計検査委員会に財務報告を送付し，公認を得ることになっている[30]。

　会計検査委員会は，検査結果に，財政手続きや会計制度，内部財政管理，マネジメントや統括に関する所見を付した報告書を，ACABQ を通じて総会に提出する[31]。また，事務総長は，会計検査委員会の所見を受けて執った是正措置や対応策等について，同じ時期に国連総会に報告する。第 5 委員会は，国連事務局をはじめとして，関連の基金・計画の会計検査委員会報告書[32]を審議し

---

(26)　Financial Regulation 7.1, 7.2.

(27)　Financial Regulation 7.6.

(28)　Financial Regulation 7.4.

(29)　Financial Regulation 6.1.

(30)　Financial Regulation 6.2.

(31)　Financial Regulation 7.5, 7.11, 7.12.

(32)　現在国連会計検査委員会が検査を行っている機関は以下のとおり。

　　　国連本部，国連 PKO，International Trade Centre（ITC），国連大学（UNU），国連開発計画（UNDP），United Nations Capital Development Fund（UNCDF），国連児童基金（UNICEF），国連パレスチナ救済機関（UNRWA），国連訓練研究機関（UNITAR），国連難民高等弁務官（UNHCR）が管理する任意拠出，国連環境計画（UNEP），国連人口基金（UNFPA），国連人間居住計画（UN-HABITAT），国連麻薬犯罪事務所（UNODC），国連プロジェクトサービス（UNOPS），UN-Women，旧ユーゴ国際刑事裁判所（ICTY），国際刑事裁判所残余メカニズム（IRMCT），国連賠償委員会（UNCC），

156

ており，加盟国は，会計検査委員会の指摘事項を，実施中の予算や次期予算案の執行適正化の観点から，極めて高い関心をもって読んでいる[33]。

合同監査団（Joint Inspection Unit：JIU）

合同監査団は，総会決議2150（1966），2735A（1970），2924（1972）にもとづき，1978年1月に，独立の外部監査主体として設置された[34]。合同監査団は，総会が任命する監察官11名（任期5年）及び事務局で構成され，国連，及びJIU設立規程を受け入れたその他国際機関の活動の効率性やリソースの適正利用について監査，評価，勧告を行う。勧告は，報告書の他に，機関の長への書簡やマネジメントレターなどの形で行われ，各機関のフォローアップ状況とともに公開されている。

会計検査委員会と異なるのは，合同監査団は，より中長期的，より機関横断的な観点からの効率性向上や制度的改善を伴う事項を含めた勧告を行うこと，及びそれらの報告書が記名で作成されることである。事務局改革や機構再編などの文脈で，総会はしばしばJIU報告書からインプットを得てきた。以下に示すのはそのようなものの一例であるが，報告書の構成は包括的なものが多く，国連事務局や専門機関の行財政の入門書としても有用であろう。

・国連システムの中期計画策定に関する報告書（JIU/REP/74/1, Report on medium-term planning in the United Nations system（Bertrand監査官））

・国連システムの評価に関する報告書（JIU/REP/1977/1, Report on Evaluation in the United Nations system（Sohm監査官））

・国 連 の 計 画 と 評 価（JIU/REP/1978/1, Programming and Evaluation in the

────────────

国連気候変動枠組み条約事務局（UNFCCC），国連職員年金合同基金（UNJSPF），国連砂漠化防止条約事務局（UNCCD）国連エスクローアカウント。

(33) 財政規則・規定末尾には，国連事務局の会計検査における会計検査委員会の情報へのアクセスや履行状況についての注意喚起など追加的な条項が付されている。

(34) 1965年，総会決議2049（XX）で設置された国連と専門機関の財政状況を検討するためのアドホック委員会は，当時の国連において未発達であった外部監査機能を強化するため，小規模のユニットを設置して特定事項（オンザスポット）の調査を行わせることを提言した。これを受けて，総会は試験的に4年の期間で合同監査団を設置した（総会決議2150（XXI）（1966年）。その後総会決議2735A（XXV）及び2924（XXVII）で活動期間をさらに4年間延長し，任務の見直しを行った後に，総会の常設機関として設置されるに至った。

第 4 章　国連事務局の財政（国連通常予算）

United Nations（Bertrand 監査官））

・国連事務局のアカウンタビリティと監査（JIU/REP/93/5, Accountability and oversight in the United Nations secretariat（Abraszewski 監査官 , Hennes 監査官, Martohadinegoro 監査官））

・国連システム機関の調査機能強化（JIU/REP/2000/9, Strengthening the investigations function in the United Nations system organizations（Fox 監査官 , Münch 監査官 , Othman 監査官））

・成果主義予算策定：国連システム機関の経験（JIU/REP/99/3, Results-based budgeting: The experience of United Nations system organizations（Abraszewski 監査官, Bouayad-agha 監査官 , Fox 監査官））

・国連システムの監査機能（JIU/REP/2006/2, Oversight lacunae in the United Nations system（Wynes 監査官））

・国連機関における ERP の見直し（JIU/REP/2012/8, Review of Enterprise Resource Planning（ERP）systems in United Nations organizations（Flores Callejas 監査官, Terzi 監査官））

・機関間協力の向上による総務サービスの効率性と効果の向上（JIU/REP/ 2018/5, Opportunities to improve efficiency and effectiveness in administrative support services by enhancing inter-agency cooperation（Kramer 監査官））

内部監査部（Office of Internal Oversight Services：OIOS）
　内部監査部（OIOS）は，総会決議 48/218B（1994 年）で，事務総長が国連のリソース及び職員に関する内部監査の責任を果たすにあたって事務総長を支援するために，事務総長のもとに長を事務次長レベルとする組織として設置された。同決議は，OIOS の所掌事務を，プログラムのモニタリング（事務総長による PPBME V 章の履行支援），内部監査（国連の財政的リソースの使用の審査，見直し，評価及び国連の構造と対応能力を改善するためのマネジメント監査や見直し，調査等[35]），プログラムの評価（プログラムと立法的マンデートの履行の分析的批判的評価）及び調査（国連の規則規定及び関連する行政通達の違反の報告を調査し，調査の結果を，事務総長がとるべき措置を決定するにあたって参考となる適切な勧

---

(35)　財政規程 E. Internal audit, Regulation 5.15.

158

告を添えて事務総長に転達する）の4分野と規定している。

OIOS の機能，特に調査部門は，Oil for Food 計画の不正事件を契機に強化され，また OIOS を監督する外部機関として，独立監査諮問委員会（IAAC）が設置されている。OIOS の活動報告は，ACABQ でなく IAAC の審査を経て総会に提出されている。

OIOS は，一定の期間後，大部分の報告書を，担当部局のコメントを添えて一般に公開している。第5委員会においては，これらの報告書に関する加盟国の関心は高く，OIOS の活動に関する議題に限らず，関連する幅広い議題のもとで加盟国がこれらの報告書を踏まえて中長期的な効率性向上にむけた審議を行っている。

第2節　現在のしくみができるまで

第1項　国連最初の予算とその規模：費目別予算，1900万ドル

国連設立当初の国連予算は，事務局経費を賄うための予算が1件あるのみであった。発足直後である 1946 年及び 1947 年の予算は，準備委員会の提言にもとづき第5委員会で決定され，その規模は 1946 年が 1939 万ドル，1947 年が 2774 万ドルだった[36]。また，この予算のための分担率についても同日採択の決議 69(I)で決定されたが，これはあくまで暫定的なものであり，総会は，分担金委員会に，1948 年予算以降の分担の方法について 1947 年会期に見直しを行ない，同年の総会に報告書を提出することよう指示した。

このとき，財政規則のもととなる暫定財政規則も総会で採択されている[37]。総会は，事務総長に対し，これをもとに財政規則案を起案し，ACABQ を通して総会に提出するよう指示した。暫定ではあるが，加盟国が合意した枠組みに従った予算プロセスを経て決定された最初の予算は 1948 年予算ということになる。ちなみに 1948 年の予算総額は 3940 万ドルであった。

国連設立当初の予算は，基本的に費目別の積み上げで構成されたものであった。1948 年度予算案（A/318）を見ると，構成はまず，パートⅠ「総会，理事

---

(36)　総会決議 68(I) Budgets of the United Nations for the Financial Years 1946 and 1947，1946 年 12 月 14 日本会議採択。

(37)　総会決議 80(I)。

第4章　国連事務局の財政（国連通常予算）

会，委員会」，パートⅡ「特別委員会，調査及び捜査」，パートⅢ「事務局」，
パートⅣ「共通サービス」，パートⅤ「本部経費」，パートⅥ「地域経済委員
会」及びパートⅦ「国際司法裁判所」となっている。この各パートの部分には，
費目ごとの経費と短い説明及び前年度との比較が示されている。たとえば，
パートⅢ「事務局」の冒頭セクション「事務総長室」では，まず人件費につい
て，職員のポストごとの給与とポスト数を付して正規職員の給料の見積もりを
挙げ，続いて専門家及びコンサルタント費，一時的スタッフ，超過勤務費を挙
げている。次に職員の経費として，出張旅費，職員の一時帰国旅費，事務総長
の住宅手当，交際費を挙げ，最後にその他経費として通信費，空送費，印刷費
が挙げられている。短い説明は，あくまで費目の趣旨の説明であって，それに
よりどのようなアウトプット及び成果を出すことを予定しているかについては，
言及がない。

第2項　計画予算の採用

　国連事務局の予算が現在に近い形になったのは1974年である。1年単位，
費目別の予算案は，急激に増加する国連の活動の全体像をかならずしも加盟国
に対して具体的に描写しておらず，加盟国による十分な検討を経ないまま採択
されていた。他方で，国連予算の規模は拡大する一方であり，次々に作られる
メカニズムや組織の中での重複や非効率の問題が認識されはじめ，また不満を
持つ加盟国による分担金の支払い留保もなされるようになっていた。このよう
な危機を受け，国連総会は，1965年に「国連及び専門機関の財政を検討する
ための臨時的専門委員会の設置に関する決議」（A/2049）を採択して同委員会
に作業を指示した。同委員会は1966年に「国連の財政状況に関する詳細報
告」（A/6289）及び「予算制度の改善と効率化に関する報告書」（A/6324）を提
出し，現在の予算制度の基礎となる提言を行った。さらに，1967年にJIU（合
同監査団）ベルトラン監査官が提出した「国連諸機関の計画及び予算に関する
JIU報告書」（JIU/REP/69/7）が，2年間をサイクルとし，費目ではなく実施
する活動によって予算を分類する計画予算のメカニズムを具体的に提案した。
総会は，これらの提言を，数年間にわたり検討し，1972年に決議A/3043で
2か年の計画予算を試験的に導入することを決定した。これに基づいて2か年
計画予算が1974-1975年度2か年より，2か年計画予算が実施されることと

なった。また，2か年計画予算の中長期的な指針を示すものとして，中期計画も同時に導入された。中期計画がカバーする期間は，計画予算導入当初以降1997年までは6年間とされ，1998年から2005年までは4年間とされていた。

計画予算の導入以降，その実施に関して形成された3つの合意が，現在の計画予算の基礎を作っている。

1つめは，「計画策定・予算の計画面・履行モニタリング及び評価に関する規程及び規則（PPBME）」の採択である。この規程（regulation）部分は，1982年「計画策定」に関する総会決議37/234で始めて採択された。その翌年，総会決議38/227は規則（rules）部分を採択した。これらは，次の2及び3のような予算策定プロセスに関する変更があるたびに改定されており，現時点での最新版はST/SGB/2018/3である。PPBMEの主要な功績は，予算の計画面の策定についてのプロセス，事務総長の権限と責任，及び各政府間機関の役割について明記したことであり，また，予算の計画面策定に関し，アウトプット及び活動の策定基準を規定したことである。特に，現状に合わなくなった，限界効用がない，あるいは非効果的である（obsolete, of marginal usefulness, or uneffective）と判断されるアウトプット及び活動の合理化の必要性について規程として明記したことである（規程105.6）。この文言を最初に採用したのは総会決議3534（XXX）（1975）パラグラフ1[38]であり，その後予算関係決議の度に再確認されているが，実際には十分に履行されてきてはいない[39]。

2つめは，**総会決議41/213及び総会決議42/211**で，2か年計画予算のプロセスと，予算執行中に生じる追加経費の扱いについて整理したことである。

総会決議41/213 AnnexIが規定する予算策定プロセスは，以下のように要約できる。

---

(38) *Requests* the Secretary-General to submit to the General Assembly at its thirty-first session, through the Advisory Committee on Administrative and Budgetary Questions, information – including the relevant authorization and budgetary appropriations – on programmes, projects or activities within the United Nations which have already been completed or nearly completed, or which were considered by the appropriate intergovernmental bodies, in particular when they were examining the medium-term plan, as obsolete, of marginal usefulness or ineffective.

(39) PPBME規則105.6がもはや効力を有さないとの主張については，第三章の脚注(4)を参照。

第 4 章　国連事務局の財政（国連通常予算）

A　非予算年に，事務総長は予算アウトラインを作成し，計画調整委員会がこれを審議した上で，総会がこれを承認する。

B　事務総長は，総会が承認した予算アウトラインにもとづき計画予算案（Proposed Programme budget）を作成する。予算年に，この財政部分についてはACABQが，計画部分については，CPCが審議し，総会がこれを承認する。

C　予備費からの支出，追加的経費を承認する際の手続き。

上記総会決議は，第5委員会における意思決定が「できる限り広い合意（the broadest possible agreement）にもとづき行われなければならない」旨規定（コンセンサスではない点に注意）し（主文7），これに関する総会議長ステートメントを付している点でも重要である。

3つめは，総会決議58/269による予算プロセスの一部改定である。同決議は，中期計画に代えて戦略的枠組みの導入を決定するとともに，計画調整委員会の権限を一部縮小した。変更点は以下の通りである。

戦略的枠組み
・事務総長は，非予算年に，現行の4年間の中期計画に代え，パート1：計画アウトライン（plan outline）及びパート2：2か年プログラム計画（biennial programme plan）からなる「戦略的枠組み（strategic framework）」を加盟国に提出する。

　　計画アウトライン：国連の長期目標を反映したもの。事務総長の目標ステートメントという位置づけについては，完全に合意を得ているわけではない。

　　2か年プログラム計画：計画予算の叙述部分に該当するもの。部局ごとに作成。

・加盟国は，計画調整委員会において戦略的枠組みを検討し，総会に対し勧告を行う。これを受けて，総会は，戦略的枠組みを採択し，また予算アウトラインを採択する。

予算アウトライン
・事務総長は，戦略的枠組みを受けて予算アウトラインを作成し，総会はこれを審議・採択する（CPCは予算アウトラインを審議しない）

162

第3節　これから（マネジメント改革，単年予算と予算策定サイクル）

・計画予算案

　事務総長は，採択された戦略的枠組みにもとづいて，予算案を策定する。加盟国は，総会にて予算案を審議・採択する。

・予算案の叙述部分は，2か年計画と同一とされており，プロセスの途中でのマンデート変更等の理由による特段の変更がない限り，CPC は予算案の審議を行わない。（本決議では，CPC の予算策定プロセスに関する権能を大幅に縮小させ，これに代わって評価能力を強化することを目標としている）

第3項　事務総長の予算執行における柔軟性の模索：総会権限の縮小の試みと，総会による対案

　2006 年 3 月，事務総長は，予算執行における柔軟性を高めるため，従来の 35 セクションから 13 パーツへの予算の統合を提案した（A/60/692, 提案 16）。しかし，総会は，右報告書が事務総長の限定的な予算執行権限の必要性を認める総会決議 60/246 主文 11 に応えるものではないとして承認せず，新たな事務総長報告書の提出を求めた（総会決議 60/260 VI）。

　同年 5 月，事務総長は，同一パーツ内のセクション間における資金の移転権限等を事務総長に与えることを提案した（A/60/846/ Add.2）が，加盟国にとってそれは予算交渉の決定を無にすることと等しく，受け入れられるものではなかった。加盟国は他方で，最終的な承認予算額が，会計終了後の最終的な支出額より多いことに着目し，各セクションにおける不用額をより有効に活用できると考えた。その結果総会が試験的措置として採用したのが，事務総長に 2 か年予算年度に 2 千万ドルを上限とする限定的な予算裁量権限（LBD）の付与である（総会決議 60/283）。このメカニズムは，2018 - 19 年度予算でも引き続き採用されている。

第3節　これから（マネジメント改革，単年予算と予算策定サイクル）

第1項　単 年 予 算

　グテレス事務総長によるマネジメント改革に関する提案を受けて，総会は決議 72/266[40] を採択し，2020 年から，2か年予算から単年予算への変更を試行

（40）　総会決議 72/266 Shifting the management paradigm in the United Nations(2017).

第 4 章　国連事務局の財政（国連通常予算）

図 15　単年予算策定プロセス（2019 年〜）

1 年目：（1 か年）予算開始前年（2020 年度予算の場合は 2019 年）

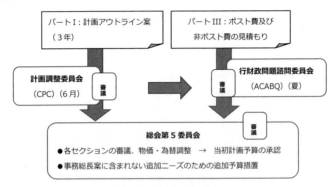

2 年目：予算執行年（2020 年度予算の場合は 2020 年）

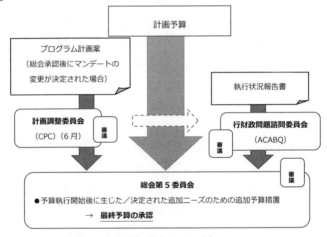

3 年目：予算終了の翌年（2020 年度予算の場合は 2021 年）

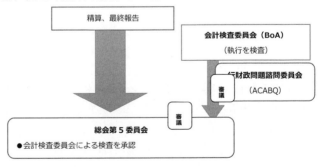

第3節　これから（マネジメント改革，単年予算と予算策定サイクル）

的に実施することを承認するとともに，2022年に見直しを行い，最終的に単年予算に移行するかどうかにつき決定することとした（主文6，7）。従って，単年予算実施の前年である2019年より単年予算の策定・審議・承認プロセスが開始されることとなる。

　この決議で規定する単年予算策定・審議・承認プロセスへの変更は以下の通り。
・計画アウトラインを3年ごとに提出する（主文8）
・計画アウトライン及びプログラム計画は，計画策定，予算，評価及びモニタリングの基盤となる国連の主要な指針であることを決定する（主文9）
・予算案の文書は，以下の3部で構成されるものとする。
　(a)　パートⅠ：計画アウトライン。国連の長期的な優先事項及び目的をエンドースするもの
　(b)　パートⅡ：プログラム及びサブプログラムに関するプログラム計画，及びプログラム執行状況に関する情報
　(c)　パートⅢ：プログラム及びサブプログラムに必要なポスト費及び非ポスト費の経費（主文10）
・パートⅠ及びパートⅡは，CPCを通じて，パートⅢはACABQを通じて，総会に提出されるものとする。（主文11）
・CPC及びACABQは，計画予算案をそれぞれのマンデートに基づき，審議プロセスにおける順序性（sequential nature）を確保しつつ審議を行い，結論と勧告を総会に提出し，総会はこれらを踏まえて最終的な承認を行う。事務総長に対し，予算サイクルの変更が総会の関連委員会に及ぼす影響を評価するよう要請する。（主文12）
・予算的権限の拡大や，予見されざる経費，事務総長の限定的予算裁量権限（LBD），平和と安全に関する決定のための支出権限の規模については，何らの変更も加えないこととする。（主文14）

　2019年春以降開始される2020年度単年予算の策定・審議・承認プロセスにおいて，最も論点となりうるのが，CPC及びACABQの順序性である。従来は前年度に行っていた計画面のCPCでの審議を，ACABQが予算面を審議する同年かつ直前に行うこととなるのであるが，CPCが変更を加えた計画案が総会において採択されていない状態であるため，ACABQは事務総長案とCPCによる変更を加えた案の双方について検討と勧告を行うことが考えられ

第4章　国連事務局の財政（国連通常予算）

る。つまり，これまで CPC による計画案への変更は，総会に承認され，改訂
計画案として提示されていたのに，今後は計画予算案へのプラスまたはマイナ
スの予算的インプリケーションの1つであるかのように扱われる可能性がある。
CPC の勧告の重みが相対的に低下することは，まさに事務総長が求めている
ことであろう。計画面であれ，予算面であれ，事務総長案への修正案を主張し
ていくためには，これまで以上に，過去の実行の分析とロジックが求められる
だろう。

第2項　残された提案と課題

　グテレス事務総長は総会に対し，単年予算化だけでなく，予算的裁量の拡大
や，予見されざる経費のメカニズムの上限額の引き上げ，運転資本基金の拡大
などの承認を求めていた。しかし，総会は決議 72/266 の主文 14 で，単年予算
化及びそれに伴う審議プロセス以外のメカニズムの変更については，全て不承
認とした。これまでのいずれの事務総長も，事務総長の予算上の裁量の拡大を
はじめとする同様の提案の承認を繰り返し求めてきた。予算年度中に発生する
セクション毎の支出のばらつき（支出超過・執行残）を有効に活用して追加経
費の発生を抑制するという意味では，一定の裁量を付与する意義は認められる
が，それを超える裁量は，総会が決定した予算を総会が知らされることなく改
編することにつながり，総会の予算承認権限を侵す恐れがある。また，厳しい
削減調整を受けやすいセクションへの裁量による流用を念頭に，流用元としや
すいセクションへの過大要求（over-budgeting）にもつながりやすく，財政規
律を損なうおそれがある。

　運転資本基金の拡大及び予備費枠の拡大は，追加経費の規模拡大に直結する。
事務総長は，キャッシュ不足を理由として，第73回総会主要会期に提出した
報告書において，運転資本基金の拡大を早速再度要求した。ACABQ は，現在
のしくみを変更しなければならない緊急性は認められないとして，不承認を勧
告し，総会もこの勧告をエンドースしたが，今後も引き続き要求されることは
確実である。

　自分たちが決定したマンデートを，予算という形をとおした優先事項配分に
基づき実施させることを重視する加盟国と，いったん承認された予算を既得の

第3節　これから（マネジメント改革，単年予算と予算策定サイクル）

ものとして，柔軟に執行したい事務総長との間の力比べは，国連予算の設置当初から存在してきた図式である。現在の予算プロセスの中で，国連事務局が，すでに事務総長に与えられている裁量も含めた柔軟性の執行状況について，十分に説明責任（アカウンタビリティ）を果たしているかどうかについては，疑問がある。事務総長が，今後より大きな裁量や柔軟性を求めていくのであれば，既存のメカニズムによる執行についてのアカウンタビリティを高めることが不可欠であろう。

第5章 国連平和維持活動（PKO）の財政

第1節 現在の「しくみ」

この章では，安保理の決定に基づき実施する活動のうち，加盟国がその経費を負担するものとして，国連平和維持活動（PKO）として設置された活動についての，予算と財政について扱う[(1)]。PKOとして設置された活動の経費は，基本的には1か年の予算として事務総長が策定・提案し，総会で審議・承認され，そのほとんどはPKO

夕刻のビジターズエントランス

分担率により割り当てられた分担金によって賄われる。「ほとんどは」との述べたのは，2つの事情を考慮している。1つには，関係国やホスト国が予算のうち一定の部分を自発的に支払っている場合があること，もう1つには，現在のPKO予算策定プロセスが合意される前に設置された2つのミッション（UNMOGIP及びUNTSO）はいまでも国連計画予算の一部として扱われていることである。この2つのミッションは，いずれも1950年より前に設置されたものである。

この点について，財政規程は次のように規定している。

規程3.11 総会が別に定めている場合を除き，平和維持活動の予算は，総会が承認した関連する調整の制度により修正され，総会が決定した分担率にもとづく加盟国からの分担金によって支弁されるものとする。PKO分担金の支払

---

(1) 安保理の決定のうち，PKOを設置するものには，全加盟国がその経費を負担するものと，一部加盟国が自発的拠出によりその経費を負担するもの（初期のUNFICYP（国連キプロス平和維持隊）やUNYOM（国連イエメン監視ミッション）など）がある。他方，安保理から授権のみを求める活動（多国籍軍や地域機関による活動）は，その経費を「この機構の経費」とすることを念頭においていない。

169

第5章 国連平和維持活動（PKO）の財政

いについては，**規程3.5分担金**も適用され，米ドルで支払われるものとする。

PKO予算は，複数のプログラムを1つの予算に統合している国連計画予算と異なり，1つの活動につき1つの予算が策定され，それぞれ1つの勘定で扱われる。従って，1つのPKOが終了した後は，一定の清算期間を経て，その勘定は閉鎖されることとなる。

この章では，活動の規模がある程度安定したPKOに適用される1か年予算を基本とするPKO予算の策定・審議のしくみ（ルール［財政規程・規則，諸決議］，安保理決議との関係，執行状況報告書，部隊・装備品償還）につき概観した上で，新たにPKOを設置する際の迅速な展開を可能にするために構築されてきたしくみ（立ち上げのとき＆平和維持留保基金（PKRF），戦略備蓄（SDS）），PKOの効率性向上のための努力（サポートアカウント，GFSS），終了する際の処理，PKO予算に関連する目下の課題などにつき触れる。

第1項　PKO予算の策定・審議のしくみ

現在のPKO予算の予算期間は基本的に7月1日から6月30日までの1年である。PKO予算の策定・審議プロセスを規定しているのは，総会決議49/233のセクションⅠであり，現在においても大きな変更は加えられていない。その主な要素は以下の通りである。

2017年6月28日午前5時32分
（PKO予算交渉終盤の早朝散会後）

セクションⅠ　予算サイクル
・それぞれのPKOの予算期間は7月1日から6月30日までとすることを決定。（主文2）
・予算規模に変動が見込まれないPKOについては，審議と承認を年1回とする旨決定。（主文3）
・変動が見込まれるPKOについては，7月1日から12月31日，及び1月1日から6月30日の6ヶ月の期間に関する予算について，年2回審議と承認を行うことを決定。（主文4）

PKO予算を審議するための第5委員会の会期は，毎年春（現在は5月）となっている。こ

第1節　現在の「しくみ」

れは，予算年度開始時期に関係する。5月末に総会が予算を承認すれば[2]，事務局が決議にもとづき各国の分担金額を計算し，7月1日までに請求書を発出することができるからである。ただし，請求できる分担金は，その時点で安保理がマンデート期間として承認している期間の予算についてのものに限られる[3]。翌年の6月30日にマンデート期間が満たないPKOについては，安保理がマンデート期間の延長を承認した後にそれに相当する期間についての支払い請求書が発出される。たとえば，安保理でのマンデート期間更新が3か月ごとであれば，承認された予算は1年期間であっても，分担金支払い請求書は3か月ごとに発出されることになる。

　PKO予算の大きな構成要素は，軍事部門経費（部隊，軍事監視要員，司令部要員）・警察部門経費（機動隊，警察，文民警察），文民部門要員（国際職員，国内（現地）職員）及び活動費である。このうち，軍事部門経費・警察部門経費は，PKO予算全体の約44％を占める。このうちの多くが，部隊要員及び部隊装備品に関する償還金である。国連事務局の文民職員とは異なり，国連PKOの部隊や警察は，各国が国連との覚書にもとづいて，PKOの活動のための国連の指揮命令系統に服すものとして派遣するものであり，その単位は，人ではなく隊である。部隊・警察派遣国は，派遣に要する経費を，総会が合意した償還レートに従って受け取る。このレートは，装備品や医療設備など非常に詳細に規定されており，定期的に見直しが行われることとなっている。

　活動費は，次に大きな要素である。部隊の駐屯施設や基地の整備，物資の運搬やパトロールのための地上輸送費や航空機及び燃料費などもここに含まれる。また，第3章で触れたQIPs経

イーストリバーからの国連NY本部

---

(2) 近年では，PKO予算交渉が長引き，決議採択が6月にずれ込むことも少なくない。
(3) 総会決議49/233 Section I 7. *Decides* that the assessments on Member States of appropriations approved by the General Assembly for peace-keeping operations are subject to the approval of mandates by the Security Council;

第5章 国連平和維持活動（PKO）の財政

図16　PKO予算のプロセス

予算年度前年後半（2018/19年度予算の場合は2018年の3〜5月）

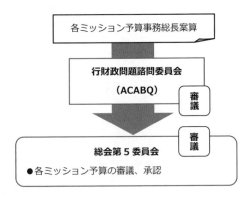

予算執行年（2018/19年度予算の場合は2018年7月〜2019年6月）

予算執行終了後（2018/19年度予算の場合は2020年前半）

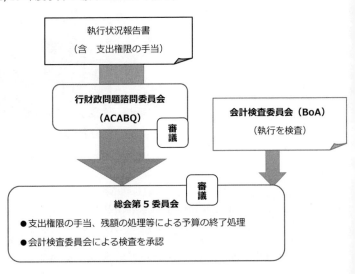

費や DDR 関連経費も含まれる。

　成果主義予算策定に関する決議 55/231 は，費目ごとの積み上げに重点が置かれてきた予算の体裁について，期待される成果と達成指標を，より直接的かつ明確にプログラムの目的と関連づけて示すよう求めた。また，総会決議 61/276 セクション III は，PKO の活動面，兵站面及び財政面を計画段階で完全に統合し，成果主義予算と PKO のマンデート履行計画とを関連づけるよう求めた。これらの決議により，PKO 予算案は，安保理決議に明記されたマンデートと，それを実施するための活動，及び経費がどのように関連しているのかを，より明確に示すことが期待されている。

　財政規則は，上記総会決議を受けて，以下のように規定している。

　B　PKO 予算
　権限，責任，予算案の提出及び承認
　規程 2.12　事務総長は，目的，期待される成果及びアウトプットを盛り込んだ PKO 予算を準備し総会の審議に付し，承認を得る。
　規程 2.13　事務総長は，年に二回，7 月 1 日から 6 月 30 日の PKO 予算期間の主要な費目の支出状況及び必要総額を含めた経費を総括した表を総会に提出する。
　規則 102.8
　⒜　事務総長は，総会に提出するすべての PKO 予算に関し，その目的，期待される成果，アウトプット，活動及びリソースの配分につき決定する。
　⒝　PKO の予算見積もりは，総会の要件に従って管理担当事務次長の指示する時期，詳細及び体裁にもとづき準備される。

　現在，PKO 予算として審議・承認される予算は，第 2 章で列挙した PKO に関する予算のほかに，以下のものがある。

　⑴　サポートアカウント（Support Account）予算
　PKO の展開地域は国連本部から離れたところであるため，展開地域の現場ではなく本部で様々な行政事務を行う人員が必要となる。このような人員の経費を手当てするための勘定がサポートアカウントであり，総会決議 45/258 で設置された。現在，17 の部局室の約 1400 ポストがサポートアカウントで支弁されており，活動中の PKO の本部における支援的行政事務を行っている。

173

第 5 章　国連平和維持活動（PKO）の財政

2019/20 年のサポートアカウント予算額は　348,868,000 ドル。

(2)　グローバル・サービスセンター／ブリンディシ兵站基地（GSC/UNLB）予算

　イタリアのブリンディシに置かれている兵站上の補給基地，訓練施設，その他の支援機能を総合した施設の予算。1956 年に第一次国連緊急軍（UNEF1）の終了に際して装備品等をナポリで受け入れ保管した国連サプライ・デポ（UNSD）が前身であり，1994 年に設置された。UNLB に置かれた戦略備蓄（SDS）は，のちに触れる PKO の立ち上げの際の支援に重要な役割を担っている。

　2019/20 年の GSC ／ UNLB 予算額は，63,381,400 ドル。

(3)　エンテベ地域サービスセンター（RSCE）予算

　ウガンダのエンテベに置かれている，アフリカに所在する PKO ミッション等の兵站支援及び行政事務の共有的な提供を行う施設の予算。2019/20 年の RSCE 予算額は，35,386,900 ドル。

　((1)〜(3)の詳細については，いずれも本章第 4 節で説明する。)

　以上 3 つの予算は，独自の勘定（account）を有していない。これら 3 予算についての分担金は，関連する PKO ミッションの予算額に応じてプロラタで割られたものが，それぞれの PKO ミッション予算分担金に上乗せする形で，各加盟国に請求される。サポートアカウントは全 PKO ミッションを対象としてプロラタ配分され，GSC と RSCE は，それぞれサービス提供を受けている PKO ミッションを対象としてプロラタ配分される。

　具体的には，たとえば，国連南スーダン共和国ミッション（UNMISS）の予算に関する総会決議 72/300 を見てみよう。

Budget estimates for the period from 1 July 2018 to 30 June 2019

15. Decides to appropriate to the Special Account for the United Nations Mission in South Sudan the amount of 1,203,326,600 dollars for the period from 1 July 2018 to 30 June 2019, inclusive of 1,124,960,400 dollars for the maintenance of the Mission, 58,064,700 dollars for the support account for peacekeeping

第 1 節　現在の「しくみ」

operations, 14,607,800 dollars for the United Nations Logistics Base at Brindisi, Italy, and 5,693,700 dollars for the Regional Service Centre in Entebbe, Uganda;

Financing of the appropriation for the period from 1 July 2018 to 30 June 2019
16. *Decides to* apportion among Member States the amount of 601,663,300 dollars for the period from 1 July to 31 December 2018, in accordance with the levels updated in its resolution 70/246 of 23 December 2015, taking into account the scale of assessments for 2018, as set out in its resolution 70/245 of 23 December 2015;

　主文 15 では，UNMISS の 2018 年 7 月 1 日から 2019 年 6 月 30 日までのミッション維持のための予算を 1,124,960,400 ドルと決定するとともに，サポートアカウントの UNMISS 分 58,064,700 ドル，UNLB の UNMISS 分 14,607,800 ドル，及び RSCE の UNMISS 分 5,693,700 ドルを UNMISS 勘定に予算化する旨決定している。各国が受け取る請求書には，この総額である 1,203,326,600 ドルを分母とし，それぞれの分担率で割られた額が記載されることになる。
　主文 16 は，このミッション予算を，PKO 分担率に従って各国の分担金で支弁することを決定したものである。

第 2 項　執行状況報告書
　1 年の予算期間の終了後，事務局には各 PKO 予算勘定の整理期間が与えられ，翌年の総会に執行状況報告書（performance report）を提出することが求められている。執行状況報告書に反映されるべき事項は，空席率や為替・インフレによる支出の変動の報告，年度中に ACABQ の承認を得て支出権限で対応したものの予算化など，基本的には計画予算と共通のものが基本であるが，計画予算の文脈で認められている少額の支出権限メカニズムを設置していないことや，展開地が比較的まとまっており使用通貨が限られていることから，計画予算の執行状況報告書の内容よりもシンプルなものとなっている。また，現地の状況を踏まえた支出状況の変化は，後年の予算策定に考慮される重要な要素であることから，PKO 予算の執行状況報告書で盛り込まれている，ミッションの各部門の活動内容や，各費目の予算と支出実績と差異の分析などは，予算交渉者以外にとっても有益な内容である。

175

第5章 国連平和維持活動（PKO）の財政

　総会は，各PKOミッションの次年度予算案とともに執行状況報告書を審議し，1つの決議において，残額の処理（不用額のクレジット充当），年度中にACABQ支出権限で対応したものの予算化などの処理を行う。

　安保理決議によりPKOミッションがそのマンデートを終了し，活動を終える場合には，各ミッションには，安保理マンデート執行期間を終了するという意味でのミッション終了日と，部隊と要員を撤収させ事務所や関連施設を閉鎖したうえで，最終的にその活動地から撤退するという意味でのミッション撤退日が設定される。この後さらに，部隊提供国への償還，要員への給与・手当ての支払い，契約業者への支払いその他必要な清算を行い，事務総長はこれらの最終的な処理と残額につき，最終執行状況報告書を提出する。総会が残額の処理について決定を行うことで，当該PKO予算勘定は終了する(4)。

　執行状況報告書には，以上の財政面での執行状況に加え，予算案で示した活動とアウトプット，成果の達成状況などについての記述も盛り込まれている。PKOの活動自体の報告は安保理に提出されているが，執行状況報告書での記述はより数量や場所に関する情報がより多く盛り込まれ，PKOの部隊や警察など個々の部隊の活動が安保理への報告とは別の視点から表現されている。

第3項　会計検査

　計画予算の場合と同様に，予算期間が終了した3か月以内に，事務総長は，必要な清算を終え，計画予算勘定についての財務報告を国際公会計基準に従って作成し，国連会計検査委員会に提出しなければならない（第4章第1節第6項）。検査はミッション予算勘定ごとに行われるが，総会には，検査した全ての勘定についての結果を統合した内容の報告書が提出される。報告書の所見部分には，ミッション横断的な事項についても盛り込まれており，加盟国の関心は非常に高い。

第4項　新たなPKOの予算の設置

PKO予算は，1ミッション1予算勘定であるから，安保理がPKOミッショ

---

(4)　終了したPKO予算の残額は，基本的には，各加盟国に総会が決定する分担率を適用して返金されることとなっている。ただし財政危機の時期にはキャッシュ確保のために事務局が返金義務を留保することがあった。

176

第1節　現在の「しくみ」

ン新設を決定すると，新規の予算と勘定が設置されることになる。安保理も他
の協議体と同様，その決定の実施経費に関わる事項についての承認を総会第5
委員会に委ねなければならない。総会の主要委員会や経社理における決定のよ
うに財政インプリケーションを有する決定に関する手続的な規定があるわけで
はないが，加盟国の財政的負担についての予見可能性を担保する観点から，
2009年の安保理議長声明は，以下のように述べている。

S/PRST/2009/24

(v) Greater awareness in the Security Council of the resource and field support
implications of its decisions. The Council requests that where a new
peacekeeping mission is proposed, or where significant change to a mandate is
envisaged, an estimate of the resource implications for the mission be provided
to it;

　PKOミッション新設の決定から，展開開始まで十分な時間がある場合には，
規定の予算年度及びプロセスに従って，そのPKOミッションの予算策定と承
認が行われる。事態の緊急性などの理由で，早急で安保理の決定プロセスと並
行してリソース（カネとヒト，及びモノ）を確保する必要が生じる場合には，
以下のようなしくみがあらかじめ総会によって規定されている。

　新設PKO立ち上げを手当するしくみ
⑴　支出権限と平和維持留保基金（PKRF）（カネとヒト）
　安保理がPKOの新設を決定する際に念頭におくのは，総会におけるPKO
予算審議のタイミングではなく，受入国の意図や要員派遣の可能性，現地の政
治状況などであって，また，多くの場合緊急を要する。このため，早期展開を
可能とするためのメカニズムが常に模索されている。PKO予算は，PKOミッ
ション毎に予算と勘定を規定しているため，これらの勘定を超えて新規PKO
へ資金を融通することは財政規則上認められていない。従って，新規PKOが
立ち上がったものの資金がないということが起こりうる。このような場合に，
総会は，一定の条件のもとで第5委員会への要求と承認を事後に行う形で早期

177

第5章 国連平和維持活動（PKO）の財政

展開[5]のための一時的な財政的手当てを認めるしくみについて，あらかじめ合意した。すなわち，平和維持留保基金を一時的な財源とする臨時的支出行為の承認（「支出権限」）を，一定の条件のもとで認めている。

総会決議49/233セクションIV Financial authority主文1及び2は，以下のように規定している。

1：PKOの立ち上げ及び拡大に関する安全保障理事会の決定の結果，支出を行うことが必要となる場合には，事務総長は，ACABQの事前の同意を得て，財政規則に従い，1件5千万ドルを超えない額の支出を行う（authorized to enter into commitment）ことができる。その総額は，いついかなる時点でも1億5千万ドルを超えてはならない[6]が，総会が支出を予算化（・分担金化）した場合には，その額は1億5千万ドルから差し引かれる

2：上記支出が5千万ドルを超える場合，あるいは平和維持留保基金（PKRF）からの支出権限の総額が1億5千万ドルを超える場合には，事務総長は，可及的速やかに支出権限と分担金化について総会に諮る必要がある。

以上のしくみは，財政規則・規程に以下のように規定された。

平和維持留保基金

規程4.5 国連が，PKOの新設や既存のPKOの拡大に迅速に対応し，またPKOに関連する予見されざる特殊な支出に対応するためのキャッシュフローメカニズムとして，平和維持留保基金を設置する[7]。この基金の規模及び加盟国からの資金調達の方法は，総会が決定する。

平和維持留保基金からの前借り

規程4.6 PKOの立ち上げ及び拡大に関する安全保障理事会の決定の結果，支出を行うことが必要となる場合には，事務総長は，ACABQの事前の同意を得て，財政規則に従い，安保理の決定1件あたり5千万ドルを超えない額の支出を行うことができる。その総額は，いついかなる時点でも平和維持留保基金の総額を超えてはならないが，総会が支出を予算化した場合には，その額は1

---

(5) 安保理決議1327（2000）セクションIVでは，早期展開に関して，伝統的なPKOについては安保理決議から30日以内の展開を，複合的PKOについては安保理決議から90日以内の展開を目標としている。

(6) 上限額は，このメカニズムの「前借り」元である平和維持留保基金に規定されている規模。

(7) 平和維持留保基金の設置自体は総会決議47/217による。

第 1 節　現在の「しくみ」

億 5 千万ドルから差し引かれる。

　規程 4.7　平和維持留保基金から前借りした資金は，このための分担金が支払われ次第返納されねばならない。

　規程 4.8　安保理の決定の結果，PKO の立ち上げ及び拡大のために事務総長が安保理の決定 1 件あたり 5 千万ドルを超える支出を行うことを要する場合，あるいは平和維持留保基金からの支出権限の総額が 1 億 5 千万ドルを超える場合には，事務総長は，可及的速やかに支出権限と分担金化について総会に諮る必要がある。

　規程 4.9　事務総長及び ACABQ は，規程 4.6 のもとで行使した支出権限に関して，関連する状況とともに，次回の予算関連報告書の中で報告しなければならない。

　規則 104.2

　平和維持留保基金からの前借りは，上記に明記した目的と要件に合致する場合にのみ安保理，総会，あるいは ACABQ の決定にもとづき認められ，その行使の際には管理担当事務次長の承認を要する。

　上記の規程 4.9 にあるとおり，平和維持留保基金からの前借りは，その後の個別の PKO 予算への分担金から返納することとなる。つまり，PKRF を利用した支出権限は，加盟国からの分担金の一時前借りである。従って，このメカニズムをとおして一時的に賄われた後に提出される予算案あるいは執行状況報告書（比較的少額の場合）は，事務総長に付与した支出権限による支出相当分（前借りの返済分）を含めて計上を行わなければならない。

　さて，この総会決議の規定に関して，特記すべきは，安保理が決議で新規ミッションにマンデートを付与する前の段階でも，支出権限を認めることができると整理していることである。

　事務総長は 2002 年 3 月に提出した「戦略備蓄の概念及びその履行に関する事務総長報告書」（A/56/870）の第 Ⅳ 章 C「pre-mandated commitment authority」で，PKO の設立が予想される場合において，マンデートが付与される前の支出権限を認めるよう下記のとおり提案した。

　パラグラフ 35：「事務総長は安保理議長に対して書面により（in writing）新しいミッションを計画及び準備する意図（intention）を通知する。事務総長は安保理議長より右意図に同意する書簡を受け取り次第，早期展開を実施するための下記の段階を踏んでいく。

179

第 5 章　国連平和維持活動（PKO）の財政

D-60 日：計画策定チームの設立。

D-50 日：最大 5 千万ドルの支出について ACABQ の同意を求める。右支出には先遣隊，物資・サービスの調達及びミッション本部の設立のための人員の雇い挙げに関わる費用を含む。

D-30 日：戦略的な海上輸送及び空輸のための契約手続を実施（物資・サービスのための調達行為は D-60 日から開始可能）。人員及び物資の待機制度を発動できる。

D-15 日：戦略輸送アイテムを装備。

D-day（安保理がマンデートを付与する決議を採択）：オペレーション構想の完成。

D+30/90 日：展開の実施。初期の 6ヶ月間の当初予算が安保理決議採択後 30 日以内に総会に提出される。」

ACABQ は，この報告書についての ACABQ 報告書（A/56/902）（2002 年 4 月発出）において，以下のとおり述べている。

- 「事務総長の意図に同意する安保理議長書簡は，総会決議 49/233A を実施に移すための決定（decision）を構成する。」（パラグラフ 22）
- 「事務総長報告書 56/870 パラグラフ 35 で事務総長が想定する行為は，総会決議 49/233A Ⅳ主文 1 にある「立ち上げ（start-up phase）」に該当する。」（パラグラフ 23）

総会は，上記事務総長報告書及び ACABQ 報告書を審議した上で，戦略備蓄の概念及びその履行に関する総会決議 56/292 主文 15 において，上記パラグラフ（22〜25）の「解釈」をエンドースし，事務総長の提案を承認した。すなわち，安全保障理事会が新たな PKO を設置することが予想されるような場合に，事務総長がそのような新たな PKO の準備行為を行うことについては，事務総長が準備行為を行うという意図について同意する旨の安全保障理事会議長の書簡が出されれば，上記総会決議 49/233 にいう，安全保障理事会の「決定」に値するとされ，準備行為を行う権限を事務総長に与えるものとされた。またこのような準備行為は，総会決議 49/233 にいう「立ち上げ」段階の範疇に含まれるとされており，総額上限の 1 億 5 千万ドルは同様に適用される。

なお，この支出権限のもとで準備された PKO が，その後安全保障理事会によって承認されなかった場合には，事務総長は，準備行為に関しての全ての支出を総会に報告する（総会決議 56/292 主文 16）。

180

第1節　現在の「しくみ」

この安保理決議1件当たりの支出権限の上限額は，総会決議64/269（2010年）主文8で1億ドルに引き上げられ，規程4.6もそのように読み替えることが決定された。

（キャッシュフローを確保するための財源）

第4章で，当初は念頭に分担金の支払いを受けるまでのキャッシュフローのために設置された運転回転基金が，年央のキャッシュ不足を一時的に補うため，あるいは支出権限を支弁するためにも用いられるようになったことについて触れた。平和維持留保基金も同様に，年央のキャッシュ不足を一時的に補うために用いられている。加盟国からの不払い額が増加する一方であった財政危機の時期に，終了PKOの残額返還を一時保留して，活動中のPKOに貸し出すことを認めた。また，実行上の措置ではあるが，事務局は，TCCへの償還を遅らせることによりキャッシュを確保していたこともあった。現在は，償還はかなり迅速に行われるようになっている。

(2)　**戦略備蓄**（モノ）

ガリ事務総長が2002年に総会に提出した一連の提案の中で，新たなミッション展開のためのオペレーション上の要請に応えるため，装備品，医療品，工具，通信機器，データ処理機器，輸送パッケージ等について標準化した新品の製品を一括調達によりあらかじめ備え，必要に応じてPKOミッションに輸送すSDSを整備することを提案した[8]。総会決議56/292はこれを承認し，SDSはブリンディシ兵站基地に設置された。

新設PKOミッションは，SDSのなかで必要な製品を要請することができる。要請を受けてSDSは製品を当該PKOミッションに発送する。製品を受け取ったPKOミッションは，事後に提出する予算案でそれらの製品の相当額を盛り込み，分担金受領後その額をSDSに返金する。SDSにおいては，返金された額で製品の補給を行う。これにより，SDSに定期的に新品の製品を補給することができる。

SDSから引き出すことができる総額については，総会決議64/269主文9では，SDSの残額の範囲内で5千万ドルを上限とする支出権限を承認している。

_____

(8)　A/56/870 パラグラフ10，11。

第 5 章　国連平和維持活動（PKO）の財政

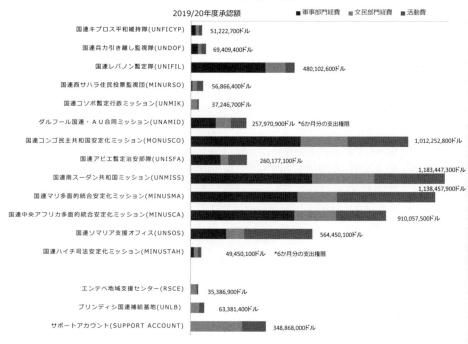

図 17　PKO 予算の内訳

　　こぼれ話

　国連で使用される言語⑴
　国連の公用語は，現在 6 か国語，英語，フランス語，ロシア語，スペイン語，中国語，アラビア語である。では，その根拠はどこにあるのだろう。
　国連憲章は，その第 111 条で，「この憲章は，中国語，フランス語，ロシア語，英語及びスペイン語の本文をひとしく正文と」すると定めているに過ぎない。国連公用語の根拠は，実は協議体毎に異なり，それぞれ別途に規定されているのである。
　例えば，総会に関しては，総会決議 2 (I)（1946 年 2 月 1 日採択）が，中国語，フランス語，英語，ロシア語及びスペイン語を公用語と規定し，また英語とフランス語を作業言語（working languages）と規定した。安全保障理事会に関しては，同 1946 年の 6 月 24 日，安全保障理事会が採択した暫定手続規則 S/96 が，中国語，フランス語，英語，ロシア語及びスペイ

ン語を公用語と規定し，また英語とフランス語を作業言語と規定した。公用語と作業言語の違いは，初期の段階では，文書翻訳における言語と，会合における通訳後言語との趣旨で用いられていたようであるが，同時通訳者の技術が高まった現在，この2つに大きな差異はなくなってきている。スペイン語，ロシア語，中国語もその後随時，総会の作業言語として規定された（総会決議262（III）（1948年），総会決議2479（XXII）（1968年），総会決議3189（XXVIII）（1973年），安保理決議263（1969））。アラビア語はこの後，1973年に総会決議3190（XXVIII）で総会の公用語及び作業言語に規定された。現在，総会手続規則が，6か国語を総会及びその主要委員会の公用語及び作業言語に（規則51-57），安保理手続規則が，6か国語を安保理の公用語及び作業言語に（規則41-47），経済社会理事会手続規則が，6か国語を公用語，英語，フランス語，スペイン語の3か国語を作業言語に（規則32-35）規定している。

第2節　現在のしくみができるまで

　PKOの経費を加盟国が審議・承認し，基本的に分担金により支弁するという現在のPKO予算の制度の成立経緯を説明するためには，1962年の国際司法裁判所の勧告的意見について触れることは不可欠である。ここでは，PKOの経費を分担金支弁とした経緯に加え，ミッション毎に1つの勘定・1か年予算が維持されている経緯，本部支援機能・現地でのミッション支援機能の計上方法について触れておきたい。

第1項　PKOの経費の分担金による支弁

　国連緊急軍（UNEF：1956年設置）及びコンゴ国連軍（ONUC：1959年設置）は，冷戦構造の中で，憲章第7条が当初想定していた形ではない共同行動であり初期のPKOと描写すべき2つの活動である。これらの設置に反対の立場をとっていた複数の加盟国が，これらの活動が憲章に照らして合法であるのか，加盟国に支払いの義務を生じさせるのかにつき異議を呈し，国際司法裁判所に勧告的意見を求めた。特にUNEFについては，英仏による拒否権行使のために安保理での決定を行うことができず，緊急特別総会の決議によって設置した

第5章　国連平和維持活動（PKO）の財政

ものであったため，総会の権限についても意見が求められた。これに対し国際司法裁判所は，1962年7月20日に，賛成意見9，反対意見5で，UNEF及びONUCの経費が，国連憲章第17条第1項にいう「この機構の経費」にあたると判断した。裁判所は，ある経費が国連の経費であるかどうかを判断する基準は，その措置が国連の掲げる目的を遂行するために行われたかどうかであると述べたうえで，UNEF，ONUCのいずれについても，国連の権限の範囲に属すると述べた。また，総会が平和維持の分野で決定を行う権限については，安保理の責任は主要なものではあるが排他的ではないとして，これを認めた[9]。

　この結論を受け入れるかどうかについて，総会は投票を行い，多数決で受け入れが決定されたものの，反対票を投じた国には常任理事国が含まれていた。また翌年の特別会期では，PKOの財政支弁についての原則を定める決議を採択したが，これらの国は分担金支弁に関する原則を受け入れず，必ずしも直ちにPKO経費に関する財政的義務の問題を解決したわけではなかった。しかしながら，この数年後以降に設置されたPKOについては，実際には財政問題が表面だって争われることはなく，任意拠出による方法か，あるいは全加盟国の分担金による支弁方法が承認され，個別の活動に異議を唱える国は主に不払いにより対応した。

　現在も，新たなPKOが設置される度に，事務総長はその財政支弁の在り方を加盟国に提案し承認を求めているが，PKOという活動を分担金によって支弁することは，確立された実行となっているといえる。むしろ問題は，PKO予算として幅広く盛り込まれた費用の全てが本当に「この機構の経費」として扱うべき経費であるのかという点に移行してきている。

第2項　予算期間の統一（1か年予算化と審議時期の統一）

　1990年代前半までは，安保理決議でマンデートが承認・更新されるごとに，当該PKOミッション予算案の承認を総会第5委員会に求めていた。そのため，1年中断続的にPKO予算案が総会に提出されていた。1993年には，PKO予算関係の報告書は84件にも上った（A/49/664，ACABQパラグラフ28）。確かに，

---

(9)　Advisory Opinionof 20 July 1962 (Certain Expenses of the United Nations, Article 17, paragraph 2, of the Charter), I.C.J. Reports 1962.

184

第2節　現在のしくみができるまで

活動の実施についての承認事実を踏まえて経費を計上・徴収するというのは，論理的には適切な手順である。しかしながら，このような処理方法は，事務局の側での行政的事務的負担を増大させていただけでなく，マンデート期間延長の承認から予算承認と請求書の発出に至るまでの時間的ギャップがあり，キャッシュ不足を招いていた。また，加盟国の側にとっても，PKO予算の全体像がわかりにくいため統一的な観点に立った審議が困難であるという意味で，望ましいものではなかった。

　そこで，事務総長は予算案の提出を安保理決議によるマンデート付与と切り離し，予算期間を統一し総会がこれらを同時期に審議することを提案した[10]。ACABQ はこれに関して，PKO予算期間の1年間への延長は，事務局のみならず ACABQ 及び第5委員会にとっても負担軽減につながると述べ，活動の内容や規模に変動が想定される PKO については年2回の予算審議を，そうでない PKO については，1か年の予算期間とすることに同意した。その上で，予算期間を1月1日からの1年にし総会主要会期で審議を行うと，2年に1度は計画予算案の審議時期と重なってしまうことから，予算期間を7月1日から6月30日とし，4月の会期に検討することを勧告した[11]。総会はこの ACABQ の見解をエンドースし，決議 49/233 セクション I で予算案の策定と審議に関する具体的な変更事項を列挙した。この予算サイクルは，現在も採用されている。

第3項　独立予算・独立勘定

　冒頭で，PKO予算の構成は「複数のプログラムを統合して策定されている計画予算と異な」ると説明した。上記で説明のとおり，PKO予算はそもそも個々のミッションのマンデート更新時期に沿って策定されてきた経緯があり，予算期間を1年間とすることを決定した際にも1ミッション1予算とすることは所与のこととして扱われたと思われる。

　計画予算と同様に全ての PKO予算を統合して1本の予算にするという案（Consolidation of PKO accounts）は，一時期繰り返し事務総長の側から提起さ

---

(10)　A/48/403-S/26450 パラグラフ 56。なお，同じパラグラフの中で言及された予算案文書の統合については，次項参照。

(11)　A/49/664 パラグラフ 29-35。

第5章 国連平和維持活動 (PKO) の財政

れたが，総会の同意を得られず，実質的に却下されてきた。この案が安保理の
マンデート更新時期と分担金徴収を完全に切り離すこととセットとなっている
ことと財政規則との関係や，個々のPKOミッションの精算の透明性の問題な
ど，加盟国側にとっては様々な問題があった。これに対して，この案によって
得る事務局側のメリットは，事務総長の柔軟性の複合的な拡大，すなわち横
（ミッション間）のリソース再配分を可能にするという意味での拡大にとどまら
ず，縦の（マンデート更新前後にわたる時間的な）拡大をも含む極めて大きな柔
軟性の獲得であり，事務総長と加盟国間でのメリット・デメリットのバランス
をあまりに欠いていた。

　事務総長の柔軟性拡大は，PKO局の決して消えることのない野望であり，
事務総長の交代を機に，今後再び改革案の一部として提起される可能性は少な
くない。その参考のために，アナン事務総長の時代の本件審議の経緯を紹介し
ておこう。

　複数のPKO予算の統合のアイデアは，実は総会決議49/233に至る審議の
中で提起されていた。このときの案は予算案のフォーマットの文脈の中で，複
数の予算案の文書を統合するというものであった[12]。これに対し，ACABQは，
1年予算の採用や予算案フォーマットの向上は採用するが，ミッション毎の予
算案が維持されるべきであるとの見解を示し[13]，総会は，ACABQの見解をエ
ンドースした[14]。

　国連平和活動に関するブラヒミ・パネル報告書（2000年）は，PKO予算勘
定の統合そのものには言及していないが，予算の管理により大きな柔軟性を与
えられるよう財政的リソースの管理に関するポリシーや手続きを見直すことを
提案した[15]。パネルの勧告の履行に関する事務総長報告書は，この点について
何も言及をしておらず，総会はこの時点では何らアクションをとらなかったが，
翌年のサポートアカウントに関する決議56/293において，事務総長に対し，

---

(12)　A/49/945 パラグラフ 17。

(13)　A/49/664 パラグラフ 44 "However, the Committee is not in favor of consolidated
　　　budget submission, and believes that a separate budget should be submitted for each
　　　peace-keeping operation."

(14)　総会決議49/233 セクションⅧ主文 1。

(15)　A/55/305-S/2000/809, para. 169 (e).

第2節　現在のしくみができるまで

既存の財政規則・規程に従い目下の PKO 予算の実行に従いつつ，異なる PKO の勘定を統合する可能性について第57回総会に報告するよう要請した。これを受けて事務総長が第57回総会に提出した報告書 A/57/746[16]は，「PKO 予算勘定の統合は，それぞれの PKO ミッションを別個に扱う現在の財政的枠組みとは，明らかに両立しない」と述べた[17]。ACABQ もその報告書 A/57/772 で，PKO 予算勘定の統合が現在の財政手続きと両立しないことを改めて確認し，さらに，安保理のマンデート付与期間と切り離して支払い請求を行うことは，加盟国にとって問題を生じさせうることを指摘した[18]。

これを受け総会は，この問題の審議を第58回総会再開会期第二部まで延期することを決定した[19]が，第58回総会で本件に関する決議は採択されず，実質的に本件の審議は立ち消えたかに思われた。

しかしその2年後，アナン事務総長は「国連への投資」報告書の中で，PKO 予算勘定の統合を再提案した。彼は，この提案の趣旨がキャッシュフローの管理と運用上の柔軟性拡大であることを明示し[20]，詳細報告書ではさらに歴史的な財政問題の処理方法を含めた詳細な案を提示した。たとえば，以下のようなものである[21]。

・2007年7月1日付けにおいて，UNEF，UNOC，PKRF，SDS 以外の各種の PKO 予算勘定を遡及的に統合する。

・個々の PKO 予算決議，サポートアカウント予算決議，UNLB 決議を 2007/2008 年度予算から1つの決議に統合する。

・一連の PKO 予算分担金の加盟国への請求を，2007/2008 年度予算より年

---

(16)　A/57/746 SG report on Feasibility of consolidating the accounts of the various peacekeeping operations.

(17)　そのうえで，Possible approach として，サポートアカウント予算勘定とブリンディシ兵站基地予算勘定を統合する可能性について若干の検討を行った（パラグラフ15から17）。

(18)　A/57/772 パラグラフ 27。

(19)　総会決議 57/319。

(20)　A/60/692 Investing in the UN, Proposal 17
In the area of financial management practices, I propose that:
• Peacekeeping accounts for separate field missions be consolidated into a single set of accounts and reports, starting in 2007, to improve cash management and operational flexibility.

(21)　A/60/846/Add.3 III para112 (b) to. (i).

187

第 5 章　国連平和維持活動（PKO）の財政

２回にまとめる。

・PKO 予算分担金の請求と安保理でのマンデート期間の承認との切り離し（delink）を承認する。

・前年度の残額を自動的に次年度の最初の分担金請求の際に相殺する。

・執行状況報告書を１つの文書に統合する。

・終了した PKO ミッションのうち残額があるものについては，残額を加盟国に返還し，各加盟国の判断で返還された分担金を他の未払いのある PKO 予算分担金への支払いに充てることを認める。

・UNEF，ONUC 以外の終了した PKO 予算分担金の未払い問題について整理する。

　総会は，改めて本件についての審議を先送りすることを決定した[22]。事務総長は，先送りされた第 61 回総会再開会期第二部に提出した報告書で再度この問題を提起し[23]，さらに，次の会期においても報告書を提出した[24]が，総会はいずれの会期においても本件に関する決定を行うことはなく，第 63 回総会には同様の報告書が提出されることはなかった。

第４項　PKO ミッションの支援機能

「PKO 予算」とされるものには，特定の安保理マンデートを執行する PKO ミッションではないもの，すなわち，これらの PKO の活動の支援に特化した機能を支弁するための予算がある。シンプルに説明すれば，サポートアカウント予算は，本部で支援機能を担う「ヒト」を支弁するための予算，グローバル・サービスセンター／ブリンディシ兵站基地予算及びエンテベ地域支援センター予算は，立ち上げ・拡大時を中心とする「モノ」及びミッションの行政機能の一部を担う「ヒト」の予算である。

PKO サポートアカウント

PKO サポートアカウント（Support Account for peacekeeping Operations）は，

---

(22)　A/60/283 セクション VII パラグラフ 1。

(23)　A/61/865 Report of the Secretary-General on investing in the United Nations for a stronger Organization worldwide: detailed report（consolidation of peacekeeping accounts）.

(24)　A/62/726（Comprehensive report on the consolidation of peacekeeping accounts）.

第2節　現在のしくみができるまで

前述のとおり，PKO の活動に伴う本部での様々な行政事務の経費を手当する
ための勘定で，総会決議 45/258（1991.5）は，事実上配置されていた体制を
1990 年 1 月 1 日付けで承認した。

　1990 年以前は，PKO の発動に伴う本部での様々な行政事務を行うポストは
overload posts と呼ばれ，各 PKO の事務に必要なだけのポストを，それぞれ
の PKO 予算勘定から（つまり，各 PKO に計上して），あるいは任意拠出金によ
り，手当していた。しかし，個別 PKO の overload posts の作業が重複してい
ることや，特定 PKO の繁忙期に人的資源の流動性がないこと等の問題点，ま
た勘定の設置・機能開始前であっても特に多くの作業を必要とする PKO 立ち
上げの時期に十分な人的資源を確保する必要性に鑑み，これらの overload
posts を統合して 1 つの勘定で手当することが提案された[25]。サポートアカウ
ントで支弁する支援ポストの設置の際に考慮すべき基準について，事務総長は，
(a)作業量，(b)提案されるポストと配置先部局の事業計画との機能的関係性，(c)
機能上のニーズに対応する職員資源をすでにいる職員から再配置する可能性，
(d)柔軟な職員リソースの管理を維持するために，当該ポストを計画予算からで
はなく PKO 予算から支弁することが適切であると認められること，(e)実施さ
れているポストの格付け基準に照らして，提案されているポストのグレードが
対応していること，(f)提案されているポストの配置先の組織構造において，そ
のようなポストの時限性を念頭に，ポストの設置による影響を適切に考慮して
いること，(g)ポストの機能の必要期間と資金の確保可能性を挙げ，特に(a)及び
(f)の重要性を強調した。また，これらの支援機能は，立ち上げ時期に必要なも
のも含むと述べた[26]。

　ACABQ は，サポートアカウントを支弁する経費として，各 PKO 予算の文
民要員経費の 8.5％を各予算に上乗せしたうえでサポートアカウントに割り振
るという事務総長の案に対して，産出の基本とする文民要員の範囲に異議があ
ると述べて算出方法については引き続き検討を行うことを求めたうえで，サ
ポートアカウントの設置の承認を勧告した。これを踏まえ，総会は，約 7 百万
ドル（ネット 560 万ドル）の規模で，計 92 のポストを支弁するサポートアカウ

---

(25)　最初の提案を行った事務総長報告書は A/C.5/44/45。ACABQ の指摘を踏まえて再
　　提出された提案は，A/45/493。

(26)　A/45/493 パラグラフ 11-17。

189

第5章　国連平和維持活動（PKO）の財政

ントを設置した。

このような支援機能の設置の経緯を振り返れば，展開するPKOの規模及び
要員数，特に文民要員数を基本として支援機能の規模とリソースの要求根拠が
説明されることが必要である（スケーラビリティ・モデルの必要性）。

グローバル・サービスセンター／ブリンディシ兵站基地

国連サプライ・デポ（UNSD）を前身として，各ミッションからの余剰装備
品などを保管する施設として1994年にブリンディシに設置された兵站基地が，
この施設の原型である。イタリア政府との間で，イタリア軍の施設跡地を国連
に提供する内容の覚書が1994年11月23日に交わされた。その後，UNLBを
拠点として1998年に総会が承認したスタートアップ・キット補充の考えを展
開した形で，事務総長は2002年，1億5千万ドルの規模で戦略備蓄を立ち上
げる提案を総会に提出した。

総会決議56/292は，戦略備蓄の概念とその設置を承認した。その際，ブリ
ンディシの兵站基地の物資相当分を考慮し，新規の必要経費を141,546,000ド
ルに修正したうえで承認（主文5）し，この相当分は，終了したPKOの残額
を活用することとした。具体的には，UNPROFOR，UNCRO，UNPREDEP
の残額95,978,945ドル及び，UNMHの残額45,567,055ドルについて，事務
総長が加盟国に対し当該国のクレジット分をSDS設置のためにUNLB予算分
担金に移転することを要請する書簡を出し，加盟国が45日以内に反対を唱え
なければ，同国のクレジット相当分を移転し，反対を表明した加盟国について
は，PKO分担率に従い新たな分担金を払い込むという形で支弁することで合
意された。UNLBの広報資料によれば，現在までに約2億6500万ドル相当の
装備品・製品がPKOミッションに発送された。

現在のUNLBは，SDSの管理のみにとどまらず，グローバル・フィールド
支援戦略（GFSS）[27]を推進する拠点の1つとして，PKOの効果的かつ効率的
な運営のために兵站，地理，情報，通信技術を提供することが主要な任務と
なっている。また，敷地内には，戦略的航空作戦センターなど専門的な技術機

_____

(27)　総会決議64/269（2010）

能が置かれているほか，要員訓練の拠点ともなっている。また通信技術に関する機能はバレンシア（スペイン）にも置かれ，この2つをグローバル・サービスセンターと呼称するようになった。

エンテベ地域支援センター（RSCE）

GFSS の要素の1つとして設置[28]された RSCE は，PKO ミッションの業務の中で属地性の薄い業務を統合し共有の管理サービスを提供することで，PKO の行政的財政的効率化をはかることを主要な目的としている。現在RSCE は，アフリカに所在する PKO ミッション及びその他のミッションや事務所[29]に対し，調達や契約管理，職員給与の関係などの行政的支援，情報通信サービスの支援などを行っている。設置より6年間，RSCE 予算案は PKO の行財政的側面に関する包括的報告書の一部として提出されていた。アフリカに所在する国連の機能の位置づけに独立性と明確性を強く求めるアフリカ諸国の主張の結果，総会決議 69/307 は RSCE に運用上及び管理上の独立性を与えることを明記し，またこれを受けて RSCE 予算案は単独の文書として提出されることとなった。現在，RSCE は DFS の指揮下に置かれている。

第3節　これから

80 年代までの PKO は，兵力の引き離しや停戦監視，投票の監視など，限定的な目的を課され，そのための任務を完了次第終了する，まさに Operation（作戦）の面が強かった。しかし「統合型」といわれる PKO の登場は，活動分野の範囲を拡大し，また確実に長期化させた。ミッションの規模が巨大化すれば，当然に予算規模も大きくなる。ミッション要員，特に文民要員が担う任務は拡大の一途をたどってきたのであるが，これらの任務の全てが本当に「この機構の経費」で賄うべきものとして安保理決議上に明示の根拠を有しているといえるだろうか。

---

(28)　総会決議 64/269 OP17
(29)　2018 年 10 月時点の管理サービス提供先は，MONUSCO, UNMISS, UNISFA, UNAMID, MINUSCA, MINUSMA, MINURSO（UNSOM, SESG-GL, UNOCA, SEMG, SASG-Brundi, OSESSS,）．

第5章　国連平和維持活動（PKO）の財政

　安保理決議で明示的に特定の活動を「実施する」と決定している，あるいは
事務総長に特定の活動を「実施する」ことを求めているならば，根拠は明確で
ある。では，ある分野における現地国政府の努力を「支援する」と規定してい
る場合，それはどういった活動をどのようなアレンジメントのもとに求められ
ているのであろうか。このような間接的な表現の文言が採用されている場合，
事務局は可能な限り大きく解釈したがる。予算案で用いられている文言が実際
に安保理の起草意図に即しているかどうかを確認し，安保理決議の起草意図に
忠実にリソースを与えることが，責任ある第5委員会代表の交渉姿勢である。
また同様に，安保理決議起草の際に曖昧な文言を排し，可能な限り明確な文言
によって，「この機構の経費」で賄うべき活動とそうでない活動を事務総長に
対して指示することが，責任ある安保理理事国代表の交渉姿勢だと考える。安
保理決議の起草，及び総会第5委員会での予算交渉のいずれにも必要なのは，
主張の説得力と正当性を高めるための俯瞰的視点と，自らが採択する決議文言
によって各主体が負う役割とその規模についての責任ある想像力，及びより明
確な共通理解を構築するための創造力である。日本は何度か非常任理事国を努
めているが，指示事項の創出からリソースの承認までが一体のものであるとの
認識をもって，決議の起草から合意までの課程に実質的な貢献となる交渉を
行っていくことが強く望まれる。

こぼれ話

国連で使用される言語(2)

　国連総会では，審議にかけようとする全ての文書を6週間前に全公用語
で配布することとされているが（6 weeks rule），ACABQ が第5委員会と
同時進行で審議を行っているため，このルールは実質的には守り切れな
い。代わりに第5委員会が強く求めているのが，6か国語同時配布ルール
（6 language rule）である（総会決議 55/222 セクションⅢ 主文5）。国連文書
の配布が，ハードからデータへと変わってくる際に，作成言語や先に翻訳
を終えた言語の版を先行してデータ配布することによる，文書アクセスに
おける代表間の不平等を防ぐためのルールである。

　総会手続規則に従い，総会の主要委員会の公式会合では，6か国語の同
時通訳が提供される。ただし，通訳が提供される時間は原則午前の3時間

第3節　これから

（10時から13時まで），午後の3時間（15時から18時まで）と決まっている。従って，第5委員会や他の総会の主要委員会が，18時以降も協議を継続しなければならない場合には，通訳なしでの協議となり，そのような場合には，英語のみでの協議となることが一般的である。

　とある委員会での交渉終盤，審議が終局せずに18時をまわってしまった。議事日程を考えると，その日中にいくつかの案件の交渉をまとめなければ，最終日の決議採択に間に合わない。やむを得ず18時以降も，通訳なし・英語のみで協議を継続することとなった。そこで，とあるスペイン語圏の国の代表が挙手し抗議の発言を始めた。その代表は，英語を母国語としない者にとって，英語で交渉を行わざるを得ないことがいかに交渉にマイナスに影響するかを15分にわたり滔々と非常に流暢な英語で語った後，Having said that……と述べて，議事の事項についての自国の立場を主張しはじめた。会場は大爆笑であった。

おわりに

本書の冒頭で，次のような3つの視点とキーワードを掲げた。
・「国連」とは誰のことか。
　→国連は何でできているのか。誰が国連のしくみをつくっているのか。
・マクロ的視点とミクロの理解。
・2つのソウゾウリョク：想像力と創造力。
これらについて，最後に私のメッセージも込めつつ振り返ってみたい。

・「国連」とは誰のことか。
　→国連は何でできているのか。誰が国連のしくみをつくっているのか。

国連（the United Nations）とは，加盟国であり，国連事務局（the Secretariat of the United Nations）とは，加盟国が決定した政策とその実施のために加盟国が意思決定した機構と予算そのものである。加盟国の意思決定は，決議という形で確認される。事務総長をはじめとする事務局職員は，このような意思決定の「執行者」であり，また加盟国に対する「提案者」にもなり得るが，そのような権限の範囲は，やはり加盟国が決定したしくみやルールによって規定されている。

国連NY本部のローズガーデンよりイーストリバー対岸を臨む

国連憲章が規定する「主要6機関」のうち，4機関，すなわち国連総会，安全保障理事会，経済社会理事会，信託統治理事会は，いずれも独自の人格や権能を有する機関ではなく，加盟国で構成される意思決定の枠組みである。そして，機構や予算に関する事項は，総会第5委員会の承認がなくては実施に移すことができない。したがって，我々は，「国連」という言葉を使うとき，その意味と段階について明確化するよう努める必要があると考える。事務総長が「提案者」として発言や報告を行う場合と，1つの加盟国が，意思決定のプロセスの途中で発言を

おわりに

行う場合，また全ての加盟国が無投票で決議を採択する場合，これらのすべてを「『国連』は，」と述べることは，正確性を欠く理解を招くだけでなく，書き手として無責任である。「独立専門家」や「特別報告者」は，あくまで加盟国からの指示を受け報告や提案を行う立場であり，国連事務局を代表するものではなく，当然国連加盟国の決定を代位するものでもない。日本人の国連信仰を逆手にとって，このような立場から発信されたものを「『国連』は，」という主語で報じる記事が未だに散見されることは残念であるが，本書をここまで読み進めた読者ならば，国連とは加盟国の決定事項の集成であって，国連事務総長や専門家単独では何らの独自の決定権限も有していないことを十分理解されているであろう。また，そのような曖昧な主語の記事に出会ったときには，読み手の側においても，この『国連』とは誰のことを指しているのかと検証的に読む必要がある。

　そして，最後に述べたい。**国連の政府間協議体は，加盟国代表の交渉者と事務局職員の知恵でできている。**

　交渉者は常に，自国の関心事項に適切なリソースをつけるべく，あるいは執行のあるべき姿を実現すべく，如何に既存のしくみやルールの適用の前例を活かすことができるか懸命に検討して交渉し，その適用の実績はさらなる前例となる。また，事務総長のもとで事務職職員は，既存のしくみやルール自体をその時代のニーズにあわせて改新していくためにより多くの加盟国の支持を得られる形を模索し，時には加盟国の側から大幅な修正を施された形で，しくみやルールを進化させていく。国連決議は，そのような知恵の結晶であり，政府間協議体は，その蓄積でできている。

　ただし，結晶化した部分（決議）だけでは，その模索の経緯を十分理解することはできない。そこに至るための知的・技術的な闘いが記されたものが，事務総長報告書や議事録，ACABQ報告書などの一次文書である。これらの文書は基本的にすべて公開されている。一次文書を読んでいくと，事務総長の背後にいる事務局の「野望」がくりかえし事務総長提案として提起されていることや，それにもかかわらず加盟国の支持を得られない理由などを理解することができ，現在の課題についての重要な視座を得ることができるであろう。また，現在使っているしくみについての経緯と起草者の意図を踏まえることができれ

おわりに

ば，さらに新たな状況に対応するためにいかに創造的にそのしくみを使いうるかというヒントを得るであろう。

・マクロ的視点とミクロの理解
：マクロ的視点を可能にするためのミクロの理解。俯瞰的視点と具体的問題把握。

総会第5委員会が扱っている機構と予算は，執行機関としての国連事務局の骨と血である。そうであれば，第5委員会であろうと，他の委員会であろうと，国連の活動に関する限り，あらゆる事項に関しての加盟国の意思決定に，この機構と予算，つまりマクロ的視点，俯瞰的視点は，強力な武器であるだけでなく，不可欠の要素でもある。しかしながら，国連の活動に関連する意思決定に関わる人達，特に交渉者において，如何に視野狭窄に落ちいっている人が多いことか。政策の話は政策の話として自分たちが交渉するが，カネの話はまた別の話であり，担当の委員会に任せた，という認識の交渉官は多い。その中でも，一部の分野においては，このような崇高な目的のために行う活動に関して，カネのことを持ち出すのは不適切である，と考えてすらいることは極めて残念である。俯瞰的視点と個別事項との意識的な断絶である。そして当然のことながら，こういった交渉官に限って，自分たちが毎年関わる活動がどの程度の規模なのか知らず，そして毎年毎年追加経費を伴う活動を指示し続けているが，具体的なアウトカム（成果）が把握できない。

このような認識は，加盟国としての交渉力を大いに損ねている。**指示事項に関する意思決定と財政（予算手当・支弁）に関する意思決定は，加盟国として一体のものであることが当然である。**しかしながら，俯瞰的視点を伴わない交渉により，同一の加盟国自身の中で必ずしも機構・予算面の方針に沿わない立場を政策面でとってしまうことにより，交渉における一貫性を失うこともある。また，俯瞰的視点を持たないことは，指示事項をより効果的・効率的に実施しうる方法の模索努力を放棄することにもつながる。

指示事項が実際にはどのような形で展開・実施され，どのような体制と資金規模を要するのかという，執行の具体的な姿を描くこと，これは国連であろうと国内の組織であろうと，基本的に必要な認識である。ところが，このような認識を持っている人が決して多くはないのが現状である。そしてそのような人

おわりに

は，ある程度以上の人員を有している先進国の代表に多く，逆に数人しか代表
団員を持たない国のほうが，このような認識と視点を持ち，それを十分に発揮
しているのは，皮肉なことである。

「ミクロの理解」と書いたのは，狭まった視界のことではない。交渉の対象
となっている事項に関連する経緯やルール，現状について，丁寧に整理し理解
することである。193の異なる歴史と文化を有する主体で構成され，70年を超
えるこの世界最大の協議体において，完全にはじめて直面する問題というのは
意外に少ない。むしろ，一定期間をおいて同じような問題が名称を変えて繰り
返し提起されている。我々の諸先輩の「知恵」は，その中に残されている。そ
うであれば，過去の実行の整理と分析はそのまま交渉における武器となる。ま
た，データ（どの国が，いつ，どういう状況でとった立場であるか）を正確に把握
することが必要である。そのような経緯を踏まえずに，自分限りの常識を根拠
に方針を立てたり交渉したりするのは危険である。「ミクロの理解」とは，
1つの枝の末端の葉にいたる構成を把握することである。つまり，1つの大木
を見ながら，その中の1本の枝について丁寧に正確に理解を積み立てていくこ
とが，責任ある交渉の基本である。

・2つのソウゾウリョク：想像力と創造力

国連の諸決議に残された「知恵」，マクロ的視点とミクロの理解，この2つ
は，交渉に必要な基本的な武器である。そのうえで，これらの武器を如何に操
作するかが交渉力の幅となる。ここで必要なのは，2つのソウゾウリョク，つ
まり**想像力**（Imagination）と**創造力**（Creativity）である。

想像力は，提示された指示事項案について，実際にどのような形で展開・実
施され，どのような体制と資金規模を要するのかという，執行の具体的な姿を
描き，その姿が現実的なものであるかどうかを見極めるために必要である。ま
た，提示された指示事項案への対案を自国が提示する場合や，自国が新たな指
示事項の提案者となる場合には，「知恵」と「視点」を踏まえた自国案を策定
したうえで，相手国の関心事項に応じて説得力のあるプレゼンテーションを行
うためにも必要である。「良いものなら黙っていても売れる」わけでは全くな
い。日本は193人いるセールス担当のうちの1人にすぎず，だれもが自分の案
を，多くの場合排他的に売りたがっている。そのような中で，自国案をより多

おわりに

くの国に買って（＝支持して）もらうには，過去の決議事項のアナロジーや期待される効果の数値化，手続きや段階の図示などを，相手の関心事項によって少しずつ変えながら関心を引き出していく必要がある。

創造力は，ルールやしくみ上，あるいはリソースの制限の中で，ある提案を実施しなければならないときに必要である。また，加盟国の合意事項の結晶である決議案文の起草において，曖昧さを排除して指示事項を可能な限り明確に伝える文言を提示していくことは，言語的能力というだけではなく，各国が合意しうる要素をいかに言葉に落とし込んでいくかという，合意形成能力そのものである。時には，自国の案が部分的にしか合意に持ち込めないこともある。そのような場合に，自国案を修正したり他国案に加わったりしながらいかに最重要の要素を残すかというところで，創造力が最も要される。

全ての規則は制限ではなく交渉ツールであり，全ての交渉は外交ツールである。たとえば，社会分野の議題を担当する委員会で，ある国が新たな指示事項を提案しようとする際に，その代表団に予算策定の考え方の知識が少しでもあれば，既存の活動の指示事項に上書きしたり，意思決定のタイミングを選んだりすることにより財政規律を堅持し，指示事項の設置に好意的な考えを有する諸国からの支持を広げつつ，主要財政貢献国の了解も得て，新たな指示事項の創出を導いていくことができる。**現在のしくみを謙虚に理解しつつ，我々の先輩方が構築してきた知恵の山を有難く活用し，新たな課題に対して想像力と創造力をもってロジックを構築し交渉することが，国連を扱うすべての実務者に求められている。**

2018年の分担率交渉の結果，2019年からの日本の分担率が1ポイント以上下がることとなったが，この関連の報道で，分担率の低下が発言力の低下につながり，安保理常任理事国への道がさらに遠のく，といった報道があることに，強い違和感を覚える。問題はそこではないのではないだろうか。過去何度かの非常任理事国の任期中，日本は一体どのような知恵の痕跡を残せたのだろうか。必要なの

199

おわりに

は，安全保障理事会での決議起草作業において，指示事項の創出に関する意思決定と財政に関する意思決定が一体のものであることの認識のもとに，適切な執行のあり方を模索し，執行の具体的な姿を明確に伝える指示事項を起草することに貢献し，「この機構の経費」として全加盟国が納得する予算の策定に貢献していくことではないだろうか。そして，そのような蓄積を持って，他の理事国に「やはり日本がいてくれないとダメだ」と言わせることではないだろうか。

肥大化するばかりで実効性のない国連はもう要らない，高い分担金を払い続けず出ていけばよい，という意見もある。それも一つの考えであろう。しかし，そうするにはまだ早い。なぜならば，行財政の世界をホームに据えて，しくみとルールと知恵を武器に国連の機構を変えていく戦法を，日本はまだ試しはじめたばかりだからである。

そのための知的技術的基盤はすでに揃っている。あとは如何にそれらを使うかである。知恵の山を想像力と創造力をもって活用していく交渉力が，今後の日本に期待されている。

第5委員会非公式協議の一場面

巻末資料 1 － 1 「国連の刷新」事務総長報告書の改革案と総会の対応

		Renewing the UN 事務総長報告書（A/51/950）での提案概要	総会の第一次アクション、及び事務総長の補足報告書概要	総会のアクション
Strengthening leadership capacity				
96	Action 1	A Senior Management Group will be established in the Secretariat, comprising the convenors of the four Executive Committees, together with several additional senior officials selected by the Secretary-General. Its primary responsibility will be to assist the Secretary-General in leading the process of change and instituting sound management throughout the Organization.		
96	Action 2	A strategic planning unit will be set up in the Office of the Secretary-General to identify emerging global issues and trends, analyse their implications for the Organization, and devise policy recommendation for the Secretary-General and the Senior Management Group.		
96	Recommendation	Establish the post of Deputy Secretary-General	A/51/950/Add.1 A/52/303	RES/52/12B A1. RES/52/220 III 3 decided to establish the post of DSG.
44		Sunset provisions: SG recommends to GA that each initiatives that involves new organizational structures and/or major commitments of funds be subjected to specific time limits, by which it would be reviewed and renewed only by explicit action of the Assembly.		
101	Recommendation	That the General Assembly: (a) Decide, two years in advance, on an issue to be the subject of a special high-level, one-week segment; (b) Decide to incorporate the principal features of United Nations conferences into the working methods of the General Assembly; (c) Decide to arrange for each of its Main Committees to have an annual thematic focus for its work which would represent a collective effort to address in each General Assembly session a number of areas of current concern; (d) Decide to conceptualize and organize its agenda around the eight priority areas of the medium-term plan of the Organization; (e) Decide that normally policy recommendations to Member States and the international community would be in the form of resolutions while procedural or work programme conclusions would be in the form of concise decisions; (f) Decide that its annual sessions, beginning on the third Tuesday in September, would not extend beyond November.	RES/52/12B 4 decided to continue consideration under "Revitalization"	
119	Action 3	A Plan will be developed to phase out the use of gratis personnel in the Secretariat at the earliest possible date.	RES/51/243* (adopted prior to SG proposal) RES/52/220 I 20 reaffirm it.	RES/52/234 (stipulates some limitations)
115	Recommendation	(a) That governments possessing the relevant capabilities establish the practice of providing information to the Secretary-General which would strengthen his efforts in preventive action. (b) That the Security Council and the General Assembly consider measures to enhance the rapid reaction capacity of the United Nations.	(b) RES/52/12B 6 requested appropriate organs to consider.	

201

巻 末 資 料

		(c) That the Security Council, in establishing a peacekeeping operation, prescribe a timeframe for the conclusion of the Status of Forces Agreement (SOFA) between the United Nations and the host government for the operation in question and that, pending the conclusion of such an agreement, the model SOFA (document A/45/594) would apply provisionally	(c) RES/52/12B 7 endorsed this recommendation	
119	Action 4	In the Field, the Special Representative of the Secretary-General will have authority over all UN entities	Directive for SRSG approved	
121	Action 5	With immediate effect, DPA, in its capacity as the current convenor of the Executive Committee on Peace and Security, will be the focal point within the United Nations for post-conflict peace-building. The Executive Committee on Peace and Security, in collaboration with other executive committees as appropriate, will be responsible for the design and implementation of post-conflict peace-building initiatives, including the definition of objectives, criteria and operational guidelines for post-conflict peace-building by the organizations of the United Nations system.	A/53/854/Add.1 on SA budget mentions on ECPS, and lead department concept.	
125	Action 6	A Department for Disarmament and Arms Regulation, headed by an USG will be established to develop policies and proposals and to coordinate them with the entities concerned.	A/51/950/Add.3 A/52/303 (98-99 Rev.Est) Section 2B	RES/52/220 III 2B 25. Notes establishment of the Department for Disarmament and Arms Regulation...
126	Recommendation	That the General Assembly undertake a review of the work of the Disarmament Commission and the First Committee with a view to updating, rationalizing and streamlining their work.	RES/52/12B 8. decided that both bodies should review their work	
142	Action 7	(a) A substantive ECOSOC secretariat headed at a senior level to be established in the new consolidated DESA (See A/51/829).	A/52/303 (98-99 Revised Estimates) Section 7A	RES/52/220 III7A 238 Notes establishment of new DESA...
	Recommendations	(a) That ECOSOC should consider holding its various segments at different, pre-established periods during the year, without affecting the total duration of the meetings held by the Council in any given year. This should facilitate attendance at these segments by the ministers directly concerned with the themes and policy issues considered at each of these segments. The duration of the operational activities segment should be extended to enable the Council to provide effective policy guidance to the work of the different Programmes and Funds		
		(b).That the Committee for Development Planning be replaced by panels of experts on various policy issues set up by ECOSOC on an ad hoc basis, whose membership would be appointed on the basis of the recommendations of the Secretary-General.		
		(c).That the work of the operational activities for development segment should be enhanced through extending the length of the segment and establishing a trust fund to facilitate the participation of officials from LDCs in the segment.		
	ECOSOC Subsidiary bodies			
135	Recommendation	(a) The work and functions of the Committee on New and Renewable Sources of Energy and Energy for Development and the Committee on Natural Resources be consolidated into the Commission on Sustainable Development;	A/51/950/Add.2	
		(b) The Commission on Science and Technology for Development become a subsidiary body of the UNCTAD Trade and Development Board with the UNCTAD secretariat continuing to provide the substantive servicing	RES/52/12B 9 invited ECOSOC to consider the recom of SG	

巻末資料 1 − 1 「国連の刷新」事務総長報告書の改革案と総会の対応

		secretariat to the Commission;		
		(c) The functions of the Commission on Crime Prevention and Criminal Justice and the Commission on Narcotics Drugs be consolidated into a single Commission under arrangements which will fully preserve the treaty-based functions entrusted to the latter. The International Narcotics Control Board would report to the new Commission;		
		(d) The Intergovernmental Group of Experts on International Standards of Accounting and Reporting be maintained as an expert body reporting through the UNCTAD Commission on Investment, Technology and Related Financial Issues;		
		(e) The work of the Ad Hoc Group of Experts in International Tax Matters be reviewed after the completion of its present mandate;		
		(f) The Committee on Economic, Social and Cultural Rights report to the ECOSOC through the Commission on Human Rights.		
	Regional Commissions			
137	Recommen-dation	That the Economic and Social Council initiate a general review of the regional commissions, in consultation with other regional bodies and governments, bearing in mind the individual reviews each commission has already conducted, in order to consider the core competencies of the regional commissions vis-a-vis global bodies and other regional and sub-regional intergovernmental bodies; and evaluate the most appropriate division of labour with regard to both standard-setting and technical cooperation activities and prospects for further rationalization and consolidation.	RES/52/12B invited ECOSOC... to conduct a general review of the regional commissions	
		(b) DESA and UNCTAD to undertake a review of their activities in the macro-economic area in order to strengthen their cooperation and rationalize and enhance UN work in this area.		
145	Action 8	Bolstering international efforts to combat crime, drugs and terrorism by consolidating United Nations programmes and activities in Vienna under an Office for Drug Control and Crime Prevention.	A/51/950/Add.2	RES/52/220 III 14 60. Notes the establishment of the Center for International Crime Prevention, and also notes that the Center, together with the UNDCP, will form the new Office for Drug Control and Crime Prevention;
157	Action 9	(a) UNDG will supersede the current sectoral group on development operations and will be led by a reconstituted Executive Committee chaired by the convenor of the Executive Committee on Development Operations, the Administrator of UNDP. The membership of the UNDG Executive Committee will consist of the heads of UNDP, UNICEF and UNFPA, with provision for the participation of other organizations in areas relevant to their interests. (b) The Executive Committee of UNDG will be asked to develop counterpart arrangements at the country level.		
161	Action 10	(a) In order to achieve goal-oriented collaboration, programmatic coherence and mutual reinforcement, the United Nations programmes of assistance will be formulated and presented as part of a single United Nations		

203

巻末資料

		Development Assistance Framework (UNDAF) with common objectives and time frame. Programme funds managed by each of the programmes and funds would be included in the document, but remain clearly identifiable.		
		(b) All funds and programmes and UNICs will be part of a single UN office under the Resident Coordinator as the designated representative of SG and Leader of the United Nations Country Team who would be accredited to the head of government.	RES/52/220 III 86 rejected resource reduction by UNIC streamlining and overturned posts	
		(c) Common premises of the UN at the country level will be named "UN House". The office in South Africa will be the first such case with the designation of "UN House" coming into immediate effect.		
	Governance of funds and programmes			
162	Recommendation	Member States are invited to consider arrangements for a closer integration of the governance oversight of UNDP/ UNFPA and UNICEF with consecutive and/or joint meetings of the existing Executive Boards, and the convening of joint committees to review issues and matters of common concern.	RES/52/12B 12 accepted & requested ECOSOC to consider arrangement for closer integration...	
162	Recommendation	That a new system of core resources consisting of voluntary contributions and negotiated pledges to be appropriated in multi-year tranches be established.	RES/52/12B 14 requested SG specific proposals.	A/52/847 SG note on Core resources for development
169	Action 11	(a) A proposal elaborating the details of a burden-sharing arrangement designed to increase core resources will be prepared by SG		
		(b) An Office for Development Financing will be established. Responsibility for setting up the Office will be assigned to the DSG who will draw up terms of reference and modalities of cooperation in consultation with the UNDG.		
179	Action 12	SG to develop new measures for strengthening and restructuring the UNEP and the United Nations Centre for Human Settlements, based on General Assembly resolutions 2997 (XXVII) and 32/162, and to make recommendations to the 53rd GA		RES/53/242 9 reiterates the importance of strengthening the capacity and capability of UNEP and Habitat within the framework of their existing mandates.
179	Recommendation	That the General Assembly decide to discontinue the High-Level Advisory Board on Sustainable Development	RES/52/12B 11 endorsed this and discontinued.	
191	Action 13	(a) An Office of the Emergency Relief Coordinator (ERC), headed by an USG, to be established at UNHQ.		
	Humanitarian Affairs governance			
193	Recommendation	That the General Assembly designate the Emergency Relief Coordinator (ERC) as the United Nations Humanitarian Assistance Coordinator (UNHAC), and transfer the ERC's responsibilities related to the coordination of natural disaster mitigation activities to UNDP. That a humanitarian affairs segment of the ECOSOC be established as soon as possible	RES/52/12B 15 decided to designate ERC and 16 decided to transfer ERC's natural disaster responsibility to UNDP	RES/52/12B 18. decided to establish a humanitarian affairs segment of ECOSOC from 1998.
		(b) The ERC will focus on the core functions identified in General Assembly resolution 46/182. The Department of Humanitarian Affairs (DHA) will be discontinued in its present form.	A/52/303 propose re-organization of the office.	RES/52/220 approved it.
		(c) Some of the functions of DHA will be redistributed within the United Nations system, as indicated above		RES/52/220 III 85 transferred

204

巻末資料 1 − 1 「国連の刷新」事務総長報告書の改革案と総会の対応

				operational demining to DPKO (humanitarian demining stays).
		(d) The IASC will be further strengthened and continue to be the main consultative body for humanitarian agencies, chaired by the ERC. An IASC Steering Committee will be established with six members, as indicated above.		
		(e) The IASC will be asked to identify measures to harmonize processes and further enhance the CAP to ensure that Appeals are needs based and prioritized, taking into account the comparative advantage of each agency.		
		(f) In the field, a lead agency may be designated by the ERC to coordinate complex emergencies.		
198	Action 14	The reorganization of the human rights secretariat is to be fully implemented. Under the new High Commissioner for Human Rights, both offices will be consolidated in a single unit to be called the Office of the High Commissioner for Human Rights. The Deputy High Commissioner will assist and provide management support to the High Commissioner and manage the office in her absence	ST/SGB/1997/10 incorporated this arrangement.	
201	Action 15	(a) The Office of the High Commissioner will assess the work carried out on human rights issues in the Executive Committees and will regularly participate in every stage of the Organization's activities in relation to actual or potential conflicts or post-conflict situations that have a human rights dimension.		
		(b) The High Commissioner will undertake an analysis of the technical assistance provided by the UN entities in areas related to human rights and formulate proposals for improving complementarity of action		
		(c) The representation of the High Commissioner's office at HQ to be upgraded and strengthened.		
206	Action 16	(a) HCHR to review the human rights machinery and develop recommendations on possible ways to streamline and rationalize it.		
		(b) Actions underway in the context of the restructuring of the human rights programme to strengthen and coordinate the substantive and technical support to the legislative bodies, monitoring committees and special procedures will be given the highest priority. The establishment of common data banks of information, research and analysis to assist these bodies will be accelerated.		
216	Action 17	(a) A series of gatherings involving eminent leaders of different sectors of civil society and the SG will be initiated. Constituencies will include academicians, organized labour, NGOs, private business, youth and the foundation community.		
		(b) All substantive departments of the UN will designate an NGO liaison officer to facilitate access by civil society to the UN. At the country level, where appropriate, the UN system should create more opportunities for tripartite cooperation with governments and civil society. Training programmes for UN staff will include a component dedicated to cooperation with civil society. This will be reflected in the curricula of the UN Staff College.		
		(c) SG will consult with the ACC with a view to establishing a jointly funded inter-agency business liaison service to be named the UN Enterprise Liaison Service, patterned along the lines of the Non-Governmental Liaison Service.		

205

巻 末 資 料

		(d) Arrangements will be made with leading business organizations to establish improved mechanisms for continuing the dialogue between representatives of business and the UN.		
	Enhancing support capacity			
222	Recommen-dation	That a Revolving Credit Fund capitalized at a level of up to \$1 billion be established through voluntary contributions or any other means of financing that Member States may wish to suggest to provide liquidity as an advance on Member States' outstanding contributions. That any unspent balances of the regular budget, at the end of the fiscal period, will in future be retained	A/51/950/Add.4 RES/52/12B 20 took note of recom SG & requested detailed proposal, 21 also invited competent bodies to consider implication of such retention;	A/52/822 SG A/53/645 ACABQ expressed concern on additional burden on those Member States that pay in full, nor will it induce them to provide voluntary contributions to the Fund. No action taken by GA.
233	Action 18	By the beginning of 1998, a fundamental review will have been undertaken, significant progress made, and the preparation of a programme of further action prepared for the management of human resources in the Organization. This shall include identifying and undertaking concrete steps in recruitment and placement, human resources planning, career service and compensation packages, career development and mobility, performance management, and staff-management consultation.		
233	Action 19	Establish a one-time training and redeployment programme funded with up to \$15 million from appropriated resources to assist staff affected by the measures outlined in the context of reform	A/52/584 SG note requested NO additional resources	Necessary training be implemented within existing resources.
233	Action 20	The SG will seek the advice of an informal group of independent advisers on senior appointments.	An informal group of independent advisors established in 1997.	
	Create dividends for development from saving			
235	Action 21	The central administrative and support offices as well as every department and office will be given specific savings targets to reduce their administrative and other overhead costs over the next two biennia - - to create a "Dividend for Development" growing to at least \$200 million for the biennium beginning 1 January 2002, to be available for reallocation to a Development Account.	(235 参照)	
233	Recommen-dation	That the GA initiate a review of ICSC, including its mandate, membership and functioning in order to increase its effectiveness in meeting the challenges facing the UN system of organizations. That the GA approve the Code of Conduct. Once approved, it will become an integral part of the United Nations Staff Regulations and Rules	RES/52/12B 22 decided to examine the recommendation.	
235	Action 22	Building on the lessons of the efficiency reviews and in close coordination with the budget process and targets, departments and offices will continue to carry out management reviews to enhance the delivery of mandated programmes, strengthen services to Member States and identify ways to achieve the targets set for the reduction of overhead		
235	Recommen-dation	That the General Assembly establish an Account to be funded from savings from reductions in administration and other overhead costs and prescribe the specific purposes and associated performance criteria for the use of such	A/51/950/Add.5 on Creating a dividends for development A/52/303 Sec 34	A/52/12B 24. Decided to establish Development

巻末資料 1 - 1 「国連の刷新」事務総長報告書の改革案と総会の対応

		resources.		Account, & details to be submitted by March 98. A/52/848 reported on the Utilization of Development Account
237	Action 23	SG to take steps to delegate maximum authority, responsibility and full accountability to line managers for the management of human and financial resources.	RES/52/220 II 11 requested a comprehensive report.	A/52/852 SG note on the impact of the implementation of pilot project on budgetary practices and procedures - stated that this is within the SG's authority.
239	Action 24	The rules and administrative issuances of the Organization to be reviewed and rationalized	New "rules" for AI, SGB, IC established.	
239	Action 25	A major simplification of procurement and human resource management processes will be completed by December 1997, and financial and other processes by December 1998.	A/52/534 Procurement reform, A/53/414 HRM Outcome of the review in financial area between DM and DPKO to be submitted in SA budget 99/00.	A review of complementarity between LD-DPKO and OPPBA identified 8 posts to be redeployed from DM (PKO financing, procurement, and OHRM) to Field Admin and Logistics Division DPKO under Support Account. (A/53/854/Add.1)
	Result Based Budgeting			
241	Recommendation 13	That the General Assembly review the existing arrangements governing the planning, programming and budgeting process in order to enhance their role in providing strategic direction, establishing better performance yardsticks and reporting, and focusing more on accountability for performance than on input accounting - a shift to results-based budgeting	A/51/950/Add.6 RES/52/12B took note of recommendation of SG, and requested a more detailed report on RBB	
245	Action 26	(a) The quality and cost-effectiveness of current common services will be enhanced to better support programmes and programme managers in the United Nations and in funds and programmes, by the consolidation as far as possible, by January 1998, of headquarters procurement services, taking into account field requirements and specialized procurement expertise, with a view to expanding the use of electronic procurement and organization-wide competitive contracts in key areas; developing a unified management structure to provide information technology and telecommunications infrastructure and services on a cost-effective basis; and taking specific steps to enhance the provision of common support services described above.		
		(b) One or more common service facilities will be established at UNHQs in New York, Geneva and Vienna to offer to all United Nations organizations certain common services.		
247	Action 27	(a) The UN Web Site and Home Page and related sites such as Relief Web will be enhanced and electronic postings on the Internet for delegates, Member States, non-governmental organizations and the broader public will be rationalized and expanded.		

207

巻 末 資 料

		(b) As the UN replaces its main documents systems, the internal systems that produce, store and disseminate documents, including terminology data bases and information technology tools to support production, tracking, management and distribution of documents electronically will be modernized.		
		(c) The use of the Intranet to facilitate internal communication and administrative simplification and streamlining will be enhanced		
		(d) An Information Technology Strategy for NYHQ and offices away from headquarters that assures adequate infrastructure and investment to support staff members and services to Member States will be finalized and adopted.		IMIS introduced
250	Action 28	The Secretary-General will consult with the ACC on ways to systematically introduce issue management methods and techniques at the inter-agency level. The Executive Committee for Economic and Social Affairs and UNDG are being asked to contribute to the identification of areas where issue management networks could be fruitfully established and to identify appropriate lead agencies.		
271	Action 29	(a) The Secretary-General will initiate, in consultation with the United Nations University and other research institutes, measures for coordinating and rationalizing the respective activities of these institutes and ensuring that they contribute more fully and effectively to the policies, programmes and priorities of the United Nations. This will include recommendations which might be made to Member States to improve governance arrangements in respect of these institutes. It could also include amendments to the Charter of the United Nations University in accordance with the procedures described in the Charter of the University.	A/52/492 on UNITAR	
		(b) The United Nations Staff College will be requested, in preparing programmes for international civil servants throughout the United Nations system, to make full use of the research and capacity-building experience of the research institutes.		

巻末資料1－2 「国連の強化」事務総長報告書の改革案と総会の対応

	Strengthening the UN 事務総長報告書(A/57/387) での提案		総会決議 57/300 の 概当パラグラフと内容	後年度の総会決議 又は事務総長報告書
Action 1	*Aligning activities with priorities:* I will submit to the General Assembly in 2003 a thoroughly revised programme budget that better reflects the priorities agreed to at the Millennium Assembly.		(Implemented)	
Para 44	The need to update the programme of work, and to identify and dispense with mandates and activities that are no longer relevant, will be a constantly recurring requirement. We need a mechanism to help us do this systematically. <u>I would like to reiterate the proposal for sunset provisions</u>, contained in my 1997 report on reform. Each initiatives that involves major commitments of fund should be subject to specific time limits, by which time it would be reviewed and renewed only by explicit action of the General Assembly.	30	Notes the reference to sunset provisions in the report of the SG, and recalls that no decision has been taken in this regard;	
Action 2	*Strengthening of human rights.* UNHCHR to develop and implement a plan, in cooperation with the UNDG and the Executive Committee for Humanitarian Affairs, to strengthen human rights-related United Nations actions at the country level	6	Took note of SG proposal	
Action 3	UNHCHR to consult with treaty bodies on new streamlined reporting procedures and submit his recommendations to me by September 2003	8	Encouraged State parties to review the reporting procedures	
Action 4	UNHCHR to undertake a review of the special procedures to enhance their effectiveness and improve the support provided	9	Requested CHR to review	
Action 5	UNHCHR to develop a plan to strengthen management, by March 2003	10	Encouraged SG effort to improve effectiveness and management of OHCHR	
Action 6	Restructure DPI The Department of Public Information will be restructured as follows: (a) A Division of Strategic Communications which will devise and disseminate and evaluate United Nations messages around priority themes;			
	(b) An Outreach Division in which services to delegations, liaison with civil society and activities for the general public will be grouped together;			
	(c) A strengthened News and Media Division which will incorporate the Department's web-site operation;			
	(d) Transfer of the Cartographic Section to the Department of Peacekeeping Operations.	16	Notes the proposal of the SG.... and decides to consider the proposal in the context of the PPB 04-05.	
Action 7	DPI, with assistance from OIOS to conduct a systematic evaluation of the impact and cost-effectiveness of all of its activities.	17	Requests SG with assistance from OIOS to proceed as quickly as possible in this regard and to report on progress at 58GA through COI.	

209

巻末資料

Action 8	Rationalise UNICs I propose to rationalize the network of United Nations information centres around regional hubs, starting with the creation of a Western European hub	15	Takes note of the proposal of SG, ... and request SG to submit a progress report ...	
Action 9	UN Libraries The management of United Nations libraries will be improved as follows: (a) The Dag Hammarskjold Library in New York assumes responsibility for setting policy and coordinating the work of all United Nations libraries;	14	Takes note of the proposals of the SG, which are intended to improve the management of the libraries, and request SG to submit a report for further consideration by the relevant UN bodies, including COI...	
	(b) DPI, in conjunction with DM, to prepare a comprehensive plan for the integration of the UN library services at various locations, through the use of ICT;			
	(c) DPI to formulate and implement a plan to improve electronic access to United Nations collections, facilitate the transfer of paper collections to electronic files and provide training to depository librarians.			
Action 10	Publications (a) The Executive Committees will plan and coordinate all publications within their respective thematic areas in order to reduce the number of and improve the coherence, focus and scheduling among the Organization's many publications. The Department of Public Information will do the same for the titles it publishes;	19		
	(b) The Publications Board will be reconstituted as a standard-setting body, with appropriate membership and terms of reference to match that function;			
	(c) The feasibility and cost of online publications delivery, supplemented by a print-on-demand capability will be reviewed;			
	(d) The Repertory of Practice of United Nations Organs should no longer be produced by the United Nations.			
Action 11	Reporting will be improved by: Consolidating reports on related subjects; Writing sharper reports with clearly defined actions; Observing stipulated page limits	20	Request SG to start, on a trial basis, a consultative process with PGA and Chairman of the Main Committee... with a view to consolidating reports on related subjects, if decided by the Main Committees.	
Action 12	GA to establish a mechanism to review the continuing need and the frequency of recurring reporting requirements	21	Requests SG to submit proposals on recurring reporting requirements to 58GA	
Action 13	DGACM to implement changes to allow a more integrated approach to planning and managing meetings and documentation.			
Action 14	UNDG to develop, by September 2003, an implementation plan to strengthen the effectiveness of the Organization's presence in developing countries. This plan will include such features as joint programming, pooling of resources, common databases and knowledge networks, dedicated support for the resident coordinator and integrated planning, budgeting and resource mobilization tools for countries emerging from conflict.			

210

巻末資料1－2 「国連の強化」事務総長報告書の改革案と総会の対応

Action 15	A document clarifying roles and responsibilities in the area of technical cooperation will be prepared by September 2003	23	welcomes the intention of the SG to issue a document clarifying the roles and responsibilities of the various United Nations entities in the area of technical cooperation by September 2003 and to submit a report thereon to the relevant intergovernmental bodies for their consideration	
Action 16	SG to propose in the next biennium budget 04-05 the creation of an additional position of ASG in DESA to support policy coherence and management	24	Notes SG's intention to submit, in the context of the proposed programme budget 04-05, proposals for new position of ASG...	
Action 17	Establishment of a policy planning unit in DESA.			
Action 18	The Adviser for Special Assignments in Africa will coordinate and guide the preparation of reports and input for the Africa related debates of the General Assembly and its subsidiary bodies. For this purpose, the resources allocated to the Office of the Special Coordinator for Africa and the Least Developed Countries will be transferred to his office	26	Approves the transfer of resources allocated to the Office of the Special Coordinator for Africa and the Least Developed Countries and those from the current Office of the Adviser for Special Assignments in Africa, to the new Office of the USG and Special Adviser on Africa.	
Action 19	Establish a panel of eminent persons to review the relationship between the UN and civil society	27	Concurs with the intention of the SG to establish a panel of eminent persons, ... stresses that the terms of reference of such a panel should underscore the intergovernmental character of the United Nations, and decides to consider the recommendations of the panel through the respective intergovernmental process;	
Action 20	Create a Partnerships Office to regroup under one common umbrella the Global Compact Office and the United Nations Fund for International Partnerships.	28	Decides that the creation of a partnership office as part of the effort to enhance cooperation in the work of the Organization with the private sector ... should be subject to its resolutions 55/215 (2000) and 56/76 (2001);	
Action 21	An improved planning and budgeting system including: (a) A shorter, more strategic medium term plan covering two years rather than four, and submitted closer to the period to which it relates;	32	Took note of the SG proposal, & requested SG to submit a more detailed proposal	A/57/786 SG report on *Intergovernmental review of the mid-term plan and programme budget* proposed a single-stage review of MTP, B/O and PB from 2004. RES/58/269 5. Requests SG to prepare, on a trial basis, a strategic framework to replace the current four-year MTP, which would comprise in one document: (a) Part one: a plan outline, (b) Part two: a biennial programme plan, to cover
	(b) A budget outline that could be combined with the medium-term plan;			
	(c) A shorter, more strategic budget with supplementary detail provided separately;			

211

				two years; 6. Decides that: (a) The budget outline shall continue to provide the same level of detail as at present, in accordance with regulation 3.2 of PPBME;... 8. Decides to review, with a view to taking a final decision at 62GA,...., and requests SG to submit a report, through CPC, reviewing the experiences gained with the changes made in the planning and budgeting process; 11. Decides that CPC shall no longer consider the budget outline;..
	(d) Flexibility to reallocate resources between programmes and between allocations for personnel and other allocations by up to 10 per cent within a single budgetary period;	35	Took note of the SG's request, & requested SG to develop criteria for the use of any such authorization	
	(e) A strengthened system of evaluation and monitoring that will better measure the impact of our work.			
Action 22	Consistent with the above approach, I recommend that the intergovernmental review of plans and budgets currently performed by both the 5C and CPC be absorbed under the aegis of the Fifth Committee itself.	37	Noted SG's proposal on single stage intergovernmental review, and requested SG to submit a report clarifying his proposal.	A/57/786 see above (CPC retained, but no longer consider budget outline)
Action 23	Future peacekeeping budgets will be presented in a new format, reflecting a more strategic approach to the process of resource allocation			
Action 24	The management of trust funds will be improved by: (a) Consolidating and reducing their number; (b) Harmonizing as much as possible the rules and requirements relating to trust fund management and reporting; (c) Revising the system of support cost charges; (d) Streamlining procedures for accessing trust fund monies			
Action 25	Enhance staff mobility across the United Nations system (a) Review, by the end of 2003, the contractual arrangements and benefits offered to Secretariat staff in field locations, with a view to ensuring that they are comparable or equivalent to those of the UN F&Ps;			
	(b) Review agreements between the Secretariat and the UNF, Ps and specialized agencies, in order to reduce current barriers to between common-system organizations;			
	(c) Create longer-term contractual prospects for deserving staff serving in field missions;			
	(d) Identify special recruitment and reward mechanisms for duty stations at which there are debilitating vacancy rates;			

巻末資料１−２ 「国連の強化」事務総長報告書の改革案と総会の対応

	(e) Review all arrangements between the Secretariat and the UNF, Ps and specialized agencies in order to ensure that spouses of UN with appropriate qualifications are given favourable consideration when applying for posts in field locations;		
	(f) Approach Governments to explore possibilities for the renegotiation of host country agreements so as to allow United Nations spouses to work in those countries.		
Action 26	lifting the restrictions on the numbers of General Service staff eligible for promotion to the Professional category	39	Requested SG to submit not later than 59GA a study to promote G to P...
Action 27	An implementation plan will be developed over the next 12 months, including: (a) A comprehensive review of General Service functions, responsibilities and competencies; (b) Improvements to the system of General Service induction and career planning; (c) Opportunities and incentives for mobility across functions, offices and service in field and peacekeeping missions.		
Action 28	Effective 1 January 2003, all employees of the United Nations Secretariat will be referred to as international civil servants.		
Action 29	(a) Introducing flexible working arrangements in all Secretariat departments, subject to work requirements, from 1 January 2003;		
	(b) Broadening the opportunities for part-time employment for Secretariat staff.		
Action 30	(a) Enable better planning for the replacement of departing staff members; (b) Develop more targeted recruitment mechanisms; (c) Enhance the existing departure package to include career placement assistance and facilitating transition arrangements		
Action 31	a significant increase in the resources allocated to training.		
Action 32	improve management: (a) A thorough review of delegated authority in order to increase the capacity and flexibility of managers to manage the resources allocated to them; (b) The roles and responsibilities of the DM, along with those of the executive offices, to be redefined in order to support the increased delegation of authority; (c) Training of managers will be strengthened across the Organization, making particular use of the Staff College.	40	Welcomed the intention of SG, and request him to continue to improve accountability and responsibility as well as monitoring and control mechanisms and procedures.
Action 33	A thorough review should be completed to ensure that the Organization's policy on HIV/AIDS is fully implemented, and additional measures should be implemented, where needed, by the end of 2002		
Action 34	A review of the current system of internal justice to be conducted to improve the efficiency of the system and to allow staff fair and due process.		

巻末資料

Action 35	(a) The International Civil Service Commission to finalize its proposals for a more competitive pay and benefits system; (b) The initiation of an independent review of the operations and functions of the Commission itself.		
Action 36	DSG will oversee the implementation of the approved reforms.		

巻末資料 1 － 3　成果文書・国連への投資報告書と総会の対応

成果文書

	2005 World Summit Outcome (60/1)	事務総長案	ACABQ 勧告	総会の アクション
161(d)	an ethics office with independent status to be created	A/60/537 (PBI) A/60/568	A/60/7/Add.13 Explore redeployment	60/246 Endorse ACABQ
164	(a) Strengthening OIOS (b) Independent external evaluation of the auditing and oversight system of the UN (c) Establishment of independent audit advisory agencies	A/60/537 (PBI) A/60/568		
163(b)	Review of mandates older than 5 years	A/60/430, para 32		
163(a) (c)	Proposals for implementing management reforms, including assessment of budgetary, financial, policies, regulations and rules (OPPBA); assessment of human resources regulations and rules (OHRM), design of one-time buyout (OHRM)	SG A/60/692		

国連への投資報告書

	Investing in UN 事務総長報告書(A/60/692) での改革案	総会決議 A/RES/60/260（該当部分抜粋）	総会の アクション
Proposal 1	Proactive, targeted and faster recruitment	II.2. 1-4 and 7: SG to submit a detailed report including; (a) Information on all relevant previous reform proposals as agreed by the General Assembly, including concise references to previous relevant resolutions and decisions of the Assembly, as well as an outline of the measures taken to implement them; (b) An assessment of the impact of previous and ongoing reforms as they relate to the proposals; (c) Specific costs and administrative implications, including required changes to the regulations, rules and procedures, with detailed analysis and justification; (d) Detailed explanation and concrete examples of how it is envisaged that the proposals will enhance the effectiveness of the work of the Organization and to address current deficiencies; (e) Proposals to effectively increase the representation of developing countries in the Secretariat, in particular at senior levels, with due regard to the principle of equitable geographical distribution of posts; (f) Proposals on how gender targets can be strictly enforced; (g) An assessment of the impact of the proposals on the role and authority of the centralized human resources function;	SG requested to submit a detailed report
Proposal 2	Staff mobility:integrate HQ and field staff; SG's authority		
Proposal 3	Targeted training		
Proposal 4	Streamlining Contracts and harmonizing conditions of service.		
Proposal 5	Redefining the role of DSG: formal authority and accountability	III 5. *Recognizes* that the delegation of authority on the part of the SG should be in order to facilitate the better management of the Organization, but stresses that the overall responsibility for management of the Organization rests with the SG as the chief administrative officer; 6. *Reaffirms* its role with regard to the structure of the Secretariat, and stresses that proposals that amend the overall departmental structure, as well as the format of the programme budget and the biennial programme plan are subject to the review and approval of the General Assembly;	Noted, and the role of GA reaffirmed

巻末資料

Proposal 6	Reorganizing 25 departments reporting line to SG to about eight departments groups, headed by USGs	III. 7. Emphasizes that proposal 6 would be developed in the light of paragraph 13 of the report of the ACABQ;	
Proposal 7	A major new leadership development plan	See above II.	
SG, as in A/60/846/Add.1		60/260	
Proposal 8	Establish Chief Information Technology Officer at ASG level	IV (8 to 12, 17 and 18) 1. *Requests* the Secretary-General to submit a detailed report, bearing in mind the unique intergovernmental nature and international character of the United Nations and the provisions of previous resolutions, including paragraph 15 of its resolution 60/237, to the General Assembly on proposals 8 to 10, 17 and 18 contained in his report,3 which would respond to the following elements: (*a*) Information on all relevant previous reform proposals as agreed by the General Assembly, including concise references to previous relevant resolutions and decisions of the Assembly, as well as an outline of the measures taken to implement them; (*b*) An assessment of the impact of previous and ongoing reforms as they relate to the proposals; (*c*) Specific costs and administrative implications, including required changes to the regulations, rules and procedures, with detailed analysis and justification; (*d*) Detailed explanation and concrete examples of how it is envisaged that the proposals will enhance the effectiveness of the work of the Organization and to address current deficiencies; (*e*) A clear definition of the terminologies and rationale for the proposals; (*f*) An assessment of previous investments in information and communications technology, as well as lessons learned and expected time frames for introducing the proposed system and arrangements for the continuation of the present system during the transitional period; (*g*) Proposals on how to increase public access to United Nations information materials and important documents, including in languages other than the six official languages;	SG requested to submit a detailed report A/60/846/ Add.1
Proposal 9	Urgent upgrading of Secretariat-wide ICT systems		
Proposal 10	Replace IMIS, Galaxy and other stand-alone ICT management support systems with a fully integrated global system by 2009;		
A/60/846/Add.1		60/260	
80	(a) Approve the establishment of the post of the Chief Information Technology Officer;	II.1. *Decides* to establish the post of Chief Information Technology Officer at the level of ASG in the Executive Office of the Secretary-General;	Approved
	(b) Decide to replace the Integrated Management Information System (IMIS) with a next-generation enterprise resource planning system to ensure that the Organization provides a high level of transparency and accountability with respect to its global resource management requirements, including all information technology needsarising from the adoption of International Public Sector Accounting Standards;	II. 4. *Decides* to replace the Integrated Management Information System with a next-generation enterprise resource planning system or other comparable system;	Approved
	(c) Appropriation of 2,550,700$ (Section 28A and 28D);	II. 2. *Requests* the Secretary-General to rejustify the level and resource requirements for the post of Chief Information Technology Officer in the Executive Office of the Secretary-General, in the context of the proposed programme budget for the biennium 2008-2009 to be considered at its sixty-second session,....	

巻末資料１－３　成果文書・国連への投資報告書と総会の対応

	(d) Request the Secretary-General to submit a comprehensive report to the Assembly at the first part of its resumed sixty-first session outlining the scope, timetable, strategy and detailed resource requirements for replacing IMIS no later than 2009;	II. 5. *Requests* the Secretary-General to submit to the General Assembly, at its resumed sixty-first session, the comprehensive report referred to in paragraphs 17 and 18 of his report, 3 and to respond to relevant General Assembly resolutions, including on the following matters: ...	
Proposal 11	Service delivery/outsourcing : The General Assembly should modify previous guidance, allowing the Secretariat to consider all options for alternative service delivery, including identifying the potential for relocation and outsourcing	See above IV	
Proposal 12	Systematic cost-benefit analyses of the potential for applying these options in select administrative services should be completed in the next 12 months	See above IV IV. 3. *Takes* note of proposal 12, requests the Secretary-General to provide additional information in this regard, and decides to revert to the issue of undertaking a detailed cost-benefit analysis of relocation, outsourcing and telecommuting opportunities on the following selected administrative services at its 61st session: (*a*) Internal printing and publishing processes; (*b*) Medical insurance plan administration; (*c*) Information technology support services; (*d*) Payables, receivables and payroll processes; (*e*) Staff benefits administration	Not approved, SG requested additional information, and revert.
Proposal 13	Swift investigation on wrongdoing by staff		
Proposals 14-15	Procurement reforms : A range of measures will be implemented to improve and tighten procedures for United Nations procurement of goods and services	Proposals 14 and 15 *Requests* the Secretary-General to submit a detailed report, bearing in mind the unique intergovernmental nature and international character of the United Nations, to the General Assembly on proposals 14 and 15 contained in his report,3 which would respond to the following elements: (*a*) Information on all relevant previous reform proposals as agreed by the General Assembly, including concise references to previous relevant resolutions and decisions of the Assembly, as well as an outline of the measures taken to implement them; (*b*) An assessment of the impact of previous and ongoing reforms as they relate to the proposals; (*c*) Specific costs and administrative implications, including required changes to the regulations, rules and procedures, with detailed analysis and justification; (*d*) Detailed explanation and concrete examples of how it is envisaged that the proposals will enhance the effectiveness of the work of the Organization and to address current deficiencies; (*e*) Clear definition of the terminologies and rationale for the proposals; (f) Proposals on how to increase the use of open source software in the Secretariat; (*g*) Proposals to effectively increase procurement opportunities and participation of vendors from developing countries; (*h*) An assessment of the effectiveness of the internal controls of the United Nations organizations referred to in proposal 14, as well as an assessment of how these internal controls differ from those of the United Nations Procurement Service;	SG requested to submit a detailed report
Proposal 16	Shorter cycle for reviewing and adopting budget, Budget appropriation consolidated	VI 2. *Recognizes* that the proposals contained in proposal 16 do <u>not</u> respond to the request of the General Assembly, as contained in paragraph 11 of its resolution	SG requested to re-submit

217

巻末資料

from 35 sections into 13 parts SG's expanded authority to redeploy posts as necessary, and to use saving from vacant posts.	60/246, and requests the Secretary-General to submit proposals to the Assembly at the second part of its resumed sixtieth session in full conformity with paragraph 11 of resolution 60/246; 3. Stresses that the General Assembly will review the planning and budgetary reform experiment at its sixty-second session with a view to making a final decision thereon, in accordance with its resolutions 58/269 and 60/257;	proposals (current proposal rejected) A/60/846/Add.2

A/60/846/Add.2	60/283	
35. (a) Authorize the Secretary-General to transfer up to 10 per cent of appropriations between sections of the budget, within parts, during the budget implementation period to meet emerging demands and to report thereon to the General Assembly in the context of the budget performance reports; (b) Amend financial regulation 5.6 to read as follows: The Secretary-General shall be authorized to make transfers between appropriation sections, within parts, during implementation of the budget. No transfer between parts may be made without authorization by the General Assembly. (c) Approve the grouping of posts for budgetary implementation as reflected in paragraph 29 of the present report; (d) Request the Secretary-General to ensure that in exercising management of the groups of posts, the staffing table for the Secretariat as a whole and the level of the overall appropriation are respected; (e) Request the Secretary-General to report to the General Assembly on the management of the staffing table in the context of the first and second performance reports on the programme budget.	III Limited budgetary discretion 6. *Decides* to authorize the Secretary-General, on an experimental basis, a limited discretion for budgetary implementation for the bienniums 2006-2007 and 2008-2009, to enter into commitments up to 20 million United States dollars in each biennium for positions and non-post requirements for the purpose of meeting the evolving needs of the Organization in attaining its mandated programmes and activities; 7. *Also decides* to authorize the Secretary-General to utilize the Working Capital Fund to finance the implementation of the authorization referred to in paragraph 6 above, which shall be offset by savings identified and attained, including through the efficient use and assignment of resources, during the course of each biennium within the authorized appropriation level, as reported in the performance reports; 8. *Decides* that the authorization referred to in paragraph 6 above shall be implemented in accordance with the following principles: (*a*) The experiment shall not be utilized for unforeseen and extraordinary expenses that are authorized in respect of the maintenance of peace and security; (*b*) The experiment shall not imply any changes in the human resources management policies of the Organization; (*c*) The proposed programme budget shall remain the principal instrument in which the Secretary-General sets out the resources and staffing requirements of the Organization, including the requirements for all reform proposals as agreed by Member States; (*d*) The experiment shall in no way prevent the Secretary-General from requesting additional posts during the course of the experiment; (*e*) The experiment shall not be implemented in pursuance of General Assembly resolutions calling for the implementation of decisions "within existing resources"; (*f*) The experiment shall not imply any changes to the provisions guiding the use of the contingency fund; (*g*) The utilization of authorization shall be exercised with the prior concurrence of the Advisory Committee on Administrative and Budgetary Questions when the total amount utilized exceeds 6 million dollars per biennium; (*h*) The experiment shall not alter the priorities of the Organization as agreed by the General Assembly; (*i*) The utilization of the funds provided for under the experiment shall be subject to the Financial Regulations and Rules of the United Nations; 9. *Requests* the Secretary-General to report to the General Assembly, through the Advisory Committee, in the context of the performance reports, on the utilization of all commitments made within the context of the experiment, together with the circumstances relating	GA amended the proposal

巻末資料1-3　成果文書・国連への投資報告書と総会の対応

		thereto, as well as the impact on programme delivery and the ability to meet the evolving needs of the Organization; 10. *Decides* to review the experiment at its sixty-fourth session with a view to taking a final decision on its continuation, and requests the Secretary-General to submit a comprehensive report on the implementation of the experiment for its consideration, including the following aspects: (*a*) The utilization of the experiment during the course of the two bienniums; (b) Implications, if any, for the human resources management policies and the Financial Regulations and Rules; (c) The impact on programme delivery, as well as on the priorities of the Organization as set by Member States; (d) The criteria used by the Secretary-General to define the evolving needs of the Organization; 11. Recalls paragraph 14 of its resolution 58/270 of 23 December 2003 and paragraph 7 of its resolution 60/246, decides that the experiment will not be extended beyond the current biennium, and requests the Secretary-General to report to the General Assembly at its sixty-second session on the results of the experiment as well as lessons learned that can be applied to the experiment referred to in paragraph 6 above; 12. Requests the Secretary-General to expeditiously implement paragraph 8 of its resolution 60/246 and to report thereon in the context of the first performance report on the programme budget for the biennium 2006–2007; 13. Recalls its request to the Secretary-General to specifically define accountability as well as clear accountability mechanisms, including to the General Assembly, and to propose clear parameters for their application and the instruments for their rigorous enforcement, without exception, at all levels; 14. Recognizes that it will consider the related report of the Secretary-General referred to in paragraph 13 above at its sixty-first session with a view to taking decisions to strengthen accountability in the Organization;	
Proposal 17	Consolidation of Peacekeeping accounts, Streamlining trust fund management ; Increase the level of the Working Capital fund and the ceiling of the commitment authority granted by the General Assembly; and the financial processes of the Organization should be re-engineered to allow significant delegation of authority within a framework of accountability	See above VI	SG requested to submit a detailed report A/60/846/Add.3
A/60/846/Add.3		60/283	
(a)	Approve the adoption of the IPSAS by 2010;	1. *Decides* to approve the adoption by the UN of the IPSAS;	Approved
(b)	Consolidate the various peacekeeping accounts retroactively, excluding those of UNEF, ONUC, the PKRF and SDS, effective 1 July 2007	VII. 1. *Decides* to defer consideration of the following proposals contained in the addendum on financial management practices to the above-mentioned detailed report of the Secretary-General as follows:	Deferred and no more action taken
(c)	Consolidate the individual resolutions on the financing of peacekeeping operations, including	(*a*) Consolidation of peacekeeping accounts and increases in the Peacekeeping Reserve Fund and commitment authority	

219

巻末資料

	the SA and UNLB, into a single resolution beginning with the peacekeeping 2007/08 fiscal period	for peacekeeping operations (paragraphs 112 (*b*) to (*l*))— until the second part of its resumed sixty-first session;
(d)	Consolidate the various peacekeeping assessments on Member States into two assessments at the beginning and at the halfway point of the peacekeeping fiscal period, starting with the peacekeeping 2007/08 fiscal period;	A/61/865 Report of the Secretary-General on investing in the United Nations for a stronger Organization worldwide: detailed report (consolidation of peacekeeping accounts) (General Assembly resolution 60/283, sect. VII, para. 1 (a))
(e)	Approve the delinking of assessments for PKOs from the duration of the mandates approved by the Security Council and issue assessments in two separate components in accordance with appropriations for the financial period for peacekeeping operations;	
(f)	Apply to the consolidated account the standard practice of utilizing unencumbered balances, interest income and other/miscellaneous income to provide the first element of financing of appropriations for the subsequent fiscal period, thereby reducing the net level of assessments to be charged to Member States;	
(g)	Approve the consolidation of individual performance reports into a single report that would provide the overall peacekeeping budget level as well as performance data identifying the budget provisions and expenditures for each individual mission;	
(h)	Return to Member States credits available in the accounts of closed missions with cash surpluses; such credits would first be applied to settle outstanding assessments, on a mission-by-mission basis, and thereafter be applied at the discretion of the Member State. Should a Member State wish to receive a cash refund, the refund would be effected on the date of the consolidation	
(i)	Settle outstanding liabilities in the accounts of closed missions with cash deficits, except for ONUC and UNEF, on the date of consolidation;	
(j)	Authorize the Secretary-General, with the prior concurrence of ACABQ, to enter into commitments not to exceed the current authorized level of the PKRF of $150 million, regardless of the number of Security Council decisions;	
(k)	Increase the current delegation of commitment authority to the Advisory Committee to the current authorized level of the Peacekeeping Reserve Fund of $150 million;	

巻末資料1－3　成果文書・国連への投資報告書と総会の対応

(l)	Amend financial regulations 4.6 and 4.8 by replacing in each case the figure of $50 million by $150 million;		
A/61/865			
4	The General Assembly is requested to take note of the information contained in the present report.	Deferred（61GA）	
	A/62/726 (Comprehensive report on the consolidation of peacekeeping accounts)	Deferred（62GA）	
		No same report was considered at 63GA.	（審議されず）
(m)	Authorize an increase in the level of the Working Capital Fund to $250 million;	IV. 4. *Resolves* that the Working Capital Fund for the biennium 2006-2007 shall be increased to 150 million dollars effective from 1 January 2007;	Approved with reduced amount
(n)	Decide that budgetary surpluses should be retained temporarily through the suspension of the relevant parts of financial regulations 5.3, 5.4 and 5.5;		
(o)	Decide whether the future distribution of surpluses might be applied to: (i) Establishing a fund to accommodate unanticipated expenditures arising from exchange-rate fluctuations and inflation; (ii) Meeting the Organization's unfunded liabilities arising from the after-service health insurance scheme; or (iii) Financing an increase in the Working Capital Fund.		
(p)	Approve the establishment of a reserve fund for adjustments resulting from variations in respect of currency fluctuations, inflation in nonstaff costs and statutory cost increases for staff;	VII. 2. *Decides* to defer consideration of the following proposals contained in the addendum on financial management practices to the above-mentioned detailed report of the Secretary-General as follows: (*b*) Establishment of a reserve fund (paragraphs 112 (*p*) and (*q*)) — within the context of the programme budget for the biennium 2008-2009;	
(q)	Consider whether it would finance such a reserve fund from retained surpluses or by new assessments;		
(r)	Decide that interest should be charged on Member States' arrears of assessed contributions;		
(s)	Decide that interest should accrue monthly on amounts that are outstanding, due and payable for the regular budget and the budgets of the ICTY over ICTR as at 1 January 2007 and thereafter annually as at 1 January each year; the rate applied from 1 January 2007 would be the 2006 average rate received by the UN on its cash balances, with the 2007 average rate being applied from 1 January 2008 and so on;		
(t)	Apply the same approach to unpaid assessed contributions for peacekeeping if peacekeeping		

巻末資料

	accounts are consolidated, as proposed by the Secretary-General, or request the Committee on Contributions to make proposals with regard to the practical application of interest to peacekeeping arrears, given the current different arrangements for the financing of peacekeeping operations — including a different financial period and more frequent assessments. Should the Assembly decide that interest should be applied to Member States' arrears, it should make it clear that the revised amount is the new assessed contribution — which would thus be subject to the relevant provisions of the Charter;		
(u)	Appropriate a total amount of $2,009,700, comprising $1,428,900 under section 28B, OPPBA, $108,600 under section 28D, OCSS, $424,000 under section 30, Jointly financed administrative activities, and $48,200 under section 35, Staff assessment, to be offset by an equal amount under income section 1, Income from staff assessment, under the programme budget for the biennium 2006-2007.		
Proposal 18	The budget and planning process explicitly linked to results and managerial performance, as part of a more rigorous monitoring and evaluation framework	IV 5. *Requests* the Secretary-General to submit a detailed proposal on strengthening the monitoring and evaluation tools in the Secretariat, taking into account recent experience in results-based budgeting;	
Proposal 19	Secretariat reporting mechanisms should be improved, including through the development of a single, comprehensive annual report, and the 30 existing reports on management should be consolidated into six reports	VII 2. *Recalls* paragraph 20 of its resolution 57/300, paragraph 6 of the annex to resolution 58/316 of 1 July 2004 and paragraph 16 of its resolution 59/313 of 12 September 2005, and requests the Secretary-General to implement measures in accordance with the above-mentioned paragraphs with a view to consolidating reports on related subjects; 3. *Reaffirms* that all reports pertaining to administrative and budgetary matters are subject to the consideration of the Fifth Committee as the appropriate Main Committee of the General Assembly entrusted with responsibilities for those matters;	SG requested to implement measures previously agreed
Proposal 20	Introduce new principles to guide the interaction between the Secretariat and the GA on management and budgetary issues, to make it more focused, strategic and results-oriented.	VIII 1. *Reaffirms* that the Fifth Committee is the appropriate Main Committee of the General Assembly entrusted with responsibilities for administrative and budgetary matters; 2. *Also reaffirms* the role of the Committee for Programme and Coordination as the main subsidiary organ of the General Assembly and the Economic and Social Council for planning, programming and coordination; 3. *Further reaffirms* that no changes to the budget methodology, to established budgetary procedures and practices or to the financial regulations may be implemented without prior review and approval by the General Assembly, in accordance with established budgetary procedures; 4. *Recalls* paragraph 162 of its resolution 60/1, whereby the General Assembly called upon the Secretary-General	No more report requested
Proposal 21	GA to consider ways to reform its interaction with the Secretariat on management and budgetary issues		No more report requested

222

巻末資料1 - 3　成果文書・国連への投資報告書と総会の対応

		to make proposals to the Assembly for its consideration on the conditions and measures necessary for him to carry out his managerial responsibilities effectively, <u>and stresses that proposals 20 and 21 do not bear any relation</u> to the requests of the Assembly as outlined in resolution 60/1 or in any other legislative mandate adopted by the Assembly; 5. *Also recalls*, in this context, section II of its resolution 41/213, and reaffirms that the decision-making process is governed by the provisions of the Charter of the United Nations, in particular Article 18, and the rules of procedure of the General Assembly;	
Proposal 22	Dedicated resources should be appropriated to the change management process; in particular, resources will be needed at an early stage for a change management office and a staff buyout	IX 1. *Takes note* of the idea of a dedicated capacity within the Secretariat with the aim of facilitating the management reform efforts within the Secretariat by the Secretary-General, and requests the Secretary-General to take into account existing capacity and expertise already available in the Secretariat in formulating future proposals in this regard;	No more report requested
Proposal 23	An appropriate intergovernmental mechanism should be setup to work with the change management office		No more report requested

巻末資料 2　ブラヒミ報告書の勧告事項と総会の対応

パネル報告書（A/55/305-S/2000/809）の勧告事項				事務総長の実施案（A/55/502）	総会
34(b)	Action 1	More frequent use of fact-finding missions to areas of tension.	19, 20	I welcome the recommendation calling for more frequent use of fact-finding missions to areas of tension. There is no substitute for my being able to send an individual or a team of women and men to a place of potential armed conflict, ... I will elaborate further on this and other potential conflict-prevention tools, such as the preventive deployment of peacekeeping operations, ..., to be submitted to Member States in May 2001.	
47(a)	Action 2	A small percentage of the mission's budget should be made available to the SRSG to fund quick impact projects, with the advice of the UN Resident Coordinator.	25	I will seek the legislative bodies' approval for the implementation of this recommendation, on a case-bycase basis, when presenting concepts of operations and budgets for future peace operations.	個別のPKO予算案の文脈で徐々に導入。総会決議61/276は、3年目以降のPKO予算案での要求の可能性を規定。
47(b)	Action 3	A doctrinal shift in the use of civilian police, other rule of law elements and human rights experts in complex peace operations to reflect an increased focus on strengthening rule of law institutions and improving respect for human rights in post-conflict situations.	29	I therefore intend, when presenting future concepts of operations and missions budgets to the General Assembly and the Security Council, to spell out more clearly what the United Nations system can collectively do to help strengthen local rule of law and human rights institutions, drawing on existing civilian police, human rights, gender and judicial expertise. Thus, I will seek legislative approval for the implementation of this recommendation on a case-by case basis.	安保理決議及び個別のPKO予算案の中で徐々に導入。
47(c)	Action 4	Demobilization and reintegration programmes should be integrated into assessed budget for the first phase of complex peacekeeping operations	26	I will include comprehensive disarmament, demobilization and reintegration programmes in my plans for future peace operations, as appropriate, so that the Security Council can consider including aspects of the disarmament, demobilization and reintegration programmes in the operations' mandates and the General Assembly can review proposals for funding demobilization and reintegration programmes, in the start-up phase, through the mission budgets.	事務総長ノートA/C5/59/31にて整理した概念を踏まえて、総会決議59/296セクションⅥで規定。
	Action 5	Have the Executive Committee on Peace and Security make recommendations to the Secretary-General in order to increase the United Nations' capacity to develop peace-building strategies and programmes to support those strategies			
55	Action 6	Provide United Nations peacekeepers with the robust mandates they need to effectively engage with those groups who renege on their commitments to peace or who seek to undermine peacekeeping operations through the use of violence	36-41	36. While it is within the Secretariat's responsibility to draft rules of engagement for each operation, these are individually tailored to the mandates adopted by the Security Council. As such, the Council will have a leading role to play in the implementation of this recommendation.	PKO予算案

巻末資料2　ブラヒミ報告書の勧告事項と総会の対応

				41. I am therefore requesting a modest increase in resources for the Lessons Learned Unit in the DPKO.	（サポートアカウント）の文脈で承認。
64(a)	Action 7	Have the Security Council ensure the consistency of ceasefire or peace agreements with international human rights standards and with the practicability of specified tasks and timelines			
64(b)	Action 8	The Security Council should leave resolutions pertaining to peacekeeping operations in draft form until the Secretary-General has firm commitments from Member States of necessary resources			
64(c)	Action 9	Security Council resolutions should establish a clear chain of command for peacekeepers			
75	Action 10	In order to facilitate more efficient distribution of vital information, the Secretariat must transparently communicate with the Security Council when forming and changing mandates for peacekeeping operations and briefings from the Secretariat to the Security Council should be made available to those Member States that have contributed troops to the relevant operation.			
83	Action 11	The Secretary-General should establish the ECPS Information and Strategic Analysis Secretariat (EISAS) to provide members of ECPS with relevant information about operations	42	I propose to create the above-mentioned secretariat, effective January 2001, primarily through the consolidation of existing resources in the DPA, DPKO, DPI, OCHA, DDA, OUNHCHR, UNHCR and DESA and through the loaning of posts from United Nations agencies, funds and programmes.	（実施されず）
47(d)	Action 12	A panel of international legal experts should be convened in order to evaluate the feasibility of developing an iterim criminal code to be utilized during peacekeeping operations until local rule of law and enforcement capabilities can be established.	31-35	31. The Secretariat has already initiated action on this recommendation, by establishing a working group, comprised of experts at Headquarters and the legal and judicial experts in UNMIK and UNTAET, to examine the implications of the Panel's proposal. 35. ...However, there are many lessons that could be learned from UNMIK and UNTAET... and work that could be done to better prepare for potential future transitional administration missions. Should the General Assembly indicate its interest in pursuing the matter further, I would submit to it a more detailed plan of action (and request for additional resources related thereto) in the context of my next report on the implementation of the report of the Panel.	
91	Action 13	The United Nations should define "rapid and effective deployment capacities" as the ability to fully deploy traditional peacekeeping operations within 30 days after the adoption of a Security Council resolution, and within 90 days in the case of a complex peacekeeping operation	68	I have therefore asked the relevant parts of the Secretariat to use the timelines proposed by the Panel as the basis for evaluating the capacity of our existing systems to provide field missions with the human, material, financial and information assets that they require, in quantitative and qualitative terms.	

巻末資料

101(a)	Action 14	The Secretary-General should systematize the method of selecting mission leaders for peacekeeping operations with respect to adequate geographic and gender representation and with input from Member States	70	I have decided to form a senior appointments group,....	
101(b)	Action 15	The leadership of a mission should be assembled at Headquarters as quickly as possible.	64	I fully agree that those who will ultimately have to start up and run a mission on the ground should be involved in the planning of that mission. Once an integrated mission task force is formed, therefore, one of its first tasks will be to identify the individuals who will be the first to board the plane en route to establishing the mission headquarters.	
101(c)	Action 16	The Secretariat should provide mission leadership with guidance relevant to implementing Security Council mandates	76	76. The proposed creation of the Executive Committee on Peace and Security Information and Strategic Analysis Secretariat should help to implement this recommendation,	
117(a)	Action 17	Member States should be encouraged to enter into partnerships within the context of the United Nations Standby Arrangement System (UNSAS)	86	The first step in meeting the spirit of this recommendation would be to create a common standard and set of procedures for contingents to work together when they arrive in theatre. The Department of Peacekeeping Operations is not in a position to prepare all the documentation at this stage, because of resource constraints, as mentioned previously, and as detailed further in the request for additional resources. 87. The second step would be to enhance the Secretariat's capacity to assist Member States with training initiatives.. I am therefore requesting additional resources for that purpose.	
117(b)	Action 18	The Secretary-General should be given the authority to canvass Member States that have entered into partnerships with UNSAS for potential troop contributions when a ceasefire agreement appears likely			
117(c)	Action 19	The Secretariat should send teams to assess the preparedness of troop contributions before deployment.	92, 93	I am seeking an increase in resources to enable the Secretariat to implement this recommendation. I also propose to send a team from the Department of Peacekeeping Operations to each mission every six months, to ensure that standards are continuing to be met.	
117(d)	Action 20	The creation of an "on-call" list of 100 military officers should be created within UNSAS.		94. The Secretariat will be defining the profiles of the expertise required and will consult with Member States concerning implementation of the system during the next two months. The Secretariat will communicate its requirements to Member States by February 2001, along with a request for them to participate within the context of the standby arrangements system.	
126(a)	Action 21	Member States are encouraged to establish a pool of reserve civilian police to be deployed on short notice for UN peace operations			
126(b)	Action 22	Member States are encouraged to enter into regional training partnerships for civilian police			
126(c)	Action 23	The creation of a single point of contact within Member States should be created for the provision of civilian		100....the responsibility for implementing this recommendation rests entirely within the purview of individual Member States, ...	

巻末資料2　ブラヒミ報告書の勧告事項と総会の対応

		police to United Nations peace operations		
	Action 24	The creation of a revolving "on-call" list of 100 police officers to be created and utilized within UNSAS.		
	Action 25	Member States are urged to create regional training partnerships, form pools of civilian staff for penal, human rights, and judicial specialists for UN peace operations	107. Should the resources requested be provided, I would expect a comprehensive package of reforms to be ready for submission to the General Assembly in early 2002.	（後年実施）
	Action 26	The Secretariat should create a list of pre-selected civilian candidates to be available on short notice for UN peace operations		（後年実施）
145(c)	Action 27	Conditions of service for UN personnel should be revised to attract and retain the most qualified personnel	111. I have asked that a detailed proposal on both subjects be submitted to me by mid-2001.	人的資源管理の文脈で実施
	Action 28	DPKO should outline a comprehensive staffing strategy for peace operations		
150	Action 29	Additional resources should be allocated to mission budgets for public information	139. I will be seeking the implementation of this recommendation on a case-by-case basis, within the context of mission budgets submitted to the General Assembly for its approval.	PKO予算案の文脈で実施
169	Action 30	The Secretariat should develop a global logistics support strategy to support rapid deployment of personnel for UN peace operations	113. I have therefore asked the Field Administration and Logistics Division/ Department of Peacekeeping Operations, supported by the Department of Management, to address all of these issues in tandem and to commence work in January 2001.	
	Action 31	The General Assembly should approve a onetime expenditure for the purchase of five mission start-up kits to be kept in Brindisi		総会決議59/292にて戦略備蓄の整備を承認
	Action 32	The Secretary-General should be given authority to draw up to $50 million from the Peacekeeping Reserve Fund once an operation becomes apparent but before the Security Council passes a resolution		総会決議56/292 OP15-16にて、一定の条件のもとに平和維持留保基金の使用を承認。
	Action 33	The Secretariat should conduct a review with the aim to provide field missions greater flexibility over financial resources		採用されず
	Action 34	The Secretariat should increase the level of procurement authority delegated to field operations from $200,000 to $1 million		
197	Action 35	Secretary-General should submit a proposal to the General Assembly requesting a substantial increase in resources to support Headquarters in peace operations	120. I am therefore requesting, on an emergency basis, through the Support Account for 2000-2001, additional resources for the Secretariat to better support peacekeeping operations.	PKO予算案の文脈で実施
	Action 36	Support for Headquarters operations should be funded through the regular biennial programme budget of the Organization		採用されず
	Action 37	The Secretary-General should request the General Assembly improve an increase to the Support Account for adding more personnel to the DPKO		PKO予算案の文脈で実施

巻 末 資 料

217	Action 38	Integrated Mission Task Forces (IMTFs) should be the first point of contact for mission-specific planning and support		57. I intend to institute the integrated mission task force mechanism for the planning and initial deployment phases of all new multidisciplinary operations, henceforth. 62. I am requesting additional resources for the Department of Peacekeeping Operations Office of Operations to enable it to perform the full range of its activities effectively. I am also requesting a few additional posts for the Department of Political Affairs.	
233(a)	Action 39	The Military and Civilian Police Division should be restructured and the Civilian Police Unit should be moved out of the military reporting chain		126. I am proposing in the request for additional resources that the rank of the Civilian Police Adviser be upgraded to the D-2 level and that (s) he no longer report to the Military Adviser, but rather to the Assistant Secretary-General for Military and Civilian Police Affairs.	PKO予算案の文脈で実施
233(c)	Action 40	The Military Adviser's Office in DPKO should be restructured to correspond more closely to the way in which the military field headquarters in United Nations peacekeeping operations are structured	131	I am proposing not only to strengthen the Military Division, but to extensively restructure it as well, as described in the request for additional resources.	PKO予算案の文脈で実施
	Action 41	A new unit should be created within DPKO to address criminal law issues in peacekeeping operations			PKO予算案の文脈で実施
	Action 42	The Under-Secretary-General for Peacekeeping Operations should be given responsibility for peacekeeping-related budget management for a two-year trial period	117	It would be premature... I therefore believe that it would be prudent to postpone taking any action on this recommendation until the logistics support strategy and procedural reviews of the field procurement and financial system have been completed...	採用されず
233(e)	Action 43	The Lessons Learned Unit should be given greater resources and moved into DPKO Office of Operations		140. I am thus seeking additional resources for it. 141. However, I do not propose to move it from the Office of the USGl/DPKO to the Office of Operations at this time. Given the importance that I attach to this function, I would like the USG/DPKO to personally oversee its development at this early stage	
233(f)	Action 44	A new ASG in DPKO should be created, named the Principal Assistant Secretary-General, and will function as the deputy to the USG		123. I am therefore requesting the addition of one Assistant Secretary-General.	
238	Action 45	A new unit should be formed within DPKO or DPI and will be tasked with carrying out planning and support of public information for peace operations		134. In principle, I do not favour creating new capacities in the DPKO that might otherwise already exist in the United Nations system and could be marshalled in support of peace operations through stronger coordinating mechanisms. 135. Bearing in mind that the task force mechanism will not apply to the planning of smaller and traditional operations, nor to supporting fully deployed missions, I have decided that this unit would be best placed in the Office of Operations/Department of Peacekeeping Operations,	原案に，事務総長による修正を加えた形で実施
	Action 46	There should be increased budgetary support for the creation of a Peace-building Unit within DPA			計画予算案の文脈で実施

228

巻末資料 2　ブラヒミ報告書の勧告事項と総会の対応

243(b)	Action 47	Increased assistance should be made available to the Electoral Assistance Division should be made regular		143. I propose to also increase provision for regular budget financing for needs assessment missions, which are a prerequisite for all electoral-assistance activities.	PKO 予算案の文脈で実施
	Action 48	The United Nations Office for Project Services should undertake procurement, logistics, staff recruitment and other support services for non-military field missions			
245	Action 49	Increased funding should be made to the Office of the United Nations High Commissioner for Human Rights for the purposes of enhancing field mission planning		145. Accordingly, I am seeking a modest increase in resources for the Office of the United Nations High Commissioner for Human Rights, ...	
251	Action 50	EISAS should be the centre to oversee and implement the common information technology strategies of the peace and security departments of Headquarters		153. I will submit a more detailed proposal in my second report.	
258	Action 51	EISAS, with cooperation from the Information Technology Services Division (ITSD), should implement an enhanced peace operations element on the current United Nations Intranet and link it to the missions through a Peace Operations Extranet (POE)			
	Action 52	Increased geographic information systems (GIS) technology should be made available			
	Action 53	IT needs of civilian components should be better anticipated			
	Action 54	Headquarters and field missions should co-develop web sites related to their missions			

基本的な規程等

The Charter of the United Nations

Rules of procedure of the General Assembly（A/520/Rev.15）

Financial Regulations and Rules（ST/SGB/2013/4）

Regulations and Rules Governing Programme Plannning, the Programme Aspects of the Budget, the Monitoring of Implementation and the Methods of Evaluation（ST/SGB/2018/3）

Organization of the Secretariat of the United Nations（ST/SGB/2015/3）

参 考 文 献

明石康（1985）『国際連合　その光と影』岩波新書

色摩力男（2001）『国際連合という神話』PHP 新書

香西茂（1996）『国連の平和維持活動』有斐閣

香西茂＝安藤仁介（編集代表）（2002），『国際機構条約・資料集［第 2 版］』東信堂

芹田健太郎（1996）『普遍的国際社会の成立と国際法』有斐閣

田所昌幸（1996）『国連財政　予算から見た国連の実像』有斐閣

高須幸雄（1994）「財政危機はいかに回避されるか」（『外交フォーラム』No.72）

田畑茂二郎＝大寿堂鼎編（1994）『ケースブック国際法［新版］』有信堂

田畑茂二郎＝竹本正幸＝松井芳郎編集代表（2000）『判例国際法』東信堂

日本国際連合学会（編）（2002）『グローバルアクターとしての国連事務局』国際書院

則部輝幸（1993）「国連平和維持活動の財政問題」『季刊国際政治』第 43 号　変容する国際連合

横田洋三（2000）「国際機構の自律的補助機関の法的地位」『国際機構の法構造』国際書院

渡辺茂巳（1997）『国際機構の機能と組織』国際書院

Bertrand Maurice（1994）*"L'ONU, la découverte"* 横田洋三，大久保亜紀（訳）（1995）『国連の可能性と限界』国際書院

Bertrand Maurice（1989）*"The Third Generations World Organization"* Martinus Nijhoff

Bennis Phyllis（2006）*"Challenging Empire"* Olive Branch Press

Black Maggie（2008）*"The No-nonsense guide to the United Nations"* New Internationalist.

Bolton John（2007）*"Surrender is not an option – defending America at the United Nations and Abroad*, ［Threshold Editions］*"* A Division of Simon & Schuster, Inc

Franck Thomas（1995）*"Fairness in International Law and Institutions"* Oxford

基本的な規程等，参考文献

University Press

Franck Thomas（1989）*"Nation against Nation: What happened to the UN dream and What the US can do about it"* Oxford University Press

Hart H.L.A. "The Concept of Law［Third edition]" 長谷部恭男（訳）（2014）『法の概念［第3版]』ちくま学芸文庫

Kaufmann Johan（1988）*"Conference Diplomacy, An Introductory Analysis* [SECOND REVISED EDITION]" Martinus Nijhoff Publishers

Mills Susan R（1989）*"The Financing of UN Peacekeeping Operation; The Need for a Sound Financial Basis"* International Peace Academy

Mselle Conrad S.M.（2011）*"The Anatomy of Decay, A United Nations Memoir"* Mill City Press. Inc

Pellet Alain = Cot Jean Pierre（ed.）*"La charte des Nations Unies : commentaire article par article"* 中原喜一郎，斎藤惠彦（監訳）（1993）『コマンテール国際連合憲章　国際連合憲章解説』東京書籍

Singer JD（1966）*"Financing International Organizations: the UN Budget Process"* Martinus Nijhoff

Tharoor Shashi *'The future of Peacekeeping'* in Whitman Jim and Pocock David（ed.）（1996）*"After Rwanda The Coordination of United Nations Humanitarian Assistance"* St. Martin's Press Inc

United Nations *"Repertory of Practice of the United Nations Organs (1945–1954), volume 1"*

United Nations *"Repertory of Practice of the United Nations Organs, Supplement No 1 (1954–1955), volume 1"*

United Nations *"Repertory of Practice of the United Nations Organs, Supplement No 2 (1955–1959), volume 2"*

United Nations *"Repertory of Practice of the United Nations Organs, Supplement No 3 (1959–1966), volume 1"*

United Nations *"Repertory of Practice of the United Nations Organs, Supplement No 4 (1966–1969), volume 1"*

United Nations *"Repertory of Practice of the United Nations Organs, Supplement No 5 (1970–1978), volume 1"*

United Nations *"Repertory of Practice of the United Nations Organs, Supplement No 6 (1979–1984), volume 2"*

United Nations *"Repertory of Practice of the United Nations Organs, Supplement No 7 (1985–1988), volume 2*"*

United Nations *"Repertory of Practice of the United Nations Organs, Supplement No 8 (1989–1994), volume 2"*

基本的な規程等，参考文献

United Nations *"Repertory of Practice of the United Nations Organs, Supplement No 9 (1995–1999), volume 2*"*

United Nations *"Repertory of Practice of the United Nations Organs, Supplement No 10 (2000–2009), volume 2*"*

〈著者紹介〉

岩谷 暢子（いわたに・のぶこ）

1993 年 9 月～1994 年 6 月　Katholieke Universiteit Brabant（Tilburg University）
1995 年 3 月　国際基督教大学教養学部社会科学科卒業（教養学士）
2000 年 7 月　The Hague Academy of International Law
2003 年 9 月　神戸大学大学院国際協力研究科博士後期課程修了（博士（法学））

1997 年 6 月～2000 年 6 月　在ジュネーブ国際機関日本政府代表部
2002 年 9 月～2004 年 9 月　国際連合日本政府代表部
2005 年 4 月～2007 年 9 月　外務省国際社会協力部国連行政課／総合外交政策局国連企画調整課
2007 年 9 月～2010 年 8 月　在ガーナ日本国大使館
2010 年 9 月～2013 年 5 月　在フィジー日本国大使館
2013 年 5 月～2016 年 1 月　内閣府国際平和協力本部事務局
2016 年 2 月～2019 年 1 月　国際連合日本政府代表部

国連総会の葛藤と創造
──国連の組織，財政，交渉──

2019 年（令和元年）8 月 20 日　第 1 版第 1 刷発行

6801-0：P248 ¥4800E 012-035-005

著　者　　岩 谷 暢 子
発行者　　今井 貴 稲葉文子
発行所　　株式会社 信 山 社

〒113-0033　東京都文京区本郷 6-2-9-102
Tel 03-3818-1019　Fax 03-3818-0344
henshu@shinzansha.co.jp
笠間才木支店 〒309-1611 茨城県笠間市笠間 515-3
Tel 0296-71-9081　Fax 0296-71-9082
笠間来栖支店 〒309-1625 茨城県笠間市来栖 2345-1
Tel 0296-71-0215　Fax 0296-72-5410
出版契約 2019-6801-0-01011　Printed in Japan

©岩谷暢子，2019　印刷・製本／ワイズ書籍（M）・渋谷文泉閣
ISBN978-4-7972-6801-0 C3332 分類329.000 国際法

JCOPY 〈㈳出版者著作権管理機構 委託出版物〉

本書の無断複写は著作権法上での例外を除き禁じられています。複写される場合は，
そのつど事前に，㈳出版者著作権管理機構（電話03-3513-6969，FAX03-3513-6979，
e-mail: info@jcopy.or.jp）の許諾を得てください。

国際人権法
芹田健太郎

ブリッジブック国際人権法（第2版）
芹田健太郎・薬師寺公夫・坂元茂樹

コンパクト学習条約集（第2版）
芹田健太郎 編集代表
森川俊孝・黒神直純・林美香・李禎之・新井京・小林友彦 編集委員

普遍的国際社会への法の挑戦
——芹田健太郎先生古稀記念　薬師寺公夫・坂元茂樹 編

人権条約の解釈と適用
坂元茂樹

講座　国際人権法 1
国際人権法と憲法
芹田健太郎・棟居快行・薬師寺公夫・坂元茂樹 編集代表

講座　国際人権法 2
国際人権規範の形成と展開
芹田健太郎・棟居快行・薬師寺公夫・坂元茂樹 編集代表

講座　国際人権法 3
国際人権法の国内的実施
芹田健太郎・戸波江二・棟居快行・薬師寺公夫・坂元茂樹 編集代表

講座　国際人権法 4
国際人権法の国際的実施
芹田健太郎・戸波江二・棟居快行・薬師寺公夫・坂元茂樹 編集代表

サイバー攻撃の国際法 タリン・マニュアル2.0の解説　中谷和弘・河野桂子・黒﨑将広
宇宙六法　青木節子・小塚荘一郎 編
障害者権利条約の実施　長瀬修・川島聡 編
国際法研究　岩沢雄司・中谷和弘 責任編集

― 信山社 ―